中经金课会计专业精品课程

新时代高等教育"互联网+"创新型教材

税务会计

Tax Accounting

主 编 李宝锋 杨净雯 永 恒
副主编 袁 敏 王立新 单 蕊

中国经济出版社

图书在版编目（CIP）数据

税务会计 / 李宝锋，杨净雯，永恒主编． -- 北京：
中国经济出版社，2022.3（2024.2 重印）
　中经金课会计专业精品课程
　ISBN 978-7-5136-6818-7

Ⅰ．①税… Ⅱ．①李… ②杨… ③永… Ⅲ．①税收会
计－高等学校－教材 Ⅳ．① F810.42

中国版本图书馆 CIP 数据核字（2022）第 025951 号

选题策划	雷　生
责任编辑	彭　欣
责任印制	马小宾
封面设计	高鹏博

出版发行	中国经济出版社
印 刷 者	北京富泰印刷有限责任公司
经 销 者	各地新华书店
开　　本	889mm×1194mm　　1/16
印　　张	13.25
字　　数	382 千字
版　　次	2022 年 3 月第 1 版
印　　次	2024 年 2 月第 3 次
定　　价	59.00 元

广告经营许可证　京西工商广字第 8179 号

中国经济出版社 网址 www.economyph.com 社址 北京市东城区安定门外大街 58 号 邮编 100011
本版图书如存在印装质量问题，请与本社销售中心联系调换（联系电话：010-57512564）

版权所有　盗版必究（举报电话：010-57512600）
国家版权局反盗版举报中心（举报电话：12390）　　服务热线：010-57512564

EDITORIAL BOARD 编委会

主　任　唐大鹏（东北财经大学教授）
成　员　蔡启茂　　高　源　　何　玲
　　　　李宝锋　　刘　靖　　刘　榕
　　　　刘雪峰　　卢有秀　　穆　婵
　　　　饶水林　　单　蕊　　时长洪
　　　　孙雪梅　　王彩峰　　王立新
　　　　王淑秀　　王英兰　　徐德安
　　　　杨净雯　　杨　珊　　杨银开
　　　　尹常君　　殷俊杰　　永　恒
　　　　袁美华　　袁　敏　　张慧娟
　　　　张　穆　　张晓毅　　赵　月

（以姓名拼音排序）

PREFACE 前言

《税务会计》是以现行税收法律法规为准绳，运用会计学的理论、方法和程序，对企业涉税事项进行确认、计量、记录、申报、纳税的专业会计教材。本书涉及的税种齐全，系统地阐释了现行主要税种的会计核算问题，内容完整。本书的框架结构既符合我国会计实务的现状，同时又在理论上将两种会计进行了明确界定。

本书用大量实际案例分析了企业在正常运营过程中出现的税务计算以及账务处理的各种情况，为学生熟悉与掌握企业税收的计算以及账务处理提供了可以在实际中应用的业务实操指导。

与其他同类教材相比，本书具有以下优点：

1. 依据新颖

本教材依据2021年新出台的各项相关法律法规编写，做到了与时俱进，避免出现内容过时、政策依据失效甚至错误的情况。

2. 资源丰富

本教材力求克服专业教材枯燥的编写形式，将教材内容要点化、步骤化和案例化。在每个章节都提供了章节知识导航和项目训练，便于学生快速理解、掌握理论知识。同时，本教材提供配套的学习平台，包括模拟实训、课后练习等内容。通过这些习题的练习，可以使学生较好地掌握税务会计的理论知识和核算方法，培养和提高学生分析问题和解决问题的能力。

3. 内容实用

对于现行税收体系中涉及的所有税种，本书均有全面的介绍，其中既有税收理论知识，又有税制实务内容，内容翔实具体。同时，本书注重税收知识与会计核算的有机结合，以大量的案例突出税款计算、申报缴纳和会计处理的实际操作技能，适应实战演练的需要，可有效提高学生涉税业务的处理能力。

4. 税种全面

本书系统地讲述了增值税、消费税、关税、企业所得税、个人所得税、土地增值税、房产税、车船税等18个税种的基本法规、应纳税额的计算、纳税申报和会计核算。每一税种的每一个重要知识点均配有案例，让内容更加形象和生动。

本书编写过程中参考了不少同类著作和教材，并得到有关专家学者、院校领导的大力支持，在此一并表示感谢！

随着财会体制变革的不断深化，加之编者水平有限，书中如有疏漏和不当之处，敬请广大读者不吝批评指正，并及时反馈给我们，以便进一步修订完善。

编　者

2022年3月

CONTENTS 目录

前言 ·· V

项目 1 总论 ·· 1
任务 1.1　税收与税法 ·························· 2
任务 1.2　税务会计概述 ······················ 8
项目小结 ·· 10
思考与练习 ·· 10

项目 2 流转税的核算 ························ 12
任务 2.1　增值税的核算 ····················· 13
任务 2.2　消费税的核算 ····················· 39
任务 2.3　关税的核算 ························ 57
项目小结 ·· 65
思考与练习 ·· 66

项目 3 所得税的核算 ························ 68
任务 3.1　企业所得税的核算 ············· 69
任务 3.2　个人所得税的核算 ············· 94
任务 3.3　土地增值税的核算 ············ 125
项目小结 ·· 136
思考与练习 ······································ 136

项目 4 财产税的核算 ······················ 138
任务 4.1　房产税的核算 ··················· 139
任务 4.2　车船税的核算 ··················· 144
项目小结 ·· 148
思考与练习 ······································ 148

项目 5　行为税的核算 …… 150

任务 5.1　印花税的核算 …… 151
任务 5.2　契税的核算 …… 157
项目小结 …… 160
思考与练习 …… 160

项目 7　其他税的核算 …… 180

任务 7.1　资源税的核算 …… 181
任务 7.2　城镇土地使用税的核算 …… 187
任务 7.3　环境保护税的核算 …… 191
项目小结 …… 199
思考与练习 …… 199

参考文献 …… 201

项目 6　特定目的税的核算 …… 162

任务 6.1　城市维护建设税的核算 …… 163
任务 6.2　车辆购置税的核算 …… 165
任务 6.3　耕地占用税的核算 …… 169
任务 6.4　船舶吨税的核算 …… 173
任务 6.5　烟叶税的核算 …… 176
项目小结 …… 177
思考与练习 …… 178

项目 1　总论

知识目标

◎ 理解税收的特点与税收法律关系；
◎ 掌握我国的税法体系；
◎ 理解税务会计的概念、特点及目标。

技能目标

◎ 掌握税法的要素；
◎ 理解税务会计与财务会计的区别和联系。

案例导入

2021年4月中旬，外地游客张某在河南省登封市红光快餐城用餐后，索要了4张面值为50元的定额发票，当刮开其中一张发票奖区后，发现自己竟中了3 000元大奖。经过咨询，张某便到登封市税务局兑奖。在领奖登记时，办税人员发现张某所说的用餐饭店与发票专用显示的饭店不符。兑奖后，办税人员请税收管理员到这家快餐城核实发票来源。经查，红光快餐城的老板吴某在当月发票用完后，向同是开饭店的朋友唐某借了一些盖有印章的发票，以应付索要发票的顾客，由于该快餐城临近路边，吴某思忖着来就餐的多是外地游客，取得发票后就走了，一般不会出现问题，没想到一张中奖发票把吴某借发票的事情"捅"了出来。

案例思考

你认为在该事件中，吴某、唐某的行为对吗？若不对，需要负什么责任？税务部门将会给他们什么处理？

本章导语

税务会计是进行税务筹划、税金核算和纳税申报的一种会计系统，是融国家税收法规和会计处理于一体的一种特殊的专业会计，可以说是"税务中的会计、会计中的税务"。本项目阐述了税收与税法的基本知识，是学习税务会计的基础和前提。

任务 1.1 税收与税法

1.1.1 税收

1. 税收的概念

税收是为了适应国家的需要产生和发展起来的,是国家为了实现其职能,凭借政治权力,按照法律规定的标准,强制、无偿参与社会剩余产品分配,以取得财政收入的一种经济活动。理解税收的概念应把握以下几点:

(1) 税收的本质是分配。

在社会再生产过程的"生产—分配—交换—消费"循环中,"生产"创造社会产品价值,"消费"耗费社会产品价值,"分配"是对社会产品价值的分割,"交换"则可实现使用价值的转移。国家征税,既不会增加也不会减少社会产品的价值总量,故不属于生产、消费范畴,也不采取以物易物或钱物交换的方式实现,因而也不属于交换范畴。国家征税只是从社会产品价值量中分割出一部分集中到政府手中,因此,税收的本质是分配。

(2) 税收分配是以国家为主体,凭借其政治权力来实现的。

税收分配涉及两个基本问题:分配主体和分配依据。一般的分配形式以生产要素的所有者为主体,以生产要素的数量为依据;而税收分配则是以国家为主体,凭借其政治权力实现的。

国家凭借政治权力征税,并不意味着政府可以不顾经济条件随意征税。经济是政治的基础,每个国家都必须按本国的具体经济条件确定征税的范围及额度。而滥用政治权力横征暴敛,必然会影响社会稳定,阻碍生产力发展。

(3) 征税的目的是满足社会公共需要。

有社会存在,就会有社会的公共需要。国家安全、社会稳定、人民生活保障等公共需要的满足,必须要由政府集中一部分社会财富来实现。公共产品本身的特殊性决定了公共支出一般不会以公民个人或企业采取自愿出价的方式来承担,只能采用国家征税的方式,由经济组织、单位和个人共同负担。国家征税的目的是向社会提供公共产品的服务。因此,国家征税也将受到所提供的公共产品的规模和质量的约束。

2. 税收的特点

国家取得财政收入的形式多种多样,如征税、发行货币、发行国债等。税收具有区别于其他财政收入形式的独有特征,即税收的"三属性":强制性、固定性、无偿性。

(1) 强制性。

强制性是指国家以社会管理者的身份,以法律、行政法规等形式对税收活动进行具体规定,并依照法律强制征收。这包含两层含义:其一,任何纳税人都必须依法纳税,否则就要受到法律的制裁;其二,任何征税机关必须依法征税,否则同样要承担相应的法律责任。

(2) 固定性。

固定性是指国家在征税之前,应以法律、行政法规等形式预先规定征税对象、征收标准、征税方法等要素,征纳税双方必须严格遵守,不得随意变动。对纳税人而言,可以根据税收的固定性特征预测经营成果,便于安排经营;对国家而言,可以保证稳定的财政收入来源。但是,税收的固定性是相对的,征税对象、征收标准等要素会随着社会政治、经济环境的变化适时调整。

(3) 无偿性。

无偿性是指国家征税后,税款即成为国家的财政收入,不直接归还纳税人,也不向纳税人支付任何报酬。无偿性包括两层含义:其一,征收的税款无须直接偿还给具体纳税人，但就全体纳税人而言，税收又是有偿的，具体表现为国家为全体纳税人提供稳定安全的社会秩序和普遍的生产经营条件，即各种公共服务；其二，国家税收为用而征。国家征税的目的是满足社会公共需要，实现其职能，每年取得的税款应按预算规定的程序拨付，用于国家各项行政和事业支出。

上述税收的"三属性"是一个完整的统一体，缺一不可：无偿性是税收的核心特征，强制性和固定性是对无偿性的保证和约束。税收的"三属性"是税收本质的具体表现，是区别于其他形式财政收入的重要标志。

1.1.2 税法

1. 税法的概念

税法是指用以调整国家与纳税人之间有关征纳税双方权利和义务关系的法律规范的总称。它构建了国家及纳税人依法征税、依法纳税的行为准则，其目的是保障国家的根本利益和纳税人的合法权益，维护正常的税收秩序，保证国家财政收入的顺利实现。税法体现为法律，是税收制度的核心内容。税收制度是在税收分配活动中税收征纳双方所应遵守的行为规范的总和。其内容主要包括各税种的法律法规、为保证税法得以实施的税收征管制度以及税收管理体制。

2. 税收法律关系

税收法律关系是税法所确认和调整的国家与纳税人之间、国家与国家之间以及各级政府之间在税收分配过程中形成的权利与义务关系。国家征税与纳税人纳税在形式上表现为利益分配的关系，经过法律明确了双方的权利与义务后，这种关系实质上即上升为一种特定的法律关系。

（1）税收法律关系的构成。

税收法律关系包括税收法律关系的主体、客体和税收法律关系的内容三方面。

①税收法律关系的主体。税收法律关系的主体，即税收法律关系中享有权利和承担义务的当事人。在我国，税收法律关系的主体包括征纳双方。其中，一方为代表国家行使征税职责的国家行政机关，包括国家各级税务机关、海关和财政机关；另一方为履行纳税义务的人，包括法人、自然人和其他组织以及在华的外国企业和组织、外籍人、无国籍人等。

②税收法律关系的客体。税收法律关系的客体，即税收法律关系主体的权利和义务指向的对象，即征税对象。例如，所得税法律关系客体就是生产经营所得和其他所得，财产税法律关系客体就是财产，流转税法律关系客体就是销售商品或提供劳务、服务等取得的流转额。

③税收法律关系的内容。税收法律关系的内容是税收法律关系主体享有的权利和应承担的义务，是税收法律关系中最具实质性的东西，也是税法的灵魂。它规定权利主体可以有什么行为，不可以有什么行为；若违反了这些规定，将承担相应的法律责任。

税务机关的权利主要表现为依法进行征税、执行税务检查以及对违法者进行处罚；其义务主要表现为向纳税人宣传、辅导、解释税法有关内容，及时将征收税款解缴国库，依法受理纳税人对税收争议的申诉等。纳税义务人的权利主要表现为延期纳税权、依法申请减免税权、申请复议和提起诉讼权、多缴税款申请退还权等；其义务主要表现为按税法规定办理税务登记、进行纳税申报、接受税务检查、依法缴纳税款等。

（2）税收法律关系的产生、变更与消灭。

税法是引起税收法律关系的前提条件，但税法本身并不能产生具体的税收法律关系。税收法律关系的产生、变更和消灭必须有能够引起税收法律关系产生、变更或消灭的客观情况，即税收法律事实。

税收法律事实可以分为税收法律事件和税收法律行为。税收法律事件是指不以税收法律关系权利主体的意志为转移的客观事件。例如，自然灾害可以导致税收减免，从而改变税收法律关系的内容。税收法律行为是指税收法律关系主体在正常意志支配下做出的活动。例如，纳税人开业经营会产生税收法律关系，纳税人转业或停业会造成税收法律关系的变更或消灭。

3. 税法的要素

按照税法调整对象，税法的构成要素包括税收实体法构成要素和税收程序法构成要素。税收实体法构成要素一般包括：纳税义务人、征税对象、税目、税率、纳税环节、纳税期限、减税免税和罚则等。税收程序法的构成要素包括：纳税期限、纳税地点、税务争议、税收法律责任。

（1）纳税义务人。

纳税义务人或纳税人又叫纳税主体，是税法规定的直接负有纳税义务的单位和个人。任何一个税种，首先要解决的就是国家对谁征税的问题。例如，我国个人所得税、增值税、消费税以及印花税等税种暂行条例的第一条规定的就是该税种的纳税义务人。

纳税人有两种基本形式：自然人和法人。自然人和法人是两个相对的法律概念。自然人是基于自然规律而出生的，有民事权利和义务的主体，包括本国公民，也包括外国人和无国籍人。法人是自然人的对称，根据《中华人民共和国民法典》第五十七条规定，法人是具有民事权利能力和民事行为能力，依法独立享有民事权利和承担民事义务的组织。我国的法人分为营利法人、非营利法人和特别法人三种。

税法中规定的纳税人有自然人和法人两种最基本的形式，按照不同的目的和标准，还可以对自然人和法人进行更为详细的多种分类，这些分类对国家制定区别对待的税收政策，发挥税收的经济调节作用具有重要意义。例如，自然人可划分为居民个人和非居民个人、个体经营者和其他个人等；法人可划分为居民企业和非居民企业。另外，还可以按照企业所有制性质进行划分。

与纳税人紧密联系的两个概念是代扣代缴义务人和代收代缴义务人。前者是指虽不承担纳税义务，但依照有关规定，在向纳税人支付收入、结算货款、收取费用时有义务扣缴其应纳税款的单位和个人。例如，出版社代扣作者稿酬所得的个人所得税等。如果代扣代缴义务人按规定履行了代扣代缴义务，税务机关将向其支付一定的手续费。反之，未按规定代扣代缴税款，造成税款流失或将已扣缴税款私自截留挪用、未按时入缴国库的，将要承担相应的法律责任。代收代缴义务人是指虽不承担纳税义务，但依照有关规定，在向纳税人收取商品或劳务收入时，有义务代收代缴其应纳税款的单位和个人。例如，《中华人民共和国消费税暂行条例》（以下简称《消费税暂行条例》）规定，委托加工的应税消费品，由受托方在向委托方交付货物时代收代缴委托方应该缴纳的消费税。

（2）征税对象。

征税对象又叫课税对象、征税客体，是指税法规定的对什么征税，也是征纳税双方权利和义务共同指向的客体或标的物，也是区别不同税种的重要标志。例如，消费税的征税对象是《消费税暂行条例》所列举的应税消费品，房产税的征税对象是房屋等。征税对象是税法最基本的要素，它体现着征税的最基本界限，决定着税种的基本征税范围。同时，征税对象也决定了不同税种的名称。例如，消费税、土地增值税、个人所得税等税种因征税对象不同、性质不同，税名也就不同。征税对象按性质不同，通常可分为流转额、所得额、财产、资源、特定行为五大类，也因此可将税收分为相应的五大类，即流转税（或称商品和劳务税）、所得税、财产税、行为税和特定目的税。

与课税对象相关的两个基本概念是税目和税基。税目本身也是一个重要的税法要素，下面将单独讨论。而税基又称计税依据，是据以计算征税对象应纳税款的直接数量依据，它解决的是对征税对象课税的计算问题，是对课税对象量的规定。例如，企业所得税应纳税额的基本计算方法是应纳税所得额乘以适用税率。其中，应纳税所得额是据以计算所得税应纳税额的数量基础，即所得税的税基。按照计量单位性质的不同，计税依据可以分为两种基本形态：价值形态和物理形态。价值形态包括应纳税所得额、销售收入、营业收入等；物理形态包括面积、体积、容积、质量等。以价值形态为税基，又称为从价计征，即按征税对象的货币价值计算。例如，生产销售化妆品应纳消费税税额是由化妆品的销售收入乘以适用税率而产生的，其税基为销售收入，属于从价计征的方法。从量计征，即直接按征税对象物理形态的自然单位计算，例如，城镇土地使用税应纳税额是由占用的土地面积乘以每单位面积应纳税额计算产生的，其税基为占用土地的面积，属于从量计征的方法。

（3）税目。

税目是在税法中对征税对象分类规定的具体征税项目，反映了具体的征税范围，是对课税对象质的界定。设置税目的目的首先是明确具体的征税范围：凡列入税目的，即为应税项目；未列入税目的，则不属于应税项目。其次，划分税目也是贯彻国家税收调节政策的需要，国家可根据不同项目的利润水平以及国家经济政策制定不同的税率标准，以体现差异化的税收政策。

并非所有税种都需要规定税目，有些税种不区分课税对象的具体项目，一律按照课税对象的应税数额和相同的税率计征税款，对此一般无须设置税目（例如企业所得税）。有些税种的课税对象比较复杂，就需要规定税目（例如消费税）。

（4）税率。

税率是指应纳税额与计税依据数量之间的法定比例，它是计算应纳税额的尺度，体现了征税的深度。税率的高低体现了国家的税收政策，关系着国家的财政收入和纳税人的税收负担。我国现行税率主要有三种。

①比例税率。比例税率是指对同一征税对象或同一税目，不论数额大小，都按同一比例征税的税率。我国现行的增值税、企业所得税等均采用比例税率。采用比例税率，计算简便，符合税收效率原则，同一征税对象的不同纳税人税负相同，有利于企业在基本相同的条件下展开竞争。但部分纳税人存在实际环境差异，如果按同一税率征税，这与纳税人的实际负担能力不完全相符，难以体现税收的公平原则。

②累进税率。累进税率是指把计税依据按一定的标准划分为若干个等级，从低到高分别规定逐级递增的税率。这种税率形式的特点是税率等级与计税依据的数额等级同方向变动，有利于按纳税人的不同负担能力设计税率，更加符合税收公平的原则。我国目前使用的累进税率有以下两种形式：

Ⅰ. 超额累进税率，是指将计税依据划分为若干个等级，对从低到高的每一个等级规定一个适用税率，一定数额的计税依据可以同时适用几个等级的税率；每超过一级，超过部分即按照高一级的税率计税，各等级应纳税额之和为纳税人的应纳税总额（如我国工资薪金个人所得税税率、个体工商户生产经营所得税税率）。

Ⅱ. 超率累进税率，是指以征税对象的某种比例为累进依据，按照超额累进方式计算应纳税额的税率。其计税原理与超额累进税率相同，只是税率累进的依据不是征税对象的绝对数，而是相对比率（例如增值率等。如我国现行的土地增值税税率）。

③定额税率。定额税率是对单位征税对象规定固定的税额，一般适用于从量计征的税种。定额税率的特点是税率与征税对象的价值量无关，不受征税对象价值量变化的影响。适用于价格稳定或质量等级较为单一的征税对象（如资源税、城镇土地使用税、车船税等）。

（5）纳税环节。

纳税环节主要指税法规定的征税对象在从生产到消费的流转过程中应当缴纳税款的环节。例如，流转税在生产和流通环节纳税，所得税在分配环节纳税等。纳税环节有广义和狭义之分。广义的纳税环节指全部课税对象在再生产中的分布情况。例如，资源税分布在资源生产环节，商品和劳务税分布在生产或流通环节，所得税分布在分配环节等。狭义的纳税环节特指应税商品在流转过程中应纳税的环节。从生产到消费，商品要经历诸多流转环节，各环节都存在销售额，都可能成为纳税环节。但考虑到税收对经济的影响、财政收入的需要以及税收征管的能力等因素，国家常常对在商品流转过程中所征税种规定不同的纳税环节。按照税种征税环节的多少，可以设置一次课征制或多次课征制等征税形式。

合理选择纳税环节，对加强税收征管，有效控制税源，保证国家财政收入及时、稳定、可靠入库，方便纳税人生产经营和财务核算，灵活机动发挥税收调节作用，具有十分重要的理论和实践意义。

(6) 纳税期限。

纳税期限是指税法规定的关于税款缴纳时间的限定。税法关于纳税时间的规定，包括三个方面：

①纳税义务发生时间，是指应税行为发生的时间。例如，《中华人民共和国增值税暂行条例》（以下简称《增值税暂行条例》）规定，采取预收款方式销售货物的，纳税义务的发生时间为货物发出的当天。

②纳税期限，纳税人每次发生纳税义务后，不可能马上去缴纳税款。税法规定了每种税的纳税期限，即每隔一段固定时间汇总一次纳税义务的时间。例如，《增值税暂行条例》规定，增值税的具体纳税期限分别为1日、3日、5日、10日、15日、1个月或者1个季度。纳税人的具体纳税期限，由主管税务机关根据纳税人应纳税额的大小分别核定；不能按照固定期限纳税的，可以按次纳税。

③缴库期限，即税法规定的纳税期满后，纳税人将应纳税款缴入国库的期限。例如，《增值税暂行条例》规定，纳税人以1个月或者1个季度为1个纳税期的，自期满之日起15日内申报纳税；以1日、3日、5日、10日或者15日为1个纳税期的，自期满之日起5日内预缴税款，于次月1日起15日内申报纳税并缴清上月应纳税款。

(7) 减免税。

减税是对应纳税额少征部分税款。免税是对应纳税额全部免征。减免税是对某些纳税人和征税对象给予鼓励和照顾的一种措施，是税法原则性和灵活性相结合的体现。减免税的具体形式有税基式减免、税率式减免和税额式减免三种。

①税基式减免。税基式减免是通过直接缩小计税依据的方式来实现减免税。涉及起征点、免征额、扣除项目以及跨期结转等方面。

起征点是征税对象达到一定数额才开始征税的起点，对征税对象数额未达到起征点的不征税，达到起征点的按全部数额征税。免征额是在征税对象的全部数额中免予征税的数额，对不超过免征额的部分不征税，仅对超过免征额的部分征税。扣除项目是指在征税对象中扣除某些项目的数额，以余额作为计税依据计算税额。跨期结转是指将以前纳税年度的经营亏损从本纳税年度经营利润中扣除。

②税率式减免。税率式减免是通过直接降低税率来实现减免税。如企业所得税规定符合条件的小微企业适用的税率为20%，国家重点扶持的高新技术企业适用的税率为15%。

③税额式减免。税额式减免是通过直接减少应纳税额来实现减免税，包括全部免征、减半征收、另定减征额等。

(8) 纳税地点。

纳税地点是指纳税人申报缴纳税款的地点。不同税种的纳税地点不完全相同，我国现行税制规定的纳税地点大致分为以下几种情况：

①固定业户向其机构所在地主管税务机关申报纳税。

②固定业户到外县（市）经营的，应根据具体情况向固定业户所在地申报纳税，或向经营地主管税务机关申报纳税。

③非固定业户或临时经营者向经营地主管税务机关申报纳税。

④进口货物向报关地海关申报纳税。

(9) 罚则。

罚则是指对纳税人违反税法行为采取的处罚措施。

1.1.3 税收与税法的关系

税收是以实现国家职能为目的，基于政治权和法律规定，由政府专门向居民和非居民就其财产和特定行为所实施的强制、非罚与不直接偿还的国家征收行为，是国家财政收入的主要形式。税收活动必须以税法为依据。税法是国家向社会组织和个人征税的法律依据。

税收和税法的关系密不可分。任何一种税收都以一定的法律形式来表现，并借助法律的约束力保证其实现。因此，税收和税法之间的关系是经济现象所体现的内容与形式的关系。税收作为调整社会经济关系的手段，是税法的核心内容，税法作为特殊的行为规范，是税收的法律形式。

税收是实现国家财政收入的主要手段，税法是保障税收有效实现的法律手段，税收活动要遵守税法规定。

1.1.4 我国的税法体系

税法体系是指一个国家在一定时期内、一定体制下以法定形式规定的各种税收法律、法规的总和。我国现行税法体系由税收法律、行政法规、部门规章及地方税收法规等内容构成。其内容主要包括税收实体法和税收程序法两大类。

1. 税收实体法体系

按征税对象不同，我国现行的税收实体法体系大致分为5类：

（1）流转税类。

流转税类包括增值税、消费税和关税等。其主要在生产、流通或者服务业中发挥调节作用。

（2）所得税类。

所得税类包括企业所得税、个人所得税等。其主要是在国民收入形成后，对生产经营者的利润和个人的纯收入发挥调节作用。

（3）资源税类。

资源税类包括资源税、土地增值税和城镇土地使用税等。其主要是对因开发和利用自然资源差异而形成的级差收入发挥调节作用。

（4）特定目的税类。

特定目的税类包括城市维护建设税、车辆购置税、耕地占用税和烟叶税等。其主要是为了达到特定目的，对特定对象和特定行为发挥调节作用。

（5）财产和行为税类。

财产和行为税类包括房产税、车船税、印花税和契税等。主要是对特定财产和行为发挥调节作用。

上述税收实体法体系共涉及税种18个，其中关税由海关负责征收管理，其他税种由税务机关负责征收管理。除企业所得税、个人所得税是以国家法律的形式发布实施外，其他各税种的征收都是经全国人民代表大会授权立法，由国务院以暂行条例的形式发布实施的。这些法律法规共同组成了我国的税收实体法体系。

2. 税收程序法体系

除税收实体法外，我国对税收征收管理适用的法律制度均是按照税收管理机关的不同而分别规定的：

（1）由税务机关负责征收的各种税的征收管理，按照全国人大常委会发布实施的《税收征收管理法》执行。

（2）由海关机关负责征收的各种税的征收管理，按照《海关法》及《进出口关税条例》等有关规定执行。

上述税收实体法和税收征收管理程序法的法律制度构成了我国现行的税法体系。

任务 1.2 税务会计概述

1.2.1 税务会计的概念和特点

1. 税务会计的概念

税务会计是指企业以国家现行税收法律为准绳，以货币为主要计量单位，运用会计学的基本理论和核算方法，连续、系统、全面地对纳税单位税款的形成、税款计算、申报和缴纳所引起的资金运动进行核算和监督的一门专业会计。

税务会计是为适应社会经济发展需要，从传统财务会计中分离出来的。它是介于税收学与会计学之间的一门交叉学科，是融税收法律法规和会计核算为一体的特种专业会计。从本质上讲，税务会计是一种管理活动，这种管理活动要求以国家税收法律法规为准绳，采用会计的专门理论和技术方法，即要求企业在依据会计准则和财务会计制度的规定处理会计事项后，按税收法律法规的规定重新确认、计量，使会计行为达到既能满足纳税需要，又能确保提供的财务会计信息符合会计准则的要求。

2. 税务会计的特点

税务会计作为会计学科相对独立的分支，除具有一般财务会计的共性特征外，也具有一定的特殊性，主要体现在以下几个方面：

（1）法律性。

税务会计的法律性源于税收所固有的强制性、固定性、无偿性特征。税务会计必须以现行税法为依据，接受税收法律法规的规范和制约。而财务会计核算的某些具体方法，如存货的计价、减值准备金的计提等，企业可以根据生产经营的实际需要适当选择。当会计准则、财务会计制度的规定与现行税法不一致时，税务会计必须以现行税法规定为标准进行调整。

（2）广泛性。

法定纳税人的广泛性决定了税务会计适用范围的广泛性。无论是何种性质的组织，也不管其隶属于哪个部门或行业，只要被确认为是纳税人，在处理涉税事宜时，都必须依照税法规定进行会计核算和监督。

（3）统一性。

税法的统一性、普遍适用性决定了税务会计统一性的特点。也就是说，对于不同的纳税人而言，税种规定具有统一性，不区分纳税人的经济性质、组织形式、隶属关系以及生产经营形式和内容。税收法律的一致性决定了税务会计在对涉税行为进行核算和监督时的一致性。

（4）独立性。

与财务会计相比较，税务会计的核算方法和核算内容具有相对独立性。在核算方法上，国家税收法律法规与会计准则、财务会计制度所遵循的原则不同，二者可能存在一定的差异，如现行所得税法中关于税前会计利润与应纳税所得额之间有关差异调整的规定，税务会计要求完全按照税法规定进行调整处理，这反映了税务会计核算方法的相对独立性；在核算内容上，税务会计只对纳税人在税务活动过程中所表现的有关经济业务进行全面、系统的核算和监督，这反映了税务会计核算内容的相对独立性。

1.2.2 税务会计的目标

税务会计的目标是财务会计目标在税务会计领域的具体表现。税务会计是企业会计中一个相对独立的部分，其目标也具有特定性。税务会计提供的会计信息不仅要满足企业自身经营管理的需要，而且还要服务于企业外部与企业存在密切经济利益关系的国家和各级税务机关，以及投资者、债权人等。税务会计的基本目标主要体现在以下三个方面：

1. 满足企业内部经营管理者的需要

税收是影响企业财务状况、经营成果和现金流量的一个重要因素。企业经营管理者的基本职责是使投资者权益最大化，而纳税则会影响投资者的权益。在符合或不违反现行税收法律法规的前提下，能否减少或推迟纳税，争取税收优惠，是企业管理者非常关注的问题。因此，企业经营管理者必须了解有关应纳税款的形成、计算和解缴情况。而税务会计能够提供有关核算资料以及专门的税务报表，能够提供揭示有关纳税情况的会计信息以满足管理者经营决策的需要。

2. 满足国家税收管理的需要

会计信息是国家进行税收管理的重要依据。企业应当及时向各级税务机关披露本企业税款的形成、计算和解缴情况，以便税务机关进行稽核和调控。国家和地方各级税务机关除需要了解税收征缴情况外，还必须了解税收管辖范围内各纳税人计算缴纳税款的详细情况，以便进行管理、控制和稽查，而这些信息主要来自税务会计资料。

3. 满足其他各有关方的需要

在一定的社会经济环境中，企业与其他各个方面存在密切联系。税务会计提供的有关纳税信息要满足各有关方的具体需要。例如，企业投资者需要根据相关信息评价投资风险和报酬，从而决定是否进行投资以及是否继续持有投资的决策；包括银行在内的债权人需要根据相关信息评价信贷风险，分析企业到期能否还本付息，从而进一步执行信贷计划等信贷决策；企业的供货商和客户需要根据相关信息评价经营风险，从而决定是否签订经济合同、是否给予商业信用等商业决策。上述单位或部门虽然首要关注的是自身的盈利情况或求偿可能性，但由于税款的缴纳直接导致企业货币资金的外流，即净资产的减少，所以他们也同样关注税款的计算和缴纳情况。此外，政府的综合经济职能部门也需要借助税务会计信息，了解各企业单位上缴税款的详细情况，以适应并满足宏观经济管理和调控的需要。

1.2.3 税务会计与财务会计的区别和联系

税务会计以财务会计为基础，财务会计中的基本前提有些也适用于税务会计，如会计分期、货币计量等。

税务会计既与财务会计存在密切联系，又有显著区别。

1. 税务会计与财务会计的联系

（1）税务会计从财务会计中分离而来，运用会计的基本原理、方法和程序对涉税事项进行确认、计量、记录、申报以及解缴等业务。

（2）税务会计与财务会计相辅相成，相互借鉴，共同承担会计责任。税务会计向税务机关报送纳税情况报表，财务会计向投资人、债权人等提供财务报表。

2. 税务会计与财务会计的区别

（1）目的不同。

税务会计以税收法律制度为准绳，为国家征税提供服务。财务会计则在于满足国家宏观经济管理的要求，满足企业内部管理的需要，满足各有关方了解企业财务状况及经营成果的需要。

（2）依据不同。

税务会计以税收法规为依据，需要对财务会计信息作必要调整，而财务会计以会计准则为处理依据。

（3）范围不同。

税务会计按税法规定和要求，有选择地对相关经济业务进行核算，反映的是纳税人履行纳税义务的具体情况。财务会计则要对每一笔经济业务进行记录和核算，反映企业整体的财务状况、经营成果和资金流转情况。

（4）核算基础、处理依据不同。

税务会计依据税收法律法规，遵循收付实现制、应收应付制和权责发生制。财务会计依据企业会计准则，遵循权责发生制，二者的主要区别在于收入实现的时间和费用扣减时间不同。

（5）损益的计算程序不同。

财务会计按照以下公式计算损益：

$$利润总额 = 营业利润 + 营业外收入 - 营业外支出$$

其中，

营业利润 = 营业收入 - 营业成本 - 税金及附加 - 期间费用 - 资产减值损失 + 公允价值变动收益 - 公允价值变动损失 + 投资净收益

投资净收益 = 投资收益 - 投资损失

净利润 = 利润总额 - 所得税费用

税务会计按照以下公式计算损益：

应纳税所得额 = 利润总额 ± 纳税调整额

项目小结

本项目主要介绍了税收的概念、特点、税收法律关系、税法的要素、税收与税法的关系与我国的税法体系。通过学习可以理解税务会计的特点、目标，掌握税务会计与财务会计的区别和联系。

思考与练习

一、单项选择题

1. （　　）是税法的核心要素。
A. 征税对象　　B. 纳税人
C. 税目　　D. 税率

2. 税收法律制度的核心要素是（　　）。
A. 纳税人　　B. 课税对象
C. 税率　　D. 计税依据

3. （　　）是税收制度中区别不同税种的重要标志之一。
A. 纳税义务人　　B. 税率
C. 税目　　D. 征税对象

4. 税收法律关系中最实质的内容是（　　）。
A. 税收法律关系的主体

B. 税收法律关系的客体

C. 税收法律关系的内容

D. 税收法律事实

5. 以下关于税法概念的相关理解，不正确的是（　）。

A. 从法律性质上看，税法属于义务性法规，以规定纳税人的义务为主

B. 税法是税收制度的核心内容

C. 税收的无偿性和强制性的特点决定税法属于权利性法规

D. 税法具有综合性法规的特点

二、多项选择题

1. 下列属于税收法律关系主体的有（　）。

A. 税务机关　　B. 海关

C. 个体工商户　D. 履行纳税义务的外国企业

2. 下列关于税收概念理解正确的是（　）。

A. 税收与国家存在直接联系，它是国家机关赖以生存并实现其职能的物质基础

B. 税收是一个分配范畴，它是国家参与并调节国民收入分配的一种手段

C. 税收是国家在征税过程中形成的一种特殊分配关系，即以国家为主体的分配关系

D. 税收的性质取决于社会经济制度的性质

3. 下列各项中，属于税收特征的有（　）。

A. 强制性　　　B. 灵活性

C. 无偿性　　　D. 固定性

4. 税收的作用包括（　）。

A. 进行资源配置　　B. 进行收入再分配

C. 稳定经济　　　　D. 维护国家政权

5. 下列有关税收和税法的说法，正确的是（　）。

A. 税法是税收的法律保障

B. 税法必须以保障税收活动的有序进行为其存在的理由和依据

C. 税收属于经济基础范畴

D. 税收属于上层建筑范畴

三、判断题

1. 税收的特征包括自愿性。（　）

2. 税法是调节税务机关与纳税人之间在征纳税方面的权利与义务关系的法律规范的总称。（　）

3. 税收作为一种经济活动，属于经济基础范畴。（　）

4. 税法则是一种法律制度，属于上层建筑范畴。（　）

5. 国家和社会对税收收入与税收活动的客观需要，决定了与税收相对应的税法的存在。（　）

四、简答题

1. 简述税收的概念及特征。

2. 税法的要素包括哪些？

3. 简述税收与税法的关系。

项目 2 流转税的核算

知识目标

◎ 理解增值税的概念、征税范围、纳税义务人和税率；
◎ 理解消费税的概念、征税范围、税目、税率和计税依据；
◎ 理解关税的概念、纳税人和税率。

技能目标

◎ 掌握增值税应纳税额的计算；
◎ 理解增值税涉税业务的会计处理；
◎ 掌握消费税应纳税额的计算；
◎ 理解消费税涉税业务的会计处理；
◎ 掌握关税的计算及会计核算。

案例导入

浙江安大木地板有限责任公司属于一般纳税人，主营销售各种木地板业务，兼营木地板安装服务。公司下设两个部门，采购部门负责采购木地板，安装部门负责安装木地板。2021年7月，安装木地板收入60万元，其中安装自己销售的地板收入35万元，安装其他企业的地板收入25万元；销售部门负责销售木地板，其收支均由公司实行统一核算。销售部门的收入由销售木地板收入、销售复合地板收入和销售实木地板收入组成。2021年7月，销售木地板收入150万元、销售复合地板收入120万元、销售实木地板收入180万元。

案例思考

浙江安大木地板有限责任公司销售木地板、复合地板和实木地板以及安装木地板服务收入应当如何进行税务处理？

本章导语

流转税在我国税制结构中一直处于主导地位，是政府税收收入、财政收入的主要来源。现行税制中的增值税、消费税、关税是我国流转税的主体税种。

任务 2.1 增值税的核算

2.1.1 增值税概述

1. 增值税的概念和征税范围

（1）增值税的概念。

增值税是以商品和劳务在流转过程中产生的增值额作为征税对象而征收的一种流转税。按照我国增值税暂行条例的规定，增值税是对在我国境内销售货物或者加工、修理修配劳务（以下简称劳务），销售服务、无形资产、不动产以及进口货物的单位和个人，就其销售货物、劳务、服务、无形资产、不动产（以下统称应税销售行为）的增值额和货物进口金额为计税依据而课征的一种流转税。

我国现行增值税的基本规范是 2017 年 11 月 19 日国务院令第 691 号公布的《中华人民共和国增值税暂行条例》（以下简称《增值税暂行条例》）和 2016 年 3 月财政部和国家税务总局发布的"营改增通知"以及 2008 年 12 月财政部和国家税务总局令第 50 号《中华人民共和国增值税暂行条例实施细则》（以下简称《增值税暂行条例实施细则》）。

（2）增值税的征税范围。

增值税的征税范围包括在境内发生的应税销售行为以及进口货物等。根据《增值税暂行条例》和《增值税暂行条例实施细则》等有关规定，增值税的征税范围可分为一般规定和特殊规定。

现行增值税征税范围的一般规定，包括应税销售行为和进口货物。具体规定如下：

① 销售或者进口货物。货物是指有形动产，包括电力、热力、气体在内；销售货物，是指有偿转让货物的所有权；凡报关进口的应税货物，无论进口后是自用还是销售，均应在进口环节征收增值税（享受税收优惠政策的货物除外）。

② 销售劳务。劳务是指纳税人提供的加工、修理修配劳务。加工是指受托加工货物，即委托方提供原料及主要材料，受托方按照委托方的要求制造货物并收取加工费的业务；修理修配是指受托对损坏和丧失功能的货物进行修复，使其恢复原状和功能的业务。

销售劳务也可称为提供劳务，是指有偿提供劳务。单位或者个体工商户聘用的员工为本单位或者雇主提供的劳务不包括在内。

③ 在境内提供应税服务。提供应税服务是指提供交通运输服务、邮政服务、电信服务、建筑服务、金融服务、现代服务和生活服务。具体包括：

Ⅰ. 交通运输服务，包括陆路运输服务、水路运输服务、航空运输服务和管道运输服务。

纳税人发生下列服务时征税范围的界定：

陆路运输服务，包括铁路运输服务和其他陆路运输服务。其他陆路运输服务包括公路运输、缆车运输、索道运输、地铁运输、城市轻轨运输等。

出租车公司向使用本公司自有出租车的出租车司机收取的管理费用，按照"陆路运输服务"缴纳增值税。

水路运输的程租、期租业务，属于水路运输服务。

程租业务是指运输企业为租船人完成某一特定航次的运输任务并收取租赁费的业务。期租业务是指运输企业将配备有操作人员的船舶承租给他人使用一定期限，承租期内听候承租方调遣，不论是否经营，均按天向承租方收取租赁费，发生的固定费用由船家负担的业务。

航空运输的湿租业务属于航空运输服务。湿租业务是指航空运输企业将配备有机组人员的飞机承租给他人使用一定期限，承租期内听候承租方调遣，不论是否经营，均按一定标准向承租方收取租赁费，发生的固定费用由承租方承担的业务。

航天运输服务按照"航空运输服务"缴纳增值税。

纳税人已售票但客户逾期未进行消费而取得的运输逾期票证收入，按照"交通运输服务"缴纳增值税。

在运输工具舱位承包业务中，发包方以其向承包方收取的全部价款和价外费用为销售额，按照"交通运输服务"缴纳增值税。承包方以其向托运人收取的全部价款和价外费用为销售额，按照"交通运输服务"缴纳增值税。

运输工具舱位承包业务是指承包方以承运人身份与托运人签订运输服务合同，收取运费并承担承运人责任，然后以承包他人运输工具舱位的方式，委托发包方实际完成相关运输服务的经营活动。

在运输工具舱位互换业务中，互换运输工具舱位的双方均以各自换出运输工具舱位确认的全部价款和价外费用为销售额，按照"交通运输服务"缴纳增值税。

运输工具舱位互换业务是指纳税人之间签订运输协议，在各自以承运人身份承揽的运输业务中，互相利用对方交通运输工具的舱位完成相关运输服务的经营活动。

无运输工具的承运业务按照"交通运输服务"缴纳增值税。无运输工具承运业务是指经营者以承运人身份与托运人签订运输服务合同，收取运费并承担承运人责任，然后委托实际承运人完成运输服务的经营活动。

II. 邮政服务，包括邮政普遍服务、邮政特殊服务和其他邮政服务。

邮政普遍服务是指函件、包裹等邮件寄递，以及邮票发行、报刊发行和邮政汇兑等业务活动。

邮政特殊服务是指义务兵平常信函、机要通信、盲人读物和革命烈士遗物的寄递等业务活动。

其他邮政服务是指邮册等邮品销售、邮政代理等业务活动。

III. 电信服务，包括基础电信服务和增值电信服务。

基础电信服务是指利用固网、移动网、卫星、互联网提供语音通话服务的业务活动，以及出租或者出售带宽、波长等网络元素的业务活动。

增值电信服务是指利用固网、移动网、卫星、互联网、有线电视网络，提供短信和彩信服务、电子数据和信息的传输及应用服务、互联网接入服务等业务活动。

卫星电视信号落地转接服务，按照"增值电信服务"缴纳增值税。

IV. 建筑服务，包括工程服务、安装服务、修缮服务、装饰服务和其他建筑服务。纳税人发生下列服务时征税范围的界定：

工程服务包括与建筑物相连的各种设备或者支柱、操作平台的安装或者装设工程作业，以及各种窑炉和金属结构工程作业。

安装服务包括与被安装设备相连的工作台、梯子、栏杆的装设工程作业，以及被安装设备的绝缘、防腐、保温、油漆等工程作业。

固定电话、有线电视、宽带、水、电、燃气、暖气等经营者向用户收取的安装费、初装费、开户费、扩容费以及类似收费，按照"安装服务"缴纳增值税。

修缮服务是指对建筑物、构筑物进行修补、加固、养护、改善，使之恢复原来的使用价值或者延长其使用期限的工程作业。

装饰服务是指对建筑物、构筑物进行修饰装修，使之美观或者具有特定用途的工程作业。

物业服务企业为业主提供的装修服务，按照"建筑服务"缴纳增值税。

其他建筑服务是指上述工程作业之外的各种工程作业服务，如钻井（打井）、拆除建筑物或者构筑物、平整土地、园林绿化、疏浚（不包括航道疏浚）、建筑物平移、搭脚手架、爆破、矿山穿孔、表面附着物（包括岩层、土层、沙层等）剥离和清理等工程作业。

纳税人将建筑施工设备出租给他人使用并配备操作人员的，按照"建筑服务"缴纳增值税。

V. 金融服务，包括贷款服务、直接收费金融服务、保险服务和金融商品转让。

VI. 现代服务，包括研发和技术服务、信息技术服务、文化创意服务、物流辅助服务、租赁服务、鉴证咨询服务、广播影视服务、商务辅助服务和其他现代服务。

纳税人发生下列服务时征税范围的界定：

研发和技术服务包括研发服务、合同能源管理服务、工程勘察勘探服务、专业技术服务。

信息技术服务包括软件服务、电路设计及测试服务、信息系统服务、业务流程管理服务和信息系统增值服务。

文化创意服务包括设计服务、知识产权服务、广告服务和会议展览服务。

宾馆、旅馆、旅社、度假村和其他经营性住宿场所提供会议场地及配套服务的活动，按照"会议展览服务"缴纳增值税。

物流辅助服务包括航空服务、港口码头服务、货运客运场站服务、打捞救助服务、装卸搬运服务、仓储服务和收派服务。

租赁服务包括融资租赁服务和经营租赁服务。

鉴证咨询服务包括认证服务、鉴证服务和咨询服务。

翻译服务和市场调查服务，按照"咨询服务"缴纳增值税。

广播影视服务包括广播影视节目（作品）的制作服务、发行服务和播映（含放映，下同）服务。

商务辅助服务包括企业管理服务、经纪代理服务、人力资源服务、安全保护服务。

其他现代服务是指除研发和技术服务、信息技术服务、文化创意服务、物流辅助服务、租赁服务、鉴证咨询服务、广播影视服务和商务辅助服务以外的现代服务。

Ⅶ. 生活服务，包括文化体育服务、教育医疗服务、旅游娱乐服务、餐饮住宿服务、居民日常服务和其他生活服务。

④销售无形资产。销售无形资产是指有偿转让无形资产，是转让无形资产所有权或者使用权的业务活动。无形资产，是指不具有实物形态，但能带来经济利益的资产，包括技术、商标、著作权、商誉、自然资源使用权和其他权益性无形资产。

技术，包括专利技术和非专利技术。

自然资源使用权，包括本地使用权、海域使用权、探矿权、采矿权、取水权和其他自然资源使用权。

其他权益性无形资产，包括基础设施资产经营权、公共事业特许权、配额、经营权（包括特许经营权、连锁经营权、其他经营权）、经销权、分销权、代理权、会员权、席位权、网络游戏虚拟道具、域名、名称权、肖像权、冠名权、转会费等。

⑤销售不动产。销售不动产是指有偿转让不动产，是转让不动产所有权的业务活动。不动产是指不能移动或者移动后会引起性质、形状改变的财产，包括建筑物、构筑物等。

建筑物，包括住宅、商业营业用房、办公楼等可供居住、工作或者进行其他活动的建造物。构筑物，包括道路、桥梁、隧道、水坝等建造物。转让建筑物有限产权或者永久使用权的，转让在建的建筑物或者构筑物所有权的，以及在转让建筑物或者构筑物时一并转让其所占土地的使用权的，按照销售不动产缴纳增值税。

2. 增值税纳税义务人和税率

根据《中华人民共和国增值税暂行条例》和《中华人民共和国增值税暂行条例实施细则》的规定，凡是在我国境内销售货物或提供加工、修理修配劳务，销售服务、无形资产、不动产以及进口货物的单位和个人，都是增值税的纳税义务人。

为加强税收征收管理，按照经营规模大小及会计核算健全程度，税法将增值税纳税人分为一般纳税人和小规模纳税人两种。对一般纳税人实行凭票扣税的计税方法（也称抵扣制）；对于小规模纳税人实行按销售额和征收率简易计税的征收管理办法。

（1）小规模纳税人的认定及管理。

小规模纳税人是指年销售额在规定标准以下，并且会计核算不健全，不能按规定报送有关税务资料的增值税纳税人。

小规模纳税人的具体认定标准为年应征增值税销售额500万元及以下。

已登记为增值税一般纳税人的单位和个人，转登记日前连续12个月（以1个月为1个纳税期）或者连续4个季度（以1个季度为1个纳税期）累计销售额未超过500万元的一般纳税人，在2020年12月31日前，可选择转登记为小规模纳税人。

转登记纳税人按规定再次登记为一般纳税人后，不得再转登记为小规模纳税人。

（2）一般纳税人的认定及管理。

一般纳税人是指年应税销售额超过小规模纳税人标准，并且会计核算健全，能够提供准确税务资料的企业和企业性单位。根据规定，一般纳税人的认定范围如下：

①年应税销售额超过小规模纳税人标准的，除另有规定外，应当向主管税务机关申请一般纳税人资格认定。

②年应税销售额未超过小规模纳税人标准，以及新开业的纳税人，有固定的生产经营场所，能够按照国家统一的会计制度规定设置账簿，根据合法、有效凭证核实，能够提供准确税务资料的，可以向主管税务机关申请一般纳税人资格认定。

③对从事成品油销售的加油站，无论其年应税销售额是否超过80万元，一律按一般纳税人计税。

④一般纳税人总分支机构不在同一县（市）的，应分别向其机构所在地主管税务机关申请办理一般纳税人认定手续。统一核算的总分支机构，其总机构年应税销售额超过小规模纳税人标准，但分支机构是商业企业以外的其他企业，年应税销售额未超过小规模纳税人认定标准的，其分支机构可以认定为一般纳税人。

（3）扣缴义务人。

中华人民共和国境外（以下简称境外）的单位或者个人在境内销售劳务，在境内未设有经营机构的，以境内代理人为扣缴义务人；在境内没有代理人的，以购买方为扣缴义务人。

（4）增值税的税率。

一般纳税人销售或进口货物，提供加工、修理修配劳务，除有特殊规定外，增值税适用税率一律为13%。

采取填埋、焚烧等方式进行专业化处理后产生货物，且货物归属委托方的，受托方属于提供"加工劳务"，其收取的处理费用适用13%的增值税税率。

（5）低税率。

①纳税人销售交通运输、邮政、基础电信、建筑、不动产租赁服务，销售不动产，转让土地使用权，销售或者进口下列货物，税率为9%：

Ⅰ. 粮食等农产品、食用植物油、食用盐；

Ⅱ. 自来水、暖气、冷气、热水、煤气、石油液化气、天然气、二甲醚、沼气、居民用煤炭制品；

Ⅲ. 图书、报纸、杂志、音像制品、电子出版物；

Ⅳ. 饲料、化肥、农药、农机、农膜；

Ⅴ. 国务院规定的其他货物税率的界定。

②一般纳税人提供交通运输、邮政、基础电信、建筑、不动产租赁服务，销售不动产，转让土地使用权，税率为9%。

③一般纳税人提供增值电信、金融、现代服务（除有形动产租赁服务和不动产租赁服务外）、生活服务，销售无形资产（除转让土地使用权外），税率为6%。

（6）零税率。

出口货物和发生的跨境应税行为，税率为零。

出口货物（国务院另有规定的除外）包括报关出境货物和输往海关管理的保税工厂、保税仓库和保税区的货物。

跨境应税行为指：

①国际运输服务。

②航天运输服务。

③向境外单位提供的完全在境外消费的下列服务：研发服务；合同能源管理服务；设计服务；广播影视节目（作品）的制作和发行服务；软件服务；电路设计及测试服务；信息系统服务；业务流程管理服务；离岸服务外包业务服务；转让技术服务；国务院规定的其他服务。

2.1.2 一般纳税人增值税的核算

1. 一般纳税人增值税的账户设置

增值税一般纳税人核算增值税，应在"应交税费"科目下设置"应交增值税"二级科目。该科目借方登记企业购进货物或接受应税劳务所支付的进项税额及实际已缴纳的增值税税额；贷方登记企业销售货物或提供应税劳务所收取的销项税额和出口货物退税额及进项税额转出额；期末借方余额，反映企业尚未抵扣的增值税税额，贷方余额，反映尚未缴纳的增值税税额。

为详细核算企业增值税的计算、解缴、抵扣等信息，还应在"应交税费——应交增值税"科目下设置"进项税额""已交税金""出口抵减内销产品应纳税额""销项税额""出口退税""进项税额转出"等专栏，每个专栏的核算内容如下：

"进项税额"专栏，记录企业购进货物或接受应税劳务而支付的、准予从销项税额抵扣的增值税税额。企业发生购货退回应冲销的进项税额，用红字登记本专栏。

"已交税金"专栏，记录企业本月应交且实际已缴纳的增值税税额。企业收到退回本月多交的增值税税额，用红字登记本专栏。

"出口抵减内销产品应纳税额"专栏，记录企业按规定的退税率计算的出口货物进项税额抵减内销产品的应纳税额。

"销项税额"专栏，记录企业销售货物或提供应税劳务应收取的增值税税额。企业发生销货退回应冲减的销项税额，用红字登记本专栏。

"出口退税"专栏，记录企业出口产品，根据出口退税政策，向海关办理出口退税而收到退回的税款。出口货物退税后发生退货或退关而补交已退的税款，用红字登记本专栏。

"进项税额转出"专栏，记录企业的购进货物、在产品、产成品等发生非正常损失及其他原因，不得从销项税中抵扣而应按规定转出的进项税额。

2. 进项税额的会计核算

进项税额是指纳税人购进货物或接受应税劳务所支付的增值税税额。在同一项购销业务中，进项税额与销项税额是相互对应的，即销售方收取的销项税额就是购买方支付的进项税额。

（1）允许抵扣的进项税额。

①从销售方取得的增值税专用发票（含货物运输业增值税专用发票、税控机动车销售统一发票）上注明的增值税额。

②从海关取得的完税凭证上注明的增值税额。

上述两款规定是指增值税一般纳税人在购进或进口货物及劳务时取得对方的增值税专用发票或海关完税凭证上已注明规定税率或征收率计算的增值税税额。不需要纳税人计算，但要注意其增值税专用发票及海关完税凭证的合法性，对不符合规定的扣税凭证一律不准抵扣。增值税一般纳税人取得所有需抵扣增值税进项税额的海关完税凭证，应根据相关海关完税凭证逐票填写《海关完税凭证抵扣清单》，在进行增值税纳税申报时随同纳税申报表一并报送。如果纳税人未按照规定要求填写《海关完税凭证抵扣清单》或者填写内容不全，该凭证不得抵扣进项税额。增值税一般纳税人当期未取得海关完税凭证的，可不向主管税务机关报送《海关完税凭证抵扣清单》。

③购进免税农产品进项税额的确定与抵扣。自2002年1月1日起，增值税一般纳税人购进农业生产者销售的免税农产品，或者从小规模纳税人处购进的农产品，按农产品收购发票或者销售发票上注明的农产品买价和9%的扣除率计算抵扣进项税额。

计算公式为：

进项税额 = 买价 × 扣除率

在掌握该项政策时，应注意以下几个问题：免税"农产品"是指直接从事植物的种植、收割和动物的饲养、捕捞的单位和个人销售的享受免税的自产农产品；农产品所包括的具体品目按《农产品征税范围注释》来确定。"买价"是指经主管税务机关批准使用的收购凭证上注明的价款；对烟叶税纳税人按规定缴纳的烟叶税，准予并入烟叶产品的买价计算增值税的进项税额，并在计算缴纳增值税时予以抵扣。根据财税〔2006〕64号和140号文件的规定，则

收购烟叶准予抵扣的进项税额 = （收购金额 + 烟叶税）× 13%

其中，

收购金额 = 收购价款 × （1+10%）

④运输费用进项税额的确定与抵扣。增值税一般纳税人外购或销售货物以及生产经营过程中接受

交通运输服务所支付的运输费用（代垫运费除外），准予按规定抵扣进项税额。在营业税改征增值税以前接受的运输劳务，取得运输劳务提供方开具的运费结算单据，可按运输费用结算单据上注明的运费金额和9%的扣除率计算进项税额抵扣，则

进项税额＝运输费用金额×扣除率

这里所称的"准予抵扣的运输费用金额"是指在运输单位开具的货票上注明的运费、建设基金，但不包括随同运费支付的装卸费、保险费等其他杂费。在营业税改征增值税以后接受的运输服务，按照运输劳务提供方开具的增值税专用发票注明的增值税额，确定准予从销售税额中抵扣的进项税额。

⑤企业购置增值税防伪税控系统专用设备和通用设备，可凭购货取得的专用发票注明的税额从增值税销项税额中抵扣。其中，专用设备包括税控金税卡、税控IC卡和读卡器；通用设备包括用于防伪税控系统开具专用发票的计算机和打印机。增值税一般纳税人用于采集增值税专用发票抵扣联信息的扫描器具和计算机，属于防伪税控通用设备。对纳税人购置上述设备取得的增值税专用发票所注明的增值税税额，计入当期增值税进项税额（国税函〔2006〕1248号）。

⑥自2004年12月1日起，增值税一般纳税人购进税控收款机所支付的增值税额（以取得的增值税专用发票上注明的增值税额为准），准予在企业当期销项税额中抵扣。需要强调的是，纳税人购进的税控收款机不论是否达到固定资产标准，其增值税专用发票上注明的增值税额均可以从当期销项税额中抵扣；但如果购进税控收款机时未取得增值税专用发票，不得抵扣进项税额。

【情景2-1】金城卷烟厂于2021年4月向烟农收购烟叶以备生产卷烟，开具的收购发票上注明的价款为800 000元，并向烟农支付了规定的价外补贴款。请计算卷烟厂收购烟叶准予抵扣的进项税额，并确定烟叶的采购成本。

根据税收法规规定，外购烟叶准予抵扣进项税额的计税依据包括支付的收购金额、负担的烟叶税和支付的价外补贴三部分。

进项税额＝800 000×（1+10%）×（1+20%）×13%=137 280（元）

烟叶采购成本＝800 000×（1+10%）×（1+20%）×（1-13%）=918 720（元）

(2) 不允许抵扣的进项税额。

纳税人购进货物、劳务、服务、无形资产、不动产，取得的增值税扣税凭证不符合法律、行政法规或者国务院税务主管部门有关规定的，进项税额不得从销项税额中抵扣。增值税扣税凭证是指增值税专用发票、海关进口增值税专用缴款书、农产品收购发票和农产品销售发票、从税务机关或者境内代理人处取得的解缴税款的税收缴款凭证及增值税法律法规允许抵扣的其他扣税凭证。

按《增值税暂行条例》和"营改增通知"及其他相关政策规定，下列项目的进项税额不得从销项税额中抵扣：

①用于简易计税方法计税项目、免征增值税项目、集体福利或者个人消费的购进货物、劳务、服务、无形资产和不动产。

其中涉及的固定资产、无形资产、不动产，仅指专用于上述项目的固定资产、无形资产（不包括其他权益性无形资产）、不动产。但是发生兼用于上述不允许抵扣项目情况的，进项税额准予全部抵扣。

另外，纳税人购进其他权益性无形资产，无论是专用于简易计税方法计税项目、免征增值税项目、集体福利或者个人消费，还是兼用于上述不允许抵扣项目的，其进项税额均可抵扣。

纳税人的交际应酬消费属于个人消费，即交际应酬消费不属于生产经营中的生产投入和支出。

②非正常损失的购进货物，以及相关劳务和交通运输服务。

③非正常损失的在产品、产成品所耗用的购进货物（不包括固定资产）、劳务和交通运输服务。

④非正常损失的不动产，以及该不动产所耗用的购进货物、设计服务和建筑服务。

⑤非正常损失的不动产在建工程所耗用的购进货物、设计服务和建筑服务。纳税人新建、改建、扩建、修缮、装饰不动产，均属于不动产在建工程。

上述②③④⑤项所说的非正常损失，是指因管理不善造成货物丢失、被盗、霉烂变质以及因

违反法律法规造成货物或者不动产被依法没收、销毁、拆除的情形。这些非正常损失是由纳税人自身原因而造成的，并导致征税对象实体的灭失，为保证税负公平，其损失不应由国家承担，因而纳税人无权要求抵扣进项税额。

⑥购进的贷款服务、餐饮服务、居民日常服务和娱乐服务。

一般情况下，餐饮服务、居民日常服务和娱乐服务主要接受对象是个人。一般纳税人购买的餐饮服务、居民日常服务和娱乐服务，难以准确界定接受劳务的对象是企业还是个人。因此，一般纳税人购进上述服务的进项税额不得从销项税额中抵扣。

对于贷款服务进项税额不得抵扣，也就是利息支出进项税额不得抵扣的规定，主要考虑的是如果允许抵扣借款利息，从根本上打通融资行为的增值税抵扣链条，按照增值税"道道征，道道扣"的原则，首先就应当对存款利息征税。但在现阶段，这是难度很大的事情，一方面涉及对居民存款征税，无法解决专用发票的开具问题，也与当前实际存款利率为负的现状不符。

对于住宿服务和旅游服务未列入不得抵扣项目，主要考虑的是这两个行业属于公私消费参半的行业，因而通过个人消费进行规范。

⑦纳税人接受贷款服务，向贷款方支付的与该笔贷款直接相关的投融资顾问费、手续费、咨询费等费用，其进项税额不得从销项税额中抵扣。

⑧提供保险服务的纳税人以现金赔付方式承担机动车辆保险责任的，将应付给被保险人的赔偿金直接支付给车辆修理劳务提供方，不属于保险公司购进车辆修理劳务，其进项税额不得从保险公司销项税额中抵扣。

纳税人提供的其他财产保险服务，比照上述规定执行。

⑨财政部和国家税务总局规定的其他情形。

上述第④⑤项所称的货物，是指构成不动产实体的材料和设备，包括建筑装饰材料和给排水、采暖、卫生、通风、照明、通信、煤气、消防、中央空调、电梯、电气、智能化楼宇设备及配套设施。

⑩适用一般计税方法的纳税人，因兼营简易计税方法计税项目和免征增值税项目而无法划分不得抵扣进项税额情形的，按照下列公式计算不得抵扣的进项税额：

不得抵扣的进项税额 = 当期无法划分的全部进项税额 × （当期简易计税方法计税项目销售额 + 免征增值税项目销售额）÷ 当期全部销售额

主管税务机关可以按照上述公式，依据年度数据对不得抵扣的进项税额进行清算。这是因为对于纳税人而言，进项税额转出是按月进行的，但由于年度内取得进项税额的不均衡性，按月计算的进项税转出与按年度计算的进项税转出有可能会产生差异，主管税务机关可在年度终了对纳税人进项税额转出进行清算，并对相关差异进行调整。

⑪一般纳税人已抵扣进项税额的固定资产、无形资产或者不动产，发生《增值税暂行条例》和"营改增通知"规定不得从销项税额中抵扣进项税额情形的，按照下列公式计算不得抵扣的进项税额：

$$\text{不得抵扣的进项税额} = \text{已抵扣进项税额} \times \text{不动产净值率}$$

$$\text{不动产净值率} = \frac{\text{不动产净值}}{\text{不动产原值}} \times 100\%$$

固定资产、无形资产或者不动产净值，是指纳税人根据会计制度规定计提折旧或摊销后的余额。

⑫存在下列情形之一者，应当按照销售额和增值税税率计算应纳税额，不得使用增值税专用发票，也不得抵扣进项税额：

I. 一般纳税人会计核算不健全，或者不能提供准确税务资料的。

II. 应当办理一般纳税人资格登记而未办理的。

该规定是为了加强对符合一般纳税人条件的纳税人进行管理，防止一般纳税人和小规模纳税人采用不同的征税办法少纳税款。

【情景2-2】北京市惠达股份有限公司为增值税一般纳税人。2021年9月，该公司有关生产经营业务如下，计算该企业当月可以抵扣的进项税额。

（1）3日，外购货物一批，取得增值税专用发票，注明的增值税税款为180 000元；下旬，因管理不善造成该批货物部分霉烂变质，经核实造成

1/3损失。

（2）15日，因建造职工活动中心，领用生产用原材料一批，这批原材料的账面成本为250 000元。

（3）21日，购入月饼一批，取得普通发票，价税合计支出50 000元。

（4）23日，将购入的水果作为福利发给职工。

①外购货物取得专用发票，可以凭票抵扣；但因管理不善造成购进货物发生非正常损失的部分，其进项税额不能抵扣。

进项税额=180 000-180 000×1/3=120 000（元）

②已作进项税额抵扣的购进货物，事后改变用途用于非应税项目的，应将进项税额转出。

进项税额转出=250 000×13%=32 500（元）

③购入水果用于职工福利，不论取得专用发票还是普通发票，进项税额都不能抵扣。

④将外购货物用于职工福利的，不能抵扣进项税。

当月可以抵扣的进项税额=120 000-32 500=87 500（元）

（3）购进存货、固定资产业务增值税的核算。

①购进存货的会计核算。

购进存货取得增值税专用发票并且认证相符，则增值税进项税额允许抵扣，应借记"应交税费——应交增值税（进项税额）"账户，按照专用发票上记载的应计入存货采购成本的金额，借记"材料采购""在途物资""原材料""库存商品""周转材料""管理费用""销售费用""其他业务成本"等账户，按照应付或实际支付的金额，贷记"应付账款""应付票据""银行存款"等账户，购入的货物发生退货，应作相反的会计处理，但进项税额只能用红字在借方登记。

【情景2-3】北京市惠达股份有限公司为增值税一般纳税人。2021年6月6日，公司开户银行为其开出汇票，从外地购入原材料一批，取得对方开具的增值税专用发票，内列货款500 000元、增值税税款65 000元，同时以转账支票支付该批材料的运费和税款共计5 450元，取得运输业增值税专用发票。计算并编制会计分录。

允许抵扣的进项税额=65 000+5 450÷（1+9%）×9%=65 450（元）

材料采购成本=500 000+5 000=505 000（元）

根据专用发票和入库单，编制会计分录：

借：原材料　　　　　　　　　505 000
　　应交税费——应交增值税
　　　　（进项税额）　　　　 65 450
　贷：银行存款　　　　　　　　5 450
　　　其他货币资金——银行
　　　　汇票　　　　　　　　565 000

②购进固定资产的会计核算。

Ⅰ.与该固定资产有关的经济利益很可能流入企业。

企业在确认固定资产时，需要判断与该项固定资产有关的经济利益是否可能流入企业。实务中，主要是通过判断与该固定资产所有权相关的主要风险和报酬是否发生了转移来确定。

通常情况下，取得固定资产所有权是判断与固定资产所有权相关的主要风险和报酬是否发生转移的一个重要标志。凡是所有权已属于企业，无论企业是否收到或拥有该项固定资产，均可视为企业的固定资产；反之，如果没有取得所有权，即使存放在企业，也不能作为企业的固定资产。但是，所有权是否转移并不是判断的唯一标准：有些情况下，某项固定资产的所有权虽然不属于企业，但是企业能够控制与该项固定资产有关的经济利益并使之流入企业。在这种情况下，企业应当将其确认为固定资产。例如，以融资租赁方式租入的固定资产，企业（承租人）虽然不拥有该项固定资产的所有权，但企业能够控制与该固定资产有关的经济利益并使之流入企业，则与该固定资产所有权相关的风险和报酬实质上已转移到了企业，因此，符合固定资产确认的第一个条件。

Ⅱ.该固定资产的成本能够可靠计量。

成本能够可靠计量是资产确认的一项基本条件。要确认固定资产，企业为取得该固定资产所发生的支出必须能够可靠计量。在确定固定资产成本时，企业有时需要根据所获得的最新资料对固定资产的成本进行合理估计。如果能够合理估计出固定资产成本的，视同固定资产的成本能够可靠计量。

固定资产的各组成部分具有不同使用寿命或者以不同方式为企业提供经济利益，适用不同折旧率或折旧方法的，应当分别将各组成部分确认为单项固定资产。

Ⅲ. 固定资产购进业务涉及的主要账户。

"在建工程"账户属于资产类账户，用来核算企业进行建筑工程、安装工程、技术改造工程等发生的实际支出。借方登记建造、安装过程中所发生的各项支出，贷方登记结转完工工程的实际成本，期末余额在借方，表示尚未完工工程发生的各项支出。该账户应按建筑工程、安装工程等进行明细分类核算。

自2009年1月1日起，增值税一般纳税人在固定资产购置过程中支付给供应企业的增值税，可以作为进项税额计入"应交税费——应交增值税"账户的借方，用以抵扣销项税额。

③接受投资者投入物资的会计核算。

企业接受投资者投入的物资，应按取得的专用发票上注明的增值税税额，借记"应交税费——应交增值税（进项税额）"科目；按投资合同或协议约定的价值，借记"原材料""库存商品"等科目；按投资者应享有的注册资本份额，贷记"实收资本"或"股本"科目；按其差额借记或贷记"资本公积"科目。

【情景2-4】北京市惠达股份有限公司为增值税一般纳税人。2021年3月，公司接受联营单位投入原材料一批，双方协商确认价值为850 000元，取得投资方开具的增值税专用发票，内列增值税额104 000元。按投资协议，投资者在公司享有100 000股股份，每股价值8元。

问题：编制会计分录。

解析：企业可根据增值税专用发票、材料入库单等凭证，编制会计分录：

借：原材料 800 000
　　应交税费——应交增值税
　　　　（进项税额） 110 500
　　贷：股本 800 000
　　　　资本公积——股本溢价 160 500

④购进免税农产品的会计核算。

企业购进免税农产品，应按购入农产品的买价和规定的扣除率计算的金额，借记"应交税费——应交增值税（进项税额）"科目；按买价扣除规定计算的进项税额后的余额，借记"物资采购""原材料""库存商品"等科目；按实际支付的价款，贷记"银行存款"等科目。

【情景2-5】佳佳食品有限公司属于增值税一般纳税人。2021年10月，公司向当地农民收购一批小麦，经税务机关批准使用的收购凭证上注明的买价为80 000元。该批小麦已运抵企业并验收入库，货款以现金支付。计算并编制会计分录。

购进免税农产品允许抵扣的进项税额=80 000×9%=7 200（元）

农产品采购成本=80 000-7 200=72 800（元）

根据农产品收购发票、入库单及付款凭证编制会计分录：

借：原材料 72 800
　　应交税费——应交增值税
　　　　（进项税额） 7 200
　　贷：库存现金 80 000

（4）接受应税劳务增值税的会计核算。

企业接受应税劳务，应按取得的专用发票上注明的应计入加工、修理修配等劳务成本的金额，借记"其他业务成本""制造费用""委托加工物资"等科目；按专用发票上注明的增值税税额，借记"应交税费——应交增值税（进项税额）"科目；按实际支付款，贷记"银行存款"等科目。

（5）应税服务增值税的会计核算。

企业接受应税劳务，应按取得的专用发票上注明的应计入加工、修理修配等劳务成本的金额，借记"其他业务成本""制造费用""委托加工物资"等科目；按专用发票上注明的增值税税额，借记"应交税费——应交增值税（进项税额）"科目；按实际支付款，贷记"银行存款"等科目。

【情景2-6】2021年3月，北京市惠达股份有限公司基本生产车间委托某修理厂修理设备，以银行存款支付修理费5 000元，增值税650元，取得增值税专用发票。编制会计分录。

根据增值税专用发票和银行支付凭证，编制会计分录：

借：制造费用 5 000
　　应交税费——应交增值税
　　　　（进项税额） 650
　　贷：银行存款 5 650

（6）接受投资或捐赠货物增值税的会计核算。

企业接受捐赠属于非日常活动，取得增值税专用发票，可以凭票抵扣进项税额，但是不能计入营业收入，要计入营业外收入。

企业接受投资者投入的货物，应按取得的专用发票上注明的增值税税额，借记"应交税费——应交增值税（进项税额）"科目；按投资合同或协议约定的价值，借记"原材料""库存商品"等科目；按投资者应享有的注册资本份额，贷记"实收资本"或"股本"科目；按其差额贷记"资本公积"科目。

企业接受捐赠货物，应按取得的专用发票上注明的增值税税额，借记"应交税费——应交增值税（进项税额）"科目；按确认的捐赠价值借记"原材料""库存商品"等科目；按接受捐赠货物价税合计额，贷记"营业外收入——非货币性捐赠利得"科目。

【情景2-7】 南方绒业有限公司本月接受国外客户捐赠模具一批，捐赠方提供的发票账单内列出该批模具价值100 000元。公司以转账支票支付报关进口关税30 000元、进口增值税21 000元。编制会计分录。

根据增值税专用发票和材料入库单，编制会计分录：

借：周转材料——模具　　　　　130 000
　　应交税费——应交增值税
　　　　（进项税额）　　　　　 21 000
　贷：营业外收入——非货币性捐
　　　　赠利得　　　　　　　　100 000
　　　银行存款　　　　　　　　 51 000

（7）委托加工物资增值税的会计核算。

企业委托加工货物，应按发出货物的实际成本、加工过程中发生的加工费、运杂费等记入"委托加工物资"账户的借方，按增值税专用发票上注明的税额及按税法规定允许计提的运费的进项税额借记"应交税费——应交增值税（进项税额）"科目，加工完毕收回后再从"委托加工物资"账户转入"原材料""库存商品"等科目。

（8）进口货物增值税的核算。

增值税法规定：无论是一般纳税人还是小规模纳税人，申报进口货物时都应缴纳进口环节的增值税。纳税人进口货物，应当以组成计税价格为依据计算应纳增值税税额，具体计算公式如下：

组成计税价格＝关税完税价格＋关税＋消费税＝关税完税价格×（1+关税税率）÷（1-消费税税率）

应纳税额＝组成计税价格×增值税税率

进口货物的增值税由海关代征，并由海关向进口人开具进口增值税专用缴款书。纳税人取得的进口增值税专用缴款书是计算增值税进项税额的唯一依据。

一般纳税人从国外进口货物，应以海关提供的完税凭证为记账依据，按完税凭证上注明的进口货物采购成本，借记"原材料""库存商品"等科目；按完税凭证上注明的增值税税额，借记"应交税费——应交增值税（进项税额）"科目；按实际支付的金额，贷记"银行存款""其他货币资金"等科目。

3. 进项税额转出的会计核算

（1）购进货物改变用途的会计核算。

若企业购进货物时就能明确将其用于非增值税应税项目，应将发票上注明的增值税税额直接计入相关项目的成本。若企业购进的生产经营用货物改变用途用于非应税项目，应在改变用途时将原已申报抵扣的进项税额作转出处理，贷记"应交税费——应交增值税（进项税额转出）"科目。

【情景2-8】 昌盛建材厂因改扩建仓库的需要，领用上月购入的生产用钢材一批。该批钢材进价成本为200 000元。编制会计分录。

根据领料单编制会计分录：

借：在建工程　　　　　　　　　226 000
　贷：原材料　　　　　　　　　200 000
　　　应交税费——应交增值税
　　　　（进项税额转出）　　　 26 000

【情景2-9】 北京市惠达股份有限公司将一批库存外购生产用材料以福利形式平均发放给单位职工。该批材料购进时已取得增值税专用发票并申报抵扣，实际成本30 000元，增值税税率为13%。上述生产用外购货物改变用途用于职工福利后，其增值税应作何会计处理？

进项税额转出 =30 000×13%=3 900（元）

列入福利支出金额 =30 000+3 900=33 900（元）

该单位应在决定发放福利时编制会计分录：

借：生产成本等　　　　　　　　33 900
　　贷：应付职工薪酬——非货币性
　　　　　福利　　　　　　　　33 900

实际发放时编制会计分录：

借：应付职工薪酬——非货币性
　　　福利　　　　　　　　　　33 900
　　贷：原材料　　　　　　　　30 000
　　　　应交税费——应交增值税
　　　　　（进项税额转出）　　3 900

（2）存货盘亏的会计核算。

购进货物发生非正常损失的增值税，包括购进货物发生非正常损失的进项税额和非正常损失的在产品、产成品所耗用的购进货物或应税劳务的进项税额。税法规定，发生非正常损失货物的进项税额不得抵扣。因此，企业发生非正常损失后，原已抵扣的进项税额应当予以转出，贷记"应交税费——应交增值税（进项税额转出）"科目，借记"待处理财产损溢"科目。

【情景2-10】爱衣橡胶厂为增值税一般纳税人，2021年10月购入原材料1 000千克，单位不含税价格85元，材料到达后，实际验收入库900千克。公司允许的定额内合理损耗率为2.5%，其余为非正常损失。款项以银行存款支付。计算不得抵扣增值税的进项税额并编制会计分录。

全部货物进项税额 =1 000×85×13%=11 050（元）

不得抵扣进项税额 =（1 000−900−1 000×2.5%）×85×13%=828.75（元）

原材料采购成本 =（900+1 000×2.5%）×85=78 625（元）

购入原材料时，编制会计分录：

借：在途物资　　　　　　　　　85 000
　　应交税费——应交增值税
　　　（进项税额）　　　　　　11 050
　　贷：银行存款　　　　　　　96 050

原材料物验收入库时，编制会计分录：

借：原材料　　　　　　　　　　78 625
　　待处理财产损溢——待
　　　处理流动资产损溢　　　7 203.75
　　贷：在途物资　　　　　　　85 000
　　　　应交税费——应交增值税
　　　　　（进项税额转出）　828.75

4. 增值税销项税额的会计核算

（1）一般销售方式下增值税的会计核算。

一般销售（或视同销售）方式下的销售额是指纳税人销售货物或者提供应税劳务向购买方（承受应税劳务也视为购买方）收取的全部价款和价外费用，但是不包括收取的销项税额。

所谓价外费用是指随同货物销售，同时应向购买方收取的手续费、补贴、基金、集资费、返还利润、奖励费、违约金、滞纳金、延期付款利息、赔偿金、包装费、包装物租金、储备费、优质费、运输装卸费、代收款项、代垫款项及其他各种性质的价外收费。凡随同销售货物、劳务或提供应税服务向购买方收取的价外费用，无论其会计如何核算，均应并入销售额计算增值税。但下列项目不认定为价外费用：

①受托加工应税消费品代收代缴的消费税；

②以委托方名义开具发票代委托方收取的款项；

③同时符合以下条件代收的政府性基金或行政事业性收费：由国务院或财政部批准设立的政府性基金；由国务院或省级人民政府及其财政、价格主管部门批准设立的行政事业性收费；收取时开具省级以上财政部门印制的财政票据等，所收款项全额上缴财政；

④在销售货物的同时因代办保险等而向购买方收取的保费，以及向购买方收取的代购买方缴纳的车辆购置税、车辆牌照费。

【情景2-11】北京市惠达股份有限公司为增值税一般纳税人，本月向个人消费者销售货物收取货款135 600元，另收取装卸费5 650元，全部开具普通发票。计算该商场销售空调业务的增值税。

商场销售空调开具普通发票，其货款为含税价，收取的安装费为价外费用，视同含税收入。

销项税额=（135 600+5 650）÷（1+13%）×13%=16 250（元）

（2）视同销售业务增值税的会计核算。

发生视同销售行为而无销售额的，税务机关有权按下列顺序确定其销售额：按纳税人最近时期同类货物的平均销售价格确定；按其他纳税人最近时期同类货物的平均销售价格确定；按组成计税价格确定。其计算公式为：

组成计税价格＝成本＋利润＋消费税

或：

组成计税价格 = 成本 × (1 + 成本利润率) + 消费税

公式中，"成本"的确定存在以下两种情况：销售自产货物的，为实际生产成本；销售外购货物的，为实际采购成本。公式中的"成本利润率"，由国家税务总局确定，除特殊规定外，一律按10%计算。

如果征收增值税的货物同时又征收消费税，组成计税价格应包括消费税。

纳税人销售货物或提供应税劳务的价格明显偏低并无正当理由的，税务机关有权按上述视同销售行为的方法核定销售额。

增值税视同销售行为会计核算应解决两方面问题：其一，对于视同销售行为，应计算增值税销项税额，贷记"应交税费——应交增值税（销项税额）"科目；其二，对视同销售行为货物的价值转移，是作销售收入处理，还是按成本直接结转？在税务会计与财务会计相分离的情况下，若该行为能使企业获得收益或体现企业与外部的关系，则应作销售收入处理；否则，按成本结转。

【情景2-12】北京市惠达股份有限公司为增值税一般纳税人。2021年5月，公司专门为本厂职工特制一批服装并免费分发给职工。账务资料显示，该批服装的生产成本为250 000元。请计算相关税额。

根据增值税法规规定，企业将自产货物用于职工福利的，应视同销售，计征增值税；无同类产品销售额或价格明显偏低的，应按组成计税价格计税。

销项税额=250 000×（1+10%）×13%=35 750（元）

（3）委托代销业务增值税的会计核算。

Ⅰ.委托代销货物。

委托代销按结算方式不同分两种：一是以支付手续费方式委托代销；二是以不支付手续费方式委托代销。如为前者，委托方与受托方通过签订代销合同，明确规定代销货物的售价、手续费等条件，双方按合同规定的价格结算；如为后者，委托方与受托方只规定交接价，而不管受托方以什么价格出售（对受托方来讲，该货物的实质为赊购商品）。

增值税法规规定，委托其他纳税人代销货物的，增值税纳税义务发生时间为收到代销清单和收到货款两者中较早者的当天；而对发出代销货物超180天仍未收到代销清单及货款的，增值税纳税义务发生时间为发出代销货物满180天的当天。

【情景2-13】北京爱华绒业为增值税一般纳税人。2021年9月1日，公司委托新华购物中心代为销售羊绒衫，代销合同约定不含税单位售价为820元，代销手续费按不含税售价的12%支付。该批产品共420件，每件成本650元，现已全部售出，并收到代销清单和手续费结算凭证。本月7日收到代销清单时，开具增值税专用发票。计算并编制会计分录。

代销手续费=820×420×12%=41 328（元）

根据增值税专用发票记账联、代销清单及支付手续费凭证编制会计分录：

借：应收账款——新华购物中心　347 844
　　销售费用——代销手续费　　　41 328
　贷：主营业务收入　　　　　　　344 400
　　　应交税费——应交增值税
　　　　（销项税额）　　　　　　 44 772

Ⅱ.销售代销货物（受托代销）。

此业务通常发生在商品流通企业，与委托代销相同，其也有两种方式：一是以收取手续费方式代销货物；二是视同买断，即以不收取手续费方式代销货物。

【情景2-14】隆德商场接受甲衬衫厂委托代销衬衫1 000件，代销合同约定每销售一件衬衫手续费15元，隆德商场6月份按工厂指定价每件120元（不含税价）出售，共销售衬衫450件。编制相关会计分录。

收到受托代销商品时，根据商品入库单，编制会计分录：

借：受托代销商品　　　　　　　120 000
　　贷：受托代销商品款　　　　　　120 000

实现对外销售时，根据开具发票及进账单，编制会计分录：

借：银行存款　　　　　　　　　61 020
　　贷：应付账款——甲衬衫厂　　　54 000
　　　　应交税费——应交增值税
　　　　　　（销项税额）　　　　　4 020

同时结转代销商品款和受托代销商品，编制会计分录：

借：受托代销商品款　　　　　　120 000
　　贷：受托代销商品　　　　　　　120 000

向委托方开具代销清单，收到增值税专用发票，编制会计分录：

借：应交税费——应交增值税
　　　　　（进项税额）　　　　　4 020
　　贷：应付账款——甲衬衫厂　　　4 020

计算代销手续费并与委托方结算货款，编制会计分录：

借：应付账款——甲衬衫厂　　　61 020
　　贷：其他业务收入　　　　　　　6 750
　　　　银行存款　　　　　　　　54 270

Ⅲ. 将货物移送外地非独立核算机构销售。

增值税法规规定：设有两个以上机构并实行统一核算的纳税人，将货物从一个机构移送至其他机构用于销售的［相关机构设在同一县（市）的除外］，应视同销售货物。具体可按下列办法处理：送出机构在发出商品时，根据商品出库单，按成本借记"发出商品"科目，贷记"库存商品"科目；同时，按发出商品的销售额和增值税税率计算销项税额，借记"应收账款"科目，贷记"应交税费——应交增值税（销项税额）"科目。外地机构销售货物后，转来货款及相关销货凭证时，按价税合计金额借记"银行存款"科目，贷记"应收账款""主营业务收入"等科目。同时结转已销商品成本，借记"主营业务成本"科目，贷记"库存商品"科目。

Ⅳ. 将自产或委托加工货物用于非增值税应税项目。

增值税法规规定，纳税人将自产或委托加工货物用于非应税项目，应视同销售计算增值税，其纳税义务发生时间为货物移送的当天。一般纳税人发生此类经济业务不开具发票，直接根据商品出库单或材料领用单记账。按发出货物的实际成本和应承担的增值税税额，借记"在建工程"或"其他业务成本"科目，按发出货物的实际成本，贷记"原材料"或"库存商品"科目，按应交增值税税额，贷记"应交税费——应交增值税（销项税额）"科目。

【情景2-15】法拉科技电子公司将其所生产的一批电子产品领用出库，用于公司基本建设工程，该批电子产品账面成本为100 000元，市场售价为130 000元。计算税额并编制相关会计分录。

销项税额=130 000×13%=16 900（元）

根据商品出库单编制会计分录：

借：在建工程——办公楼建设工程　116 900
　　贷：库存商品　　　　　　　　100 000
　　　　应交税费——应交增值税
　　　　　　（销项税额）　　　　16 900

Ⅴ. 将自产或委托加工货物用于集体福利或个人消费。

增值税法规规定，纳税人将自产或委托加工货物用于集体福利或个人消费的，应视同销售计算增值税，其纳税义务发生的时间为货物移送的当天。企业应在作出将货物用于职工福利决定时，按货物的公允价值和增值税税额，借记"生产成本"等科目，贷记"应付职工薪酬——非货币性福利"科目。在发出货物时，按货物的公允价值和增值税税额，借记"应付职工薪酬——非货币性福利"科目；按增值税税额，贷记"应交税费——应交增值税（销项税额）"科目，同时贷记相关科目；按货物的实际成本，借记"主营业务成本"科目，贷记"库存商品"科目。

【情景2-16】新科电子公司为增值税一般纳税人。2021年12月，公司将一批自制的电子产品作为福利发给本公司职工。该批产品的生产成本为420 000元，不含税售价500 000元。本单位共有职工100人。其中，生产工人35人，车间管理人员25人，厂部销售人员18人，其他管理人员22人。计算并编制会计分录。

销项税额 =500 000×13%=65 000（元）

福利支出金额 =500 000+65 000=565 000（元）

其中：

生产成本 =565 000×35÷100=197 750（元）

制造费用 =565 000×25÷100=141 250（元）

销售费用 =565 000×18÷100=101 700（元）

管理费用 =565 000×22÷100=124 300（元）

当企业作出发放非货币性福利决定时，编制会计分录：

借：生产成本　　　　　　　　　197 750
　　制造费用　　　　　　　　　141 250
　　销售费用　　　　　　　　　101 700
　　管理费用　　　　　　　　　124 300
　　贷：应付职工薪酬——非货币性
　　　　　　福利　　　　　　565 000

实际发放产品时，根据商品出库单，编制会计分录：

借：应付职工薪酬——非货币性
　　　　福利　　　　　　565 000
　　贷：主营业务收入　　　　　500 000
　　　　应交税费——应交增值税
　　　　　　（销项税额）　　6 500

同时结转货物的成本

借：主营业务成本　　　　　　　420 000
　　贷：库存商品　　　　　　　420 000

Ⅵ. 将自产、委托加工或购买的货物对外投资。

增值税法规规定，纳税人将自产、委托加工或购买的货物对外投资，应视同销售计算增值税，纳税义务的发生时间为货物移送的当天。根据企业会计准则规定，企业以存货对外投资的，应按存货的公允价值和相关税费，借记"长期股权投资"科目，按存货的公允价值，贷记"主营业务收入"科目，按计算的增值税税额，贷记"应交税费——应交增值税（销项税额）"科目。

【情景2-17】平创设备公司以其产成品对外投资入股组建股份有限公司，该批产成品账面成本为850 000元，并已计提存货跌价准备60 000元，正常对外销售不含税价为1 000 000元。计算并编制会计分录。

销项税额 =1 000 000×13%=130 000（元）

对外移送产品时，根据投资合同，编制会计分录：

借：长期股权投资　　　　　　1 070 000
　　存货跌价准备　　　　　　　60 000
　　贷：主营业务收入　　　　1 000 000
　　　　应交税费——应交增值税
　　　　　　（销项税额）　　130 000
借：主营业务成本　　　　　　　850 000
　　贷：库存商品　　　　　　　850 000

Ⅶ. 将自产、委托加工或购买的货物分配给股东或投资者。

企业将自产、委托加工或购买的货物分配给股东或投资者，会计上按一般销售业务处理。根据增值税法规规定，于货物移送时确认纳税义务的发生时间并计算增值税。因此，企业应在物权转移时，按分配的股利或利润，借记"应付股利"科目；按实现的销售额，贷记"主营业务收入"科目；按计算的增值税税额，贷记"应交税费——应交增值税（销项税额）"科目。

【情景2-18】北京市惠达股份有限公司为增值税一般纳税人，2021年1月将自产的一批新产品用于利润分配，该批产品的生产成本为600 000元，无同类产品售价。计算并编制会计分录。

产品的组成计税价格 =600 000×(1+10%)=660 000（元）

产品的销项税额 =660 000×13%=85 800（元）

在公司通过股利分配方案时，根据股利分配方案计算结果，编制会计分录：

借：应付股利　　　　　　　　　745 800
　　贷：主营业务收入　　　　　660 000
　　　　应交税费——应交增值税
　　　　　　（销项税额）　　85 800
借：主营业务成本　　　　　　　600 000
　　贷：库存商品　　　　　　　600 000

Ⅷ. 将自产、委托加工或购买的货物无偿赠送他人。

企业将自产、委托加工或购买的货物无偿赠送他人，尽管货物的所有权发生了转移，但未使企业获得实际经济利益,因此不构成会计销售业务。企业发生此类业务时,可以向受赠方开具发票,并根据发票和出库单进行账务处理。按发出货物的实际成本和应承担的增值税税额,借记"营业外支出"科目;按发出货物的实际成本,贷记"库存商品"科目;按计算的增值税税额,贷记"应交税费——应交增值税(销项税额)"科目。

【情景2-19】北京市惠达股份有限公司为增值税一般纳税人。2021年3月,公司向灾区捐赠账面成本为300 000元的应急药品,该药品市场不含税售价420 000元,计算并编制会计分录。

销项税额=420 000×13%=54 600(元)

根据产品出库单,编制会计分录:

借:营业外支出　　　　　　　354 600
　　贷:库存商品　　　　　　　300 000
　　　　应交税费——应交增值税
　　　　　(销项税额)　　　　 54 600

(4)特殊销售方式下增值税的会计核算。

①折扣销售的会计核算。

折扣销售也称商业折扣,是指销货方在销售货物时,因购买方购货数量较大或其他原因,给予购货方的价格优惠。如购买100件,可享受销售价格5%的折扣;购买200件,可享受销售价格10%的折扣。增值税法规定:只有销售额和折扣额在同一张发票上分别注明,才可以按照扣除折扣后的余额作为计税销售额计算增值税;但如果将折扣额另开发票,无论财务上如何处理,计算增值税时,其折扣额均不得从销售额中减除。另外,上述折扣销售仅限于价格折扣,如果销货方将自产、委托加工和购买的货物采取"买就送"等方式进行实物折扣,则所送货物的价款一律不得从销售额中减除,实物折扣按视同销售行为"无偿赠送"规定计算增值税。

现金折扣是指销货方在销售货物或提供应税劳务时,为鼓励购货方及早付款,以协议形式给予购货方的一种折扣。如10天内付款,优惠2%;20天内付款,优惠1%;超过20天付款不享受优惠。现金折扣是一种融资行为,折扣额不得从销售额中减除。

销售折让与销售折扣不同。销售折让,是指企业因售出商品的质量不合格或其他原因在售价上给予购买者的减让。对增值税而言,销售折让其实是指纳税人发生应税销售行为后因劳动成果质量不合格而在售价上给予购买者的减让。与销售折扣相比,虽然二者都是在销售发生后发生的,但由于销售折让是因应税销售行为的品种和质量引起的销售额的减少,因此,应以折让后的货款为销售额。税法对于二者的增值税税务处理是不同的。折扣销售、销售折扣与销售折让如表2-1所示。

表2-1　折扣销售、销售折扣与销售折让

折扣方式	折扣目的	税务处理
折扣销售 (商业折扣)	为促销,对购买数量大的购买者而给予的价格优惠。该折扣在销售实现时发生并确定	只要开具的票据符合要求,折扣额可以从销售额中扣除
销售折扣 (现金折扣)	为鼓励购买方及早偿还贷款而给予的金额优惠。该折扣只有在收到货款时才能确定	折扣额不得从销售额中扣除
销售折让	为保障商业信誉,对已售商品存在质量、品种不符合要求等问题而给予购买方的金额补偿。该折扣发生在货物销售之后	折让额可以从折让当期销售额中扣除

【情景2-20】北京市惠达股份有限公司为增值税一般纳税人。2021年5月12日,公司批发销售给昌源公司电脑100台,每台标价(不含税)3 600元。由于其购买数量较大,给予购买方七折优惠,并将折扣额与销售额开在同一张专用发票上。同时约定付款条件为"2/10,1/20,n/30"。当月20日,公司收到昌源公司支付的全部货款。计算上述销售业务应申报的增值税销项税额。

七折优惠属于折扣销售,并且折扣额与销售额开在同一张发票上,按折扣后的金额计税;约定"2/10,1/20,n/30"的付款条件属于现金折扣,按折扣前的金额计税。

销项税额=100×3 600×70%×13%=32 760(元)

②销售退回及折让的会计核算。

企业在销售过程中,如果发生销货退回或折

让,无论是当月还是以前月份的销货退回或折让,均应冲减发生退回或折让当月的营业收入,并在收到购货单位退回的增值税专用发票或"证明单"后作相应的会计处理。

【情景2-21】 永昌绒业公司为增值税一般纳税人,2021年3月收到1月份销售给某商场的羊绒衫退货100件,同时收到商场转来的红字发票,货款30 000元,增值税3 900元。编制会计分录。

根据开具的红字专用发票,编制会计分录:

借:主营业务收入　　　　　　　30 000
　　应交税费——应交增值税
　　　　（销项税额）　　　　　 3 900
　贷:银行存款　　　　　　　　33 900

③以旧换新方式销售的会计处理。

以旧换新是指纳税人在销售新货物的同时有偿收回旧货物的行为。增值税法规定:除金银首饰外的货物以旧换新销售,应按新货物的同期销售价格确定销售额,不得扣减旧货物的收购价格。但对金银首饰以旧换新业务,可扣除旧金银首饰的回收价格,即按销售方实际收取的不含增值税的全部价款征收增值税。

【情景2-22】 新天地电器商场为扩大销售,开展以旧换新业务,旧家电的收购价为每台450元,本月以旧换新销售电视机620台,每台电视机零售价6 000元。计算销项税额并编制会计分录。

销项税额 =620×6 000÷(1+13%)×13%≈427 964.6(元)

借:银行存款　　　　　　　3 441 000
　　原材料　　　　　　　　　279 000
　贷:主营业务收入　　　　3 292 035.4
　　　应交税费——应交增值税
　　　　（销项税额）　427 964.6

（5）包装物销售及押金增值税的会计核算。

①包装物销售的会计核算。

Ⅰ.不单独计价包装物的销售。

随货物销售不单独计价的包装物销售所得,实质上是货物销售收入的一部分,应直接确认为主营业务收入。销售实现时,按实收或应收的货款,借记"银行存款"或"应收账款"科目;按实现的销售收入,贷记"主营业务收入"科目;按计算的增值税税额,贷记"应交税费——应交增值税（销项税额）"科目。结转货物销售成本时,借记"主营业务成本"科目,贷记"库存商品"科目;结转包装物成本时,借记"销售费用"科目,贷记"周转材料——包装物"科目。

Ⅱ.单独计价包装物的销售。

随同货物销售并单独计价的包装物销售所得,应确认为其他业务收入,并按税法规定在货物销售实现时计算增值税。

②出租、出借包装物押金的核算。

出租包装物收取的租金,属于价外费用,按税收法规计算增值税。收取的押金应在包装物归还时退还给对方,但当对方逾期不能退还包装物时,企业应就没收的包装物押金计算增值税。

对销售除黄酒、啤酒以外的其他酒类产品而收取的包装物押金,无论是否归还,也不管会计上如何核算,均应在收到押金的当期并入销售额计算增值税。会计处理如下:

收取押金时,按实际收取金额,借记"银行存款"科目,贷记"其他应付款——存入保证金"科目;同时计算增值税,借记"其他应付款——存入保证金"科目,贷记"应交税费——应交增值税（销项税额）"科目。没收包装物押金时,按不含税收入,借记"其他应付款——存入保证金"科目,贷记"其他业务收入"科目;若企业退还包装物押金,按已计算的增值税销项税额作当期费用,借记"其他业务成本"科目,按扣除销项税额后的押金额,借记"其他应付款——存入保证金"科目,按实际退回的押金额,贷记"银行存款"科目。

【情景2-23】 万宝建材厂为增值税一般纳税人。2021年3月,公司向大自然装饰公司销售材料一批,增值税专用发票注明价款180 000元、增值税23 400元;出租包装物250个,租期3个月,收取租金3 390元;另收取包装物押金每个16元,上述款项均已收存银行。计算并编制会计分录。

销项税额 =23 400（元）

租金收入销项税额 =3 390÷(1+13%)×13%=390（元）

对收取的押金暂不计征增值税。

根据销货发票、收款收据及银行进账单,编

制会计分录：

借：银行存款　　　　　　　　　　210 790
　　贷：主营业务收入　　　　　　　180 000
　　　　其他业务收入　　　　　　　　3 000
　　　　应交税费——应交增值税
　　　　　　（销项税额）　　　　　 23 790
　　　　其他应付款——存入保证金　　4 000

（6）混合销售行为增值税的会计核算。

混合销售行为如属于应当征收增值税的，其销售额应是货物与非应税劳务的销售额合计，非应税劳务的销售额视为含税销售额，需先换算为不含税销售额，再并入销售额征税；混合销售行为所涉及的非增值税应税劳务所用购进货物的进项税额，符合《增值税暂行条例》及实施细则规定的，准予从销项税额中抵扣。

【情景2-24】 北京市惠达股份有限公司为增值税一般纳税人。本月，公司向大华公司销售大型设备一台，开具的增值税专用发票注明货款150 000元。设备需安装调试，由惠达公司负责，惠达公司收取安装调试费3 164元。请计算北京市惠达股份有限公司该业务的计税销售额和销项税额。

销售设备并同时提供安装调试劳务，属于混合销售行为。因北京市惠达股份有限公司的主营业务是需交增值税的，因此该混合销售行为一并征收增值税。

混合销售的销售额=150 000+3 164÷（1+13%=152 800（元）

销项税额=152 800×13%=19 864（元）

5.增值税减免税款的会计核算

减免增值税分为先征后返、即征即退、直接减免三种形式，其会计处理也不相同，但企业收到返还的增值税都应通过"其他收益"账户核算，作为企业利润总额的组成部分。

采用先征收后返还、即征即退办法减免税款的企业，在销售货物时，应按正常会计核算程序计算应纳增值税税额。办完增值税退还手续，收到退税款时，直接作会计分录：

借：银行存款
　　贷：其他收益

直接减免增值税不属于政府补助。如果是免税，在会计处理时，借记"应收账款"等科目，贷记"主营业务收入"，不反映"应交税费"科目；若是减税，按相应金额，借记"应交税费"科目。

6.增值税出口"免、抵、退"税的核算

（1）生产企业"免、抵、退"增值税税额的计算。

生产企业一般纳税人自营出口或委托外贸企业代理出口自产货物，适用"出口免税并退税"政策，除税法另有规定外，一律实行"免、抵、退"管理办法。"免"是指对生产企业出口自产货物免征生产销售环节增值税；"抵"是指生产出口自产货物所耗原材料、零部件、燃料、动力等所含应予退还的进项税额，抵扣内销货物应纳税额；"退"是指生产企业出口自产货物在当月内应抵扣的进项税额大于应纳税额时，对未抵扣完的部分予以退税，具体计算公式为：

$$\text{当期应纳税额} = \text{当期销项税额} - (\text{当期进项税额} - \text{当期不得免征和抵扣税额})$$

其中，

当期免、抵、退税不得免征和抵扣税额=出口货物离岸价×外汇人民币折合率-（出口货物征税率-出口货物退税率）-免、抵、退税不得免征和抵扣税额抵减额

免、抵、退税不得免征和抵扣税额抵减额=免税购进原材料价格×（出口货物征税率-出口货物退税率）

若上述当期应纳税额计算结果为正数，说明企业从内销货物销项税额中抵扣后还有余额，即为应纳增值税税额，无退税额；若计算结果为负数，则应予以退税，实际退税额按下列公式确定：

免、抵、退税额=出口货物离岸价×外汇人民币牌价-免、抵、退税额抵减额

其中，

免、抵、退税额抵减额=免税购进原材料价格×出口货物退税率

当期应退税额和抵免税额的计算公式如下：

①如当期期末留抵税额≤当期免、抵、退税额，则：

当期应退税额 = 当期期末留抵税额

当期免、抵税额 = 当期免、抵、退税额 － 当期应退税额

② 如当期期末留抵税额 > 当期免、抵、退税额，则：

当期应退税额 = 当期免抵退税额

当期免、抵税额 = 0

(2) 生产企业"免、抵、退"增值税的会计处理。

实行"免、抵、退"办法办理出口退税的生产企业，直接出口和委托外贸企业代理出口的货物，在出口销售环节免征增值税，并按规定的退税率计算出口货物的进项税额。企业按购进原材料等取得的增值税专用发票上记载的增值税税额与按照退税率计算的增值税税额的差额，借记"主营业务成本"账户，贷记"应交税费——应交增值税（进项税转出）"账户，按规定的退税率计算出口货物的进项税额抵减内销产品的应纳税额，借记"应交税费——应交增值税（出口抵减内销产品应纳税额）"账户，贷记"应交税费——应交增值税（出口退税）"账户；对确因出口比重过大，在规定期限内不足抵减的，不足部分可按有关规定给予退税，借记"其他应收款"账户，贷记"应交税费——应交增值税（出口退税）"账户。

7. 增值税上缴、结转的核算

企业购销业务发生的进项税额、销项税额，日常均在"应交税费——应交增值税"的明细科目有关专栏核算。月末，结出借、贷方合计数和余额，计算企业当期应缴纳的增值税额，并在规定期限内向税务机关申报缴纳。

当期应纳增值税额 = （销项税额 + 出口退税 + 进项税额转出） − （进项税额 + 期初留抵税额 + 已交税金 + 减免税款 + 出口递减内销产品应纳税额）

企业按规定期限申报缴纳的增值税，根据取得的缴款书回执联，作如下会计分录：

借：应交税费——应交增值税
贷：银行存款

2.1.3 简易计税办法增值税的核算

1. 购进货物增值税的会计核算

实行简易办法计征增值税的小规模纳税人，购进货物或接受应税劳务时，无论是否取得增值税专用发票，其支付给销售方的增值税都应计入购进货物或应税劳务的成本，不得抵扣。在会计处理时，应按价税合计数，借记"在途物资""库存商品""原材料""管理费用""主营业务成本""制造费用"等科目，贷记"银行存款""应付账款"等科目。

【情景2-25】某小规模纳税人购进商品的价款为 80 000 元，增值税款为 10 400 元，支付运费 800 元，装卸费 200 元。上述款项均已通过银行存款支付。进行相关的账务处理。

借：库存商品　　　　　　　　91 400
　　贷：银行存款　　　　　　　　91 400

2. 销售货物增值税的会计核算

小规模纳税人销售货物实行简易征收方法，按 3% 的征收率计算税额。小规模纳税人一般不得为购货方开具增值税专用发票，如果购货方特别提出开具专用发票要求的，小规模纳税人应持普通发票前往税务机关换开专用发票。无论是否开具专用发票，小规模纳税人均按实现的应税收入和征收率计算应纳税额，并计入"应交税费——应交增值税"科目。实现销售时，按价税合计数，借记"银行存款""应收账款"等科目，按不含税销售额，贷记"主营业务收入""其他业务收入"等科目，按规定收取的增值税，贷记"应交税费——应交增值税"科目。

【情景2-26】佳佳商贸公司被认定为小规模纳税人。2021 年 5 月，公司销售各类商品货物，取得收入 75 000 元（含税），购进货物金额为 60 000 元，计算应纳增值税额并进行账务处理。

应纳增值税额=75 000÷（1+3%）×3%≈2 184.47（元）

借：银行存款　　　　　　　　　75 000
　　贷：主营业务收入　　　　　　72 815.53
　　　　应交税费——应交增值税　2 184.47
上交本月增值税时：
借：应交税费——应交增值税　　2 184.47
　　贷：银行存款　　　　　　　　2 184.47

3. 缴纳增值税的核算

小规模纳税人缴纳增值税时，应按实际税款借记"应交税费——应交增值税"科目，贷记"银行存款"科目。

2.1.4 增值税的纳税申报

1. 增值税的征收管理

（1）纳税义务、扣缴义务发生时间。

① 纳税义务发生时间。

纳税义务发生时间，是纳税人发生应税销售行为应当承担纳税义务的起始时间。

Ⅰ. 应税销售行为纳税义务发生时间的一般规定。

纳税人发生应税销售行为，其纳税义务发生时间为收讫销售款项或者取得索取销售款项凭据的当天；先开具发票的，为开具发票的当天。

收讫销售款项，是指纳税人发生应税销售行为过程中或者完成后收到的款项。

取得索取销售款项凭据的当天，是指书面合同确定的付款日期；未签订书面合同或者书面合同未确定付款日期的，为应税销售行为完成的当天或者不动产权属变更的当天。

Ⅱ. 进口货物，为报关进口的当天。

Ⅲ. 增值税扣缴义务发生时间为纳税人增值税纳税义务发生的当天。

② 应税销售行为纳税义务发生时间的具体规定。

由于纳税人销售结算方式的不同，《增值税暂行条例实施细则》和"营改增通知"规定了具体的纳税义务发生时间。

Ⅰ. 采取直接收款方式销售货物的，不论货物是否发出，均为收到销售款或者取得索取销售款凭据的当天。

纳税人生产经营活动中采取直接收款方式销售货物，已将货物移送对方并暂估销售收入入账，但既未取得销售款或取得索取销售款凭据也未开具销售发票的，其增值税纳税义务发生时间为取得销售款或取得索取销售款凭据的当天；先开具发票的，为开具发票的当天。

Ⅱ. 采取托收承付和委托银行收款方式销售货物的，为发出货物并办妥托收手续的当天。

Ⅲ. 采取赊销和分期收款方式销售货物的，为书面合同约定的收款日期的当天，无书面合同或者书面合同没有约定收款日期的，为货物发出的当天。

Ⅳ. 采取预收货款方式销售货物的，为货物发出的当天，但生产销售生产工期超过12个月的大型机械设备、船舶、飞机等货物的，为收到预收款或者书面合同约定的收款日期的当天。

Ⅴ. 委托其他纳税人代销货物的，为收到代销单位的代销清单或者收到全部或者部分货款的当天。未收到代销清单及货款的，为发出代销货物满180天的当天。

Ⅵ. 销售劳务的，为提供劳务同时收讫销售款或者取得索取销售款凭据的当天。

Ⅶ. 纳税人发生除将货物交付其他单位或者个人代销和销售代销货物以外的视同销售货物行为的，为货物移送的当天。

Ⅷ. 纳税人提供租赁服务采取预收款方式的，其纳税义务发生时间为收到预收款的当天。

Ⅸ. 纳税人从事金融商品转让的，为金融商品所有权转移的当天。

Ⅹ. 纳税人发生视同销售服务、无形资产或者不动产情形的，其纳税义务发生时间为服务、无形资产转让完成的当天或者不动产权属变更的当天。

（2）纳税期限。

增值税的纳税期限分别为1日、3日、5日、10日、15日、1个月或者1个季度。纳税人的具体纳税期限，由主管税务机关根据纳税人应纳税额的大小分别核定。不能按照固定期限纳税的，可以按次纳税。

以1个季度为纳税期限的规定适用于小规模纳税人、银行、财务公司、信托投资公司、信用社，以及财政部和国家税务总局规定的其他纳税人。

纳税人以1个月或者1个季度为1个纳税期的，自期满之日起15日内申报纳税；以1日、3日、5日、10日或者15日为1个纳税期的，自期满之日起5日内预缴税款，于次月1日起15日内申报纳税并结清上月应纳税款。

扣缴义务人解缴税款的期限，依照前两项规定执行。

纳税人进口货物，应当自海关填发进口增值税专用缴款书之日起15日内缴纳税款。

按固定期限纳税的小规模纳税人可以选择以1个月或1个季度为纳税期限，一经选择，1个会计年度内不得变更。

（3）纳税地点。

①固定业户应当向其机构所在地主管税务机关申报纳税。机构所在地是指纳税人的注册登记地。总机构和分支机构不在同一县（市）的，应当分别向各自所在地的主管税务机关申报纳税；经财政部和国家税务总局或者其授权的财政和税务机关批准，可以由总机构汇总向总机构所在地的主管税务机关申报纳税。具体审批权限如下：

Ⅰ.总机构和分支机构不在同一省、自治区、直辖市的，经财政部和国家税务总局批准，可以由总机构汇总向总机构所在地的主管税务机关申报纳税。

Ⅱ.总机构和分支机构不在同一县（市），但在同一省、自治区、直辖市范围内的，经各省、自治区、直辖市财政厅（局）、国家税务局审批同意，可以由总机构汇总向总机构所在地的主管税务机关申报纳税。

②固定业户到外县（市）销售货物或者劳务，应当向其机构所在地的主管税务机关报告外出经营事项，并向其机构所在地的主管税务机关申报纳税；未报告的，应当向销售地或者劳务发生地的主管税务机关申报纳税，未向销售地或者劳务发生地的主管税务机关申报纳税的，由其机构所在地的主管税务机关补征税款。

③非固定业户销售货物或者劳务应当向销售地或者劳务发生地主管税务机关申报纳税；未向销售地或者劳务发生地的主管税务机关申报纳税的，由其机构所在地或者居住地主管税务机关补征税款。

④进口货物，应当向报关地海关申报纳税。

⑤扣缴义务人应当向其机构所在地或者居住地主管税务机关申报缴纳扣缴的税款。

2. 增值税的纳税申报

自2021年8月1日起，增值税、消费税分别与城市维护建设税、教育费附加、地方教育附加申报表整合，启用《增值税及附加税费申报表（一般纳税人适用）》《增值税及附加税费申报表（小规模纳税人适用）》《增值税及附加税费预缴表》及其附列资料。

（1）一般纳税人的纳税申报。

①纳税申报资料。

纳税申报资料包括纳税申报表及其附列资料和纳税申报的其他资料。

Ⅰ.纳税申报表及其附列资料。

增值税一般纳税人（以下简称一般纳税人）纳税申报表及其附列资料包括：

A.《增值税及附加税费申报表（一般纳税人适用）》如表2-2所示。

表 2-2　增值税及附加税费申报表

（一般纳税人适用）

根据国家税收法律法规及增值税相关规定制定本表。纳税人不论有无销售额，均应按税务机关核定的纳税期限填写本表，并向当地税务机关申报。

税款所属时间：自　　年　月　日至　　年　月　日　　填表日期：　　年　月　日　　金额单位：元（列至角分）
纳税人识别号（统一社会信用代码）：□□□□□□□□□□□□□□□□□□　　所属行业：

纳税人名称：		法定代表人姓名		注册地址		生产经营地址	
开户银行及账号		登记注册类型				电话号码	

	项　　目	栏次	一般项目		即征即退项目	
			本月数	本年累计	本月数	本年累计
销售额	（一）按适用税率计税销售额	1				
	其中：应税货物销售额	2				
	应税劳务销售额	3				
	纳税检查调整的销售额	4				
	（二）按简易办法计税销售额	5				
	其中：纳税检查调整的销售额	6				
	（三）免、抵、退办法出口销售额	7			—	—
	（四）免税销售额	8			—	—
	其中：免税货物销售额	9			—	—
	免税劳务销售额	10			—	—
税款计算	销项税额	11				
	进项税额	12				
	上期留抵税额	13				—
	进项税额转出	14				
	免、抵、退应退税额	15			—	—
	按适用税率计算的纳税检查应补缴税额	16				
	应抵扣税额合计	17=12+13-14-15+16		—		—
	实际抵扣税额	18（如17＜11，则为17，否则为11）				
	应纳税额	19=11-18				
	期末留抵税额	20=17-18				—
	简易计税办法计算的应纳税额	21				
	按简易计税办法计算的纳税检查应补缴税额	22			—	—
	应纳税额减征额	23				
	应纳税额合计	24=19+21-23				
税款缴纳	期初未缴税额（多缴为负数）	25				
	实收出口开具专用缴款书退税额	26				
	本期已缴税额	27=28+29+30+31				
	①分次预缴税额	28			—	—
	②出口开具专用缴款书预缴税额	29			—	—
	③本期缴纳上期应纳税额	30				
	④本期缴纳欠缴税额	31				
	期末未缴税额（多缴为负数）	32=24+25+26-27				
	其中：欠缴税额（≥0）	33=25+26-27				
	本期应补（退）税额	34=24-28-29				
	即征即退实际退税额	35	—	—		
	期初未缴查补税额	36			—	—
	本期入库查补税额	37			—	—
	期末未缴查补税额	38=16+22+36-37			—	—
附加税费	城市维护建设税本期应补（退）税额	39				
	教育费附加本期应补（退）费额	40				
	地方教育附加本期应补（退）费额	41			—	—

续表

声明：此表是根据国家税收法律法规及相关规定填写的，本人（单位）对填报内容（及附带资料）的真实性、可靠性、完整性负责。

经办人： 经办人身份证号： 代理机构签章： 代理机构统一社会信用代码：	纳税人（签章）：　　　　年　月　日 受理人： 受理税务机关（章）： 受理日期：　年　月　日

B. 《增值税及附加税费申报表附列资料（一）》（本期销售情况明细），如表 2-3 所示。

表 2-3　增值税及附加税费申报表附列资料（一）

（本期销售情况明细）

税款所属时间：　　年　月　日至　　年　月　日

纳税人名称：（公章）　　　　　　　　　　　　　　　　　　　金额单位：元（列至角分）

项目及栏次			开具增值税专用发票		开具其他发票		未开具发票		纳税检查调整		合计		价税合计	服务、不动产和无形资产扣除项目本期实际扣除金额	扣除后	
			销售额	销项（应纳）税额	销售额	销项（应纳）税额	销售额	销项（应纳）税额	销售额	销项（应纳）税额	销售额	销项（应纳）税额			含税（免税）销售额	销项（应纳）税额
			1	2	3	4	5	6	7	8	9=1+3+5+7	10=2+4+6+8	11=9+10	12	13=11-12	14=13÷（100%+税率或征收率）×税率或征收率
一、一般计税方法计税	全部征税项目	13%税率的货物及加工修理修配劳务	1											—	—	—	—
		13%税率的服务、不动产和无形资产	2														
		9%税率的货物及加工修理修配劳务	3														
		9%税率的服务、不动产和无形资产	4														
		6%税率	5														
	其中：即征即退项目	即征即退货物及加工修理修配劳务	6									—	—	—	—	—	—
		即征即退服务、不动产和无形资产	7	—													
二、简易计税方法计税	全部征税项目	6%征收率	8											—	—	—	—
		5%征收率的货物及加工修理修配劳务	9a														
		5%征收率的服务、不动产和无形资产	9b														
		4%征收率	10														
		3%征收率的货物及加工修理修配劳务	11														
		3%征收率的服务、不动产和无形资产	12														
		预征率　　%	13a														
		预征率　　%	13b														
		预征率　　%	13c														

续表

项目及栏次			开具增值税专用发票		开具其他发票		未开具发票		纳税检查调整		合计		价税合计	服务、不动产和无形资产扣除项目本期实际扣除金额	扣除后	
			销售额	销项(应纳)税额	销售额	销项(应纳)税额	销售额	销项(应纳)税额	销售额	销项(应纳)税额	销售额 9=1+3+5+7	销项(应纳)税额 10=2+4+6+8	11=9+10		含税(免税)销售额 13=11-12	销项(应纳)税额 14=13÷(100%+税率或征收率)×税率或征收率
			1	2	3	4	5	6	7	8				12		
二、简易计税方法计税	其中:即征即退项目	即征即退货物及加工修理修配劳务	14	—	—	—	—	—	—	—	—	—	—	—	—	—
		即征即退服务、不动产和无形资产	15													
三、免抵退税		货物及加工修理修配劳务	16			—	—	—	—						—	—
		服务、不动产和无形资产	17					—	—						—	—
四、免税		货物及加工修理修配劳务	18	—	—			—	—					—	—	—
		服务、不动产和无形资产	19	—	—			—	—					—	—	—

C.《增值税及附加税费申报表附列资料(二)》(本期进项税额明细),如表2-4所示。

表2-4 增值税及附加税费申报表附列资料(二)

(本期进项税额明细)

税款所属时间:　年　月　日至　年　月　日

纳税人名称:(公章)　　　　　　　　　　　　　　　金额单位:元(列至角分)

一、申报抵扣的进项税额				
项目	栏次	份数	金额	税额
(一)认证相符的增值税专用发票	1=2+3			
其中:本期认证相符且本期申报抵扣	2			
前期认证相符且本期申报抵扣	3			
(二)其他扣税凭证	4=5+6+7+8a+8b			
其中:海关进口增值税专用缴款书	5			
农产品收购发票或者销售发票	6			
代扣代缴税收缴款凭证	7		—	
加计扣除农产品进项税额	8a	—	—	
其他	8b			
(三)本期用于购建不动产的扣税凭证	9			
(四)本期用于抵扣的旅客运输服务扣税凭证	10			
(五)外贸企业进项税额抵扣证明	11		—	
当期申报抵扣进项税额合计	12=1+4+11			
二、进项税额转出额				
项目	栏次		税额	

续表

本期进项税额转出额	13=14至23之和			
其中：免税项目用	14			
集体福利、个人消费	15			
非正常损失	16			
简易计税方法征税项目用	17			
免抵退税办法不得抵扣的进项税额	18			
纳税检查调减进项税额	19			
红字专用发票信息表注明的进项税额	20			
上期留抵税额抵减欠税	21			
上期留抵税额退税	22			
异常凭证转出进项税额	23a			
其他应作进项税额转出的情形	23b			
三、待抵扣进项税额				
项目	栏次	份数	金额	税额
（一）认证相符的增值税专用发票	24	—	—	—
期初已认证相符但未申报抵扣	25			
本期认证相符且本期未申报抵扣	26			
期末已认证相符但未申报抵扣	27			
其中：按照税法规定不允许抵扣	28			
（二）其他扣税凭证	29=30至33之和			
其中：海关进口增值税专用缴款书	30			
农产品收购发票或者销售发票	31			
代扣代缴税收缴款凭证	32		—	
其他	33			
	34			
四、其他				
项目	栏次	份数	金额	税额
本期认证相符的增值税专用发票	35			
代扣代缴税额	36	—	—	

D.《增值税及附加税费申报表附列资料（三）》（服务、不动产和无形资产扣除项目明细），如表2-5所示。

表2-5　增值税及附加税费申报表附列资料（三）

（服务、不动产和无形资产扣除项目明细）

税款所属时间：　　年　月　日至　　年　月　日

纳税人名称：（公章）　　　　　　　　　　　　　　　　　　　　金额单位：元（列至角分）

项目及栏次		本期服务、不动产和无形资产价税合计额（免税销售额）	服务、不动产和无形资产扣除项目				
			期初余额	本期发生额	本期应扣除金额	本期实际扣除金额	期末余额
		1	2	3	4=2+3	5（5≤1且5≤4）	6=4-5
13%税率的项目	1						
9%税率的项目	2						
6%税率的项目（不含金融商品转让）	3						
6%税率的金融商品转让项目	4						
5%征收率的项目	5						
3%征收率的项目	6						
免抵退税的项目	7						
免税的项目	8						

一般纳税人销售服务、不动产和无形资产，在确定服务、不动产和无形资产销售额时，按照有关规定可以从取得的全部价款和价外费用中扣除价款的，需填报《增值税及附加税费申报表附列资料（三）》。其他情况不填写该附列资料。

E.《增值税及附加税费申报表附列资料（四）》（税额抵减情况表），如表2-6所示。

表2-6 增值税及附加税费申报表附列资料（四）

(税额抵减情况表)

税款所属时间：　年　月　日至　年　月　日

纳税人名称：（公章）　　　　　　　　　　　　　　　　　　　　　金额单位：元（列至角分）

一、税额抵减情况

序号	抵减项目	期初余额	本期发生额	本期应抵减税额	本期实际抵减税额	期末余额
		1	2	3=1+2	4≤3	5=3-4
1	增值税税控系统专用设备费及技术维护费					
2	分支机构预征缴纳税款					
3	建筑服务预征缴纳税款					
4	销售不动产预征缴纳税款					
5	出租不动产预征缴纳税款					

二、加计抵减情况

序号	加计抵减项目	期初余额	本期发生额	本期调减额	本期可抵减额	本期实际抵减额	期末余额
		1	2	3	4=1+2-3	5	6=4-5
6	一般项目加计抵减额计算						
7	即征即退项目加计抵减额计算						
8	合计						

F.《增值税及附加税费申报表附列资料（五）》（附加税费情况表）(略)。

G.《增值税减免税申报明细表》(略)。

II. 纳税申报的其他资料。

A. 已开具的税控机动车销售统一发票和普通发票的存根联；

B. 符合抵扣条件且在本期申报抵扣的增值税专用发票（含税控机动车销售统一发票）的抵扣联；

C. 符合抵扣条件且在本期申报抵扣的海关进口增值税专用缴款书、购进农产品取得的普通发票的复印件；

D. 符合抵扣条件且在本期申报抵扣的税收完税凭证及其清单，书面合同、付款证明和境外单位的对账单或者发票；

E. 已开具的农产品收购凭证的存根联或报查联；

F. 纳税人销售服务、不动产和无形资产，在确定服务、不动产和无形资产销售额时，按照有关规定从取得的全部价款和价外费用中扣除价款的合法凭证及其清单；

G. 主管税务机关规定的其他资料。

III. 纳税申报表及其附列资料为必报资料。纳税申报其他资料的报备要求由各省、自治区、直辖市和计划单列市国家税务局确定。

②纳税人预缴税款需填写《增值税预缴税款表》。

纳税人跨县（市）提供建筑服务、房地产开发企业预售自行开发的房地产项目、纳税人出租与机构所在地不在同一县（市）的不动产，按规定需要在项目所在地或不动产所在地主管国税机关预缴税款的，需填写《增值税预缴税款表》。

（2）小规模纳税人的纳税申报。

增值税小规模纳税人（以下简称小规模纳税人）纳税申报表及其附列资料包括：

①《增值税及附加税费申报表（小规模纳税人适用）》，如表2-7所示。

表 2-7 增值税及附加税费申报表

(小规模纳税人适用)

纳税人识别号(统一社会信用代码):□□□□□□□□□□□□□□□□□□

纳税人名称:　　　　　　　　　　　　　　　　　　　　　　　金额单位:元(列至角分)

税款所属期:　年　月　日至　年　月　日　　　　　填表日期:　年　月　日

	项　目	栏次	本期数		本年累计	
			货物及劳务	服务、不动产和无形资产	货物及劳务	服务、不动产和无形资产
一、计税依据	(一)应征增值税不含税销售额(3%征收率)	1				
	增值税专用发票不含税销售额	2				
	其他增值税发票不含税销售额	3				
	(二)应征增值税不含税销售额(5%征收率)	4		—		—
	增值税专用发票不含税销售额	5		—		—
	其他增值税发票不含税销售额	6		—		—
	(三)销售使用过的固定资产不含税销售额	7(7≥8)		—		—
	其中:其他增值税发票不含税销售额	8				
	(四)免税销售额	9=10+11+12				
	其中:小微企业免税销售额	10				
	未达起征点销售额	11				
	其他免税销售额	12				
	(五)出口免税销售额	13(13≥14)				
	其中:其他增值税发票不含税销售额	14				
二、税款计算	本期应纳税额	15				
	本期应纳税额减征额	16				
	本期免税额	17				
	其中:小微企业免税额	18				
	未达起征点免税额	19				
	应纳税额合计	20=15-16				
	本期预缴税额	21			—	—
	本期应补(退)税额	22=20-21			—	—
三、附加税费	城市维护建设税本期应补(退)税额	23				
	教育费附加本期应补(退)税额	24				
	地方教育附加本期应补(退)税额	25				

声明:此表是根据国家税收法律法规及相关规定填写的,本人(单位)对填报内容(及附带资料)的真实性、可靠性、完整性负责。

纳税人(签章):　　　年　月　日

经办人:	受理人:
经办人身份证号:	
代理机构签章:	受理税务机关(章):
代理机构统一社会信用代码:	受理日期:　年　月　日

②《增值税及附加税费申报表（小规模纳税人适用）附列资料》。

小规模纳税人销售服务、不动产和无形资产，在确定服务销售额时，按照有关规定可以从取得的全部价款和价外费用中扣除价款的，需填报《增值税及附加税费申报表（小规模纳税人适用）附列资料（一）》（略）。其他情况下，不填写该附列资料。

③《增值税减免税申报明细表》（略）。

前述的纳税申报其他资料同样适用于小规模纳税人。

任务 2.2　消费税的核算

2.2.1　消费税概述

1. 消费税的概念和征税范围

（1）消费税的概念。

消费税是对消费品和特定的消费行为征收的一种间接税。广义上，消费税应对所有消费品（包括生活必需品和生活日用品）课税；但从征收实践上看，消费税主要指对特定消费品或特定消费行为等课税。消费税的课税对象是消费品，税收随价格转嫁给消费者，消费者是税款的实际负担者。

消费税是国家贯彻消费政策、引导消费结构和产业结构的重要手段，在保证国家财政收入、体现国家经济政策方面具有重要意义。

（2）消费税的征税范围。

根据《消费税暂行条例》及实施细则规定，应税消费品仅限于该条例规定的消费品，即该条例所附的《消费税税目税率表》中规定的消费品。新修订的《消费税税目税率表》中消费税的范围主要是根据我国目前的经济发展现状和消费政策、产业政策、居民消费水平、消费结构、资源供给和消费需求状况，以及国家财政需要，并借鉴国外的成功经验和国际通行做法确定的，主要是为了限制和调节居民的消费行为。

①生产应税消费品。

生产应税消费品的销售是消费税征收的主要环节，因消费税具有单一环节征税的特点，对于大多数消费税应税商品而言，在生产销售环节征税后，货物在流通环节无论再转销多少次，都不用再缴纳消费税。应税消费品除了直接对外销售需征收消费税外，纳税人将生产的应税消费品用于继续生产应税消费品以外的其他方面，以及将生产的应税消费品用于换取生产资料、消费资料、投资入股、偿还债务等，都应缴纳消费税。

②委托加工应税消费品。

委托加工应税消费品是指由委托方提供原料和主要材料，委托方只收取加工费和代垫部分辅助材料加工的应税消费品。由受托方提供原料或其他情形的一律不能视同加工应税消费品。委托

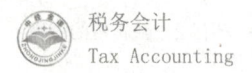

加工的应税消费品回收后,再继续生产应税消费品用于销售且符合政策规定的,加工环节缴纳的消费税可以扣除。

③进口应税消费品。

单位和个人进口货物属于消费税征税范围的,在进口环节也要缴纳消费税。为了减少征税成本,进口环节缴纳的消费税由海关代征。

④零售应税消费品。

经国务院批准,自 1995 年 1 月 1 日起,贵重首饰和珠宝玉石的消费税由生产销售环节征收改为零售环节征收。由于纳税人销售金银首饰、钻石及钻石饰品、珠宝玉石时取得的收入含有增值税,因此在计算消费税时,应以不含增值税的销售额作为计税依据。

对既销售金银首饰,又销售非金银首饰的生产、经营单位,应将两类商品划分清楚,分别核算销售额。凡无法清楚划分或不能分别核算的,若在生产环节销售,一律从高适用税率征收消费税;若在零售环节销售,一律按金银首饰征收消费税。金银首饰与其他产品组成成套消费品销售的,应按销售额全额征收消费税。

金银首饰连同包装物一同销售的,无论包装是否单独计价或会计上如何核算,均应并入金银首饰的销售额,计征消费税。

带料加工的金银首饰,应按销售同类金银首饰的销售价格确定计税依据征收消费税。没有同类金银首饰销售价格的,按照组成计税价格计算纳税。

纳税人采用以旧换新(含翻新改制)方式销售的金银首饰,应按实际收取的不含增值税的全部价款确定计税依据征收消费税。

2. 消费税纳税义务人

根据《消费税暂行条例》规定,消费税纳税人为:在中华人民共和国境内生产、委托加工和进口应税消费品的单位和个人。自 2009 年 1 月 1 日起,增加了国务院确定的销售应税消费品的其他单位和个人。具体来说,消费税纳税人包括:生产应税消费品的单位和个人;进口应税消费品的单位和个人;委托加工应税消费品的单位和个人;

自 2009 年 1 月 1 日起,国务院确定的销售应税消费品的单位和个人。其中,委托加工的应税消费品由受托方于委托方提货时代扣代缴(受托方为个体经营者除外),自产自用的应税消费品由自产自用单位和个人在移送使用时缴纳。

进口的应税消费品,尽管其产(制)地不在我国境内,但在我国境内销售或消费,为了平衡进口应税消费品与本国应税消费品的税负,必须由从事进口应税消费品的进口人或其代理人按照规定缴纳消费税。个人携带或者邮寄入境的应税消费品的消费税连同关税一并计征,由携带入境者或者收件人缴纳。

3. 消费税的税目和税率

根据消费税法规规定,消费税的征税范围包括烟、酒、化妆品、贵重首饰及珠宝玉石、鞭炮焰火、成品油、摩托车、小汽车、高尔夫球及球具、高档手表、游艇、木制一次性筷子、实木地板、电池、涂料等 15 个税目,有的税目还可以进一步划分若干子目。具体范围如下:

(1)烟。

凡是以烟叶为原料加工生产的产品,不论使用何种辅料,均属于本税目的征收范围。包括卷烟(进口卷烟、白包卷烟、手工卷烟和未经国务院批准纳入计划的企业及个人生产的卷烟)、雪茄烟和烟丝。

在"烟"税目下分"卷烟"等子目,"卷烟"分为"甲类卷烟"和"乙类卷烟"。其中,甲类卷烟是指每标准条(200 支,下同)调拨价格在 70 元(不含增值税)以上(含 70 元)的卷烟;乙类卷烟是指每标准条调拨价格在 70 元(不含增值税)以下的卷烟。

(2)酒。

酒是酒精度在 1 度以上的各种酒类饮料,包括白酒、黄酒、啤酒和其他酒。

啤酒每吨出厂价(含包装物及包装物押金)在 3 000 元(含 3 000 元,不含增值税)以上的为甲类啤酒,每吨出厂价(含包装物及包装物押金)在 3 000 元(不含增值税)以下的为乙类啤酒。包装物押金不包括重复使用的塑料周转箱的押金。对饮食业、商业、娱乐业举办的啤酒屋（啤酒坊）利用啤酒生产设备生产的啤酒，应当征收消费税。果啤属于啤酒，按啤酒征收消费税。

配制酒（露酒）是指以发酵酒、蒸馏酒或食用酒精为酒基，加入可食用或药食两用的辅料或食品添加剂，进行调配、混合或再加工制成的并改变了其原酒基风格的饮料酒。

具体规定如下：

①以蒸馏酒或食用酒精为酒基，具有国家相关部门批准的国食健字或卫食健字文号并且酒精度低于38度（含）的配制酒，按消费税税目税率表"其他酒"适用10%的税率征收消费税。

②以发酵酒为酒基，酒精度低于20度（含）的配制酒，按消费税税目税率表"其他酒"适用10%的税率征收消费税。

③其他配制酒，按消费税税目税率表"白酒"适用税率征收消费税。

葡萄酒消费税适用"酒"税目下设的"其他酒"子目。葡萄酒是指以葡萄为原料，经破碎（压榨）、发酵而成的酒精度在1度（含）以上的葡萄原酒和成品酒（不含以葡萄为原料的蒸馏酒）。

（3）化妆品。

自2016年10月1日起，本税目调整为包括高档美容、修饰类化妆品、高档护肤类化妆品和成套化妆品。

高档美容、修饰类化妆品和高档护肤类化妆品是指生产（进口）环节销售（完税）价格（不含增值税）在10元/毫升（克）或15元/片（张）及以上的美容、修饰类化妆品和护肤类化妆品。

美容、修饰类化妆品是指香水、香水精、香粉、口红、指甲油、胭脂、眉笔、唇笔、蓝眼油、眼睫毛以及成套化妆品。

舞台、戏剧、影视演员化妆用的上妆油、卸妆油、油彩，不属于本税目的征收范围。高档护肤类化妆品征收范围另行规定。

（4）贵重首饰及珠宝玉石。

贵重首饰及珠宝玉石包括以金、银、白金、宝石、珍珠、钻石、翡翠、珊瑚、玛瑙等高贵稀有物质以及其他金属、人造宝石等制作的各种纯金银首饰及镶嵌首饰和经采掘、打磨、加工的各种珠宝玉石。对出国人员免税商店销售的金银首饰征收消费税。

（5）鞭炮、焰火。

包括：各种鞭炮、焰火。体育运动中用的发令纸、鞭炮药引线，不按本税目征收。

（6）成品油。

税目包括汽油、柴油、石脑油、溶剂油、航空煤油、润滑油、燃料油7个子目；航空煤油暂缓征收。

①汽油。汽油是指用原油或其他原料加工生产的辛烷值不小于66的可用作汽油发动机燃料的各种轻质油。取消车用含铅汽油消费税，汽油税目不再划分二级子目，统一按照无铅汽油税率征收消费税。

以汽油、汽油组分调和生产的甲醇汽油、乙醇汽油也属于本税目征收范围。

②柴油。柴油是指用原油或其他原料加工生产的倾点或凝点在-50号至30号的可用作柴油发动机燃料的各种轻质油和以柴油组分为主、经调和精制可用作柴油发动机燃料的非标油。

以柴油、柴油组分调和生产的生物柴油也属于本税目征收范围。

经国务院批准，从2009年1月1日起，对同时符合下列条件的纯生物柴油免征消费税：

Ⅰ. 生产原料中废弃的动物油和植物油用量所占比重不低于70%；

Ⅱ. 生产的纯生物柴油符合国家《柴油机燃料调和生物柴油（BD100）》标准。

③石脑油。石脑油又叫化工轻油，是以原油或其他原料加工生产的用于化工原料的轻质油。石脑油的征收范围包括除汽油、柴油、航空煤油、溶剂油以外的各种轻质油。非标汽油、重整生成油、拔头油、戊烷原料油、轻裂解料（减压柴油VGO和常压柴油AGO）、重裂解料、加氢裂化尾油、芳烃抽余油均属轻质油，属于石脑油征收范围。

④溶剂油。溶剂油是用原油或其他原料加工生产的用于涂料、油漆、食用油、印刷油墨、皮革、农药、橡胶、化妆品生产和机械清洗、胶黏行业的轻质油。

橡胶填充油、溶剂油原料，属于溶剂油征收

⑤航空煤油。航空煤油也叫喷气燃料，是用原油或其他原料加工生产的用作喷气发动机和喷气推进系统燃料的各种轻质油。航空煤油的消费税暂缓征收。

⑥润滑油。润滑油是用原油或其他原料加工生产的用于内燃机、机械加工过程的润滑产品。润滑油分为矿物性润滑油、植物性润滑油、动物性润滑油和化工原料合成润滑油。

润滑油的征收范围包括矿物性润滑油、矿物性润滑油基础油、植物性润滑油、动物性润滑油和化工原料合成润滑油。以植物性、动物性和矿物性基础油（或矿物性润滑油）混合掺配而成的"混合性"润滑油，不论矿物性基础油（或矿物性润滑油）所占比例高低，均属润滑油的征收范围。

另外，用原油或其他原料加工生产的用于内燃机、机械加工过程的润滑产品均属于润滑油征税范围。润滑脂是润滑产品，生产、加工润滑脂应当征收消费税。变压器油、导热类油等绝缘油类产品不属于润滑油，不征收消费税。

燃料油也称重油、渣油，是用原油或其他原料加工生产，主要用于电厂发电、锅炉用燃料、加热炉燃料、冶金和其他工业炉燃料。船用重油、常压重油、减压重油、180CTS燃料油、7号燃料油、糠醛油、工业燃料、4～6号燃料油等油品的主要用途是作为燃料，属于燃料油征收范围。

（7）小汽车。

汽车是指由动力驱动，具有4个或4个以上车轮的非轨道承载的车辆。

本税目征收范围包括含驾驶员座位在内最多不超过9个座位（含）的，在设计和技术特性上用于载运乘客和货物的各类乘用车和含驾驶员座位在内的座位数在10～23座（含23座）的，在设计和技术特性上用于载运乘客和货物的各类中轻型商用客车。

用排气量小于1.5升（含）的乘用车底盘（车架）改装、改制的车辆属于乘用车征收范围。用排气量大于1.5升的乘用车底盘（车架）或用中轻型商用客车底盘（车架）改装、改制的车辆属于中轻型商用客车征收范围。

含驾驶员人数（额定载客）为区间值的（如8～10人、17～26人）小汽车，按其区间值下限人数确定征收范围。

电动汽车不属于本税目征收范围。车身长度大于7米（含），并且座位在10～23座（含）以下的商用客车，不属于中轻型商用客车征税范围，不征收消费税。沙滩车、雪地车、卡丁车、高尔夫车不属于消费税征收范围，不征收消费税。

（8）摩托车。

包括轻便摩托车和摩托车两种。对最大设计车速不超过50km/h，发动机气缸总工作容量不超过50ml的三轮摩托车不征收消费税。

（9）高尔夫球及球具。

高尔夫球及球具是指从事高尔夫球运动所需的各种专用装备，包括高尔夫球、高尔夫球杆及高尔夫球包（袋）等。

高尔夫球是指重量不超过45.93克、直径不超过42.67毫米的高尔夫球运动比赛、练习用球；高尔夫球杆是指被设计用来打高尔夫球的工具，由杆头、杆身和握把三部分组成；高尔夫球包（袋）是指专用于盛装高尔夫球及球杆的包（袋）。

本税目征收范围包括高尔夫球、高尔夫球杆、高尔夫球包（袋）。高尔夫球杆的杆头、杆身和握把属于本税目的征收范围。

（10）高档手表。

高档手表是指销售价格（不含增值税）每只在10 000元（含）以上的各类手表。

（11）游艇。

游艇是指长度大于8米、小于90米，船体由玻璃钢、钢、铝合金、塑料等多种材料制作，可以在水上移动的水上浮载体。按照动力划分，游艇分为无动力艇、帆艇和机动艇。

本税目征收范围包括艇身长度大于8米（含）、小于90米（含），内置发动机，可以在水上移动，一般为私人或团体购置，主要用于水上运动和休闲娱乐等非牟利活动的各类机动艇。

（12）木制一次性筷子。

木制一次性筷子，又称卫生筷子，是指以木材为原料经过锯段、浸泡、旋切、刨切、烘干、筛选、打磨、倒角、包装等环节加工而成的各类一次性使用的筷子。

本税目征收范围包括各种规格的木制一次性筷子。未经打磨、倒角的木制一次性筷子属于本税目征税范围。

（13）实木地板。

实木地板是指以木材为原料，经锯割、干燥、刨光、截断、开榫、涂漆等工序加工而成的块状或条状的地面装饰材料。实木地板按生产工艺不同，可分为独板（块）实木地板、实木指接地板、实木复合地板三类；按表面处理状态不同，可分为未涂饰地板（白坯板、素板）和漆饰地板两类。

本税目征收范围包括各类规格的实木地板、实木指接地板、实木复合地板及用于装饰墙壁、天棚的侧端面为榫、槽的实木装饰板。未经涂饰的素板也属于本税目征税范围。

（14）电池。

电池是一种将化学能、光能等直接转换为电能的装置，一般由电极、电解质、容器、极端，通常还有隔离层组成的基本功能单元，以及用一个或多个基本功能单元装配成的电池组。范围包括：原电池、蓄电池、燃料电池、太阳能电池和其他电池。

自2015年2月1日起，对电池（铅蓄电池除外）征收消费税；对无汞原电池、金属氢化物镍蓄电池（又称"镍氢蓄电池"）、锂原电池、锂离子蓄电池、太阳能电池、燃料电池、全钒液流电池免征消费税。2015年12月31日前，对铅蓄电池缓征消费税；自2016年1月1日起，对铅蓄电池按4%税率征收消费税。

（15）涂料。

涂料是指涂于物体表面能形成具有保护、装饰或特殊性能的固态涂膜的一类液体或固体材料的总称。

消费税采用比例税率和定额税率两种形式，以适应不同应税消费品的实际情况。

消费税根据不同的税目或子目确定相应的税率或单位税额。大部分应税消费品适用比例税率，例如，烟丝税率为30%，摩托车税率为3%等；黄酒、啤酒、成品油按单位重量或单位体积确定单位税额；卷烟、白酒采用比例税率和定额税率双重征收形式。《消费税暂行条例》中《消费税税目、税率（额）表》如表2-8所示。

表2-8　消费税税目、税率（额）

税　目	税　率
一、烟	
1. 卷烟	
（1）甲类卷烟	56% 加 0.003 元/支
（2）乙类卷烟	36% 加 0.003 元/支
（3）批发环节	11% 加 0.005 元/支
2. 雪茄烟	36%
3. 烟丝	30%
二、酒及酒精	
1. 白酒	20% 加 0.5 元/500克（或者500毫升）
2. 黄酒	240 元/吨
3. 啤酒	
（1）甲类啤酒	250 元/吨
（2）乙类啤酒	220 元/吨
4. 其他酒	10%
5. 酒精	5%
三、化妆品	15%
四、贵重首饰及珠宝玉石	
1. 金银首饰、铂金首饰和钻石及钻石饰品	5%
2. 其他贵重首饰和珠宝玉石	10%
五、鞭炮、焰火	15%

续表

税　目	税　率
六、成品油	
1. 汽油	1.52元/升
2. 柴油	1.20元/升
3. 航空煤油	1.20元/升
4. 石脑油	1.52元/升
5. 溶剂油	1.52元/升
6. 润滑油	1.52元/升
7. 燃料油	1.20元/升
七、摩托车	
1. 气缸容量为250毫升的	3%
2. 气缸容量在250毫升以上的	10%
八、小汽车	
1. 乘用车	
（1）气缸容量（排气量，下同）在1.0升（含1.0升）以下的	1%
（2）气缸容量在1.0升以上至1.5升（含1.5升）的	3%
（3）气缸容量在1.5升以上至2.0升（含2.0升）的	5%
（4）气缸容量在2.0升以上至2.5升（含2.5升）的	9%
（5）气缸容量在2.5升以上至3.0升（含3.0升）的	12%
（6）气缸容量在3.0升以上至4.0升（含4.0升）的	25%
（7）气缸容量在4.0升以上的	40%
2. 中轻型商用客车	5%
3. 超豪华小汽车（零售环节）	10%
九、高尔夫球及球具	10%
十、高档手表	20%
十一、游艇	10%
十二、木制一次性筷子	5%
十三、实木地板	5%
十四、电池	4%
十五、涂料	4%

纳税人兼营不同税率的应税消费品，应当分别核算不同税率应税消费品的销售额、销售数量。未分别核算销售额、销售数量，或者将不同税率应税消费品组成成套消费品销售的，从高适用税率。

4. 消费税的计税依据

根据《消费税暂行条例》的规定，消费税应纳税额的计算分为从价计征、从量计征和从价从量复合计征三种方法。

（1）从价计征。

在从价定率计算方法下，应纳税额等于应税消费品的销售额乘以适用税率，应纳税额的多少取决于应税消费品的销售额和适用税率两个因素。

①销售额的确定。

销售额为纳税人销售应税消费品向购买方收取的全部价款和价外费用。销售，是指有偿转让应税消费品的所有权；有偿，是指从购买方取得货币、货物或者其他经济利益；价外费用，是指价外向购买方收取的手续费、补贴、基金、集资费、返还利润、奖励费、违约金、滞纳金、延期付款利息、赔偿金、代收款项、代垫款项、包装费、包装物租金、储备费、优质费、运输装卸费以及其他各种性质的价外收费。但下列项目不包括在内：

Ⅰ. 同时符合以下条件的代垫运输费用：

A. 承运部门的运输费用发票开具给购买方的。

B. 纳税人将该项发票转交给购买方的。

Ⅱ. 同时符合下列条件代为收取的政府性基金或行政事业性收费：

A. 由国务院或者财政部批准设立的政府性基金，由国务院或者省级人民政府及其财政、价格主管部门批准设立的行政事业性收费。

B. 收取时开具省级以上财政部门印制的财政票据。

C. 所收款项全额上缴财政。

其他价外费用，无论是否属于纳税人的收入，均应并入销售额计算征税。

实行从价定率办法计算应纳税额的应税消费品连同包装物一并销售的，无论包装物是否单独计价，也不论在会计上如何核算，均应并入应税消费品的销售额征收消费税。如果包装物不作价随同产品销售，而是收取押金，此项押金不应并入应税消费品的销售额计征消费税。但对因逾期未收回的包装物不再退还的或者收取时间超过12个月的押金，应并入应税消费品的销售额，按照应税消费品的适用税率计征消费税。

对既作价随同应税消费品销售，又另外收取押金的包装物押金，凡纳税人在规定的期限内没有退还的，均应并入应税消费品的销售额，按照应税消费品的适用税率计征消费税。

对销售啤酒、黄酒外的其他酒类产品收取的包装物押金，无论是否返还以及会计上如何核算，均应并入当期销售额计征消费税。

白酒生产企业向商业销售单位收取的"品牌使用费"是随着应税白酒的销售而向购货方收取的，属于应税白酒销售价款的组成部分。因此，不论企业采取何种方式或以何种名义收取价款，均应并入白酒的销售额计征消费税。

纳税人销售的应税消费品，以外汇结算销售额的，其销售额的人民币折合率可以选择结算的当天或者当月1日的国家外汇牌价（原则上为中间价）。纳税人应在事先确定采取何种折合率，确定后1年内不得变更。

②含增值税销售额的换算。

应税消费品在缴纳消费税的同时，与一般货物一样，还应缴纳增值税。《消费税暂行条例实施细则》规定，应税消费品的销售额，不包括应向购货方收取的增值税税款。如果纳税人应税消费品的销售额中未扣除增值税或因不得开具增值税专用发票而发生价款和增值税税款合并收取的，在计算消费税时，应将增值税含税销售额换算为不含税销售额。换算公式为：

$$\text{应税消费品的销售额} = \frac{\text{含增值税的销售额}}{1+\text{增值税税率或征收率}}$$

在使用换算公式时，应根据纳税人的具体情况分别使用增值税税率或征收率。如果消费税的纳税人同时又是增值税一般纳税人的，应适用13%的增值税税率；如果消费税的纳税人是增值税小规模纳税人的，应适用3%的征收率。

（2）从量计征。

在从量定额计算方法下，应纳税额等于应税消费品的销售数量乘以单位税额，应纳税额的多少取决于应税消费品的销售数量和单位税额两个因素。

①销售数量的确定。

销售数量是指纳税人生产、加工和进口应税消费品的数量。具体规定为：

Ⅰ. 销售应税消费品的，为应税消费品的销售数量。

Ⅱ. 自产自用应税消费品的，为应税消费品的移送使用数量。

Ⅲ. 委托加工应税消费品的，为纳税人收回的应税消费品数量。

Ⅳ. 进口的应税消费品，为海关核定的应税消费品进口征税数量。

②计量单位的换算标准。

《消费税暂行条例》规定，黄酒、啤酒是以吨为税额单位；汽油、柴油是以升为税额单位。但是，考虑到实际销售过程中，一些纳税人会把吨与升这两个计量单位混用，故规范了不同产品的计量单位，以准确计算应纳税额，吨与升两个计量单位的换算标准如表2-9所示。

表 2-9　吨、升计量单位换算

序号	名称	换算
1	黄酒	1 吨 =962 升
2	啤酒	1 吨 =988 升
3	汽油	1 吨 =1 388 升
4	柴油	1 吨 =1 176 升
5	航空煤油	1 吨 =1 246 升
6	石脑油	1 吨 =1 385 升
7	溶剂油	1 吨 =1 282 升
8	润滑油	1 吨 =1 126 升
9	燃料油	1 吨 =1 015 升

2.2.2　消费税的会计核算

1. 消费税核算的账户设置

为了正确反映和核算消费税有关纳税事项，纳税人应在"应交税费"科目下设置"应交消费税"二级科目。计算应交消费税时，借记"税金及附加""其他业务成本""长期股权投资""在建工程""营业外支出""应付职工薪酬""应付账款""销售费用"等科目，贷记"应交税费——应交消费税"科目。

（1）"应交税费——应交消费税"科目。

"应交税费——应交消费税"科目的借方反映企业实际缴纳的消费税和待抵扣的消费税；贷方反映按规定应缴纳的消费税；期末贷方余额反映尚未缴纳的消费税，期末借方余额反映多缴或待抵扣的消费税。

（2）"税金及附加"科目。

消费税属于价内税，企业应将消费税作为成本费用，设置"税金及附加"科目进行核算。该科目主要核算消费税、城市维护建设税、教育费附加、资源税、土地增值税房产税、车船税、城镇土地使用税、印花税等，借方核算纳税人按规定计提的应由主营业务负担的税金及附加，贷方核算收到出口退税或减免退回的税金，期末将余额转入"本年利润"科目，结转后该科目无余额。

（3）从价、从量复合计征。

现行消费税的征税范围，卷烟、白酒采用复合计征方法。应纳税额等于应税销售数量乘以定额税率再加上应税销售额乘以比例税率。

生产销售卷烟、白酒从量定额的计税依据为实际销售数量。进口、委托加工、自产自用卷烟、白酒从量定额的计税依据分别为海关核定的进口征税数量、委托方收回数量、移送使用数量。

2. 企业对外销售应税消费品的会计核算

（1）一般销售业务消费税的会计核算。

核算自产应税消费品应纳税额，应借记"税金及附加"科目，贷记"应交税费——应交消费税"科目。

消费税应纳税额的计算方法有三种情况：

①从价计税应税消费品应纳税额的计算。计算公式如下：

应纳税额 = 销售额 × 比例税率

由于我国现行税制对消费税和增值税实行交叉征收，因此，在从价计税情况下，消费税的计税依据与增值税的计税依据相同，均指纳税人销售应税消费品向购买方收取的全部价款和价外费用。其中，价款包含消费税，但不含增值税；价外费用的内容与增值税规定相同。

【情景 2-27】嘉宏鞭炮厂为增值税一般纳税人，2021 年 2 月销售各类鞭炮，开具增值税专用发票注明的销售额为 250 000 元；开具普通发票注明的销售额为 33 900 元。计算该鞭炮厂的增值税和消费税，并进行账务处理。

增值税计税依据 = 消费税计税依据 =250 000+33 900÷（1+13%）=280 000（元）

增值税销项税额 =280 000×13%=36 400（元）

应纳消费税税额 =280 000×15%=42 000（元）

分录编制：

根据销货发票和银行进账单，编制会计分录：

借：银行存款　　　　　　　　　　316 400
　　贷：主营业务收入　　　　　　280 000
　　　　应交税费——应交增值税
　　　　　（销项税额）　　　　　 36 400

计提消费税编制会计分录：

借：税金及附加　　　　　　　　　 42 000
　　贷：应交税费——应交消费税　 42 000

② 从量计税应税消费品应纳税额的计算。计算公式如下：

应纳税额＝销售数量 × 定额税率

消费税暂行条例规定的从量计税的消费品有黄酒、啤酒和成品油。其中，黄酒、啤酒以吨为计税单位，成品油以升为计税单位。

【情景2-28】银鉴酒业为增值税一般纳税人。2021年6月，该公司销售自产02牌号啤酒45吨。啤酒出厂不含税价每吨3 500元。银鉴酒业的上述业务应缴纳多少增值税和消费税？

出厂不含税价格3 000元以上的为甲类啤酒，其消费税税率为250元/吨。

增值税销项税额＝45×3 500×13%＝20 475（元）
应纳消费税税额＝45×250＝11 250（元）

③ 复合计税应税消费品应纳税额的计算。计算公式如下：

应纳税额 ＝ 销售数量 × 定额税率 ＋ 销售额 × 比例税率

【情景2-29】银鉴酒业2021年6月销售散装粮食白酒6 500斤，开具的增值税专用发票注明的销售额为30 000元。银鉴酒业的上述业务应该缴纳多少增值税和消费税？

增值税销项税额＝30 000×13%＝3 900（元）
应纳消费税税额＝6 500×0.5＋30 000×20%＝9 250（元）

（2）应税消费品的包装物应纳税额的会计核算。

① 随同应税消费品出售不单独计价的包装物，按货物的全部销售额计提消费税，借记"税金及附加"科目，贷记"应交税费——应交消费税"科目。

② 随同应税消费品出售单独计价的包装物，按包装物销售额计提消费税，借记"税金及附加"科目，贷记"应交税费——应交消费税"科目。

③ 出售包装物收取的租金，按收取的租金计提消费税，借记"税金及附加"科目，贷记"应交税费——应交消费税"科目。

④ 出售应税消费品时出租、出借包装物收取的押金，按押金计提的消费税，借记"税金及附加"科目，贷记"应交税费——应交消费税"科目。

【情景2-30】2021年6月，银鉴酒业为销售散装粮食白酒收取包装物押金3 955元，开具收款收据，并单独核算。请问：该押金是否需要缴纳增值税和消费税？如果需要，其金额是多少？请作账务处理。

根据税法规定，销售白酒收取的包装物押金，无论是否返还与会计上如何核算，均应计算缴纳增值税和消费税。

包装物押金不含税销售额＝3 955÷（1＋13%）＝3 500（元）
增值税销项税额＝3 500×13%＝455（元）
应纳消费税税额＝3 500×20%＝700（元）

收取押金时，根据收款收据编制会计分录：

借：银行存款　　　　　　　　　　 3 955
　　贷：其他应付款　　　　　　　 3 955

按包装物押金计算的增值税销项税额编制会计分录：

借：其他应付款　　　　　　　　　　 455
　　贷：应交税费——应交增值税
　　　　　（销项税额）　　　　　　 455

按计提的消费税编制会计分录：

借：税金及附加　　　　　　　　　　 700
　　贷：应交税费——应交消费税　　 700

问题：如果银鉴酒业没收了包装物押金，应该作怎样的账务处理？

提示

如果银鉴酒业在以后没收了上述包装物押金，而押金在收取时已经计提了增值税和消费税，那么没收时不再计税，只需将没收的包装物押金收入转入"其他业务收入"科目即可。

借：其他应付款　　　　　　　　　 3 500
　　贷：其他业务收入　　　　　　 3 500

那么，如果银鉴酒业如期返还押金，该作怎样的账务处理？

如果银鉴酒业在以后因包装物如期返还而退还押金，可以将计算的增值税额作为企业的一项支出处理。

借：其他业务成本　　　　　　455
　　其他应付款　　　　　　3 500
　　贷：银行存款　　　　　　　3 955

3. 自产自用应税消费品的会计核算

自产自用是指纳税人生产应税消费品后，不是用于直接对外销售，而是用于连续生产应税消费品或用于其他方面。所谓"用于其他方面"，是指用于生产非应税消费品、在建工程、管理部门、非生产机构、提供劳务以及用于馈赠、赞助、投资、广告、样品、职工福利、奖励等方面。

消费税法规规定，纳税人自产自用应税消费品，用于连续生产应税消费品的，不缴纳消费税；用于其他方面的，于移送使用时计征消费税。

其会计处理，应根据自产自用应税消费品的用途，借记"生产成本""在建工程""营业外支出""管理费用""税金及附加"等科目，贷记"应交税费——应交消费税"科目。

自产自用应税消费品应纳税额的计算，根据计税方法的不同，有以下几种情况：

（1）从价定率征税的应纳税额的计算。

$$应纳税额 = 自产自用应税消费品销售额或组成计税价格 \times 消费税税率$$

自产自用应税消费品，消费税计税依据的确定方法与增值税视同销售行为的确定原则基本相同，即纳税人有同类货物销售价格的以同类货物的平均销售价格为计税依据；无同类货物销售价格的以组成计税价格为计税依据。

$$组成计税价格 = \frac{成本 \times (1 + 成本利润率)}{1 - 比例税率}$$

公式中的"成本"，是指应税消费品的生产成本；"成本利润率"是指根据应税消费品的全国平均成本利润率确定，具体如表2-10所示。

表2-10　应税消费品全国平均成本利润率

货物名称	利润率（%）	货物名称	利润率（%）
1. 甲类卷烟	10	11. 贵重首饰及珠宝玉石	6
2. 乙类卷烟	5	12. 汽车轮胎	5
3. 雪茄烟	5	13. 摩托车	6
4. 烟丝	5	14. 高尔夫球及球具	10
5. 粮食白酒	10	15. 高档手表	20
6. 薯类白酒	5	16. 游艇	10
7. 其他酒	5	17. 木制一次性筷子	5
8. 酒精	5	18. 实木地板	5
9. 化妆品	5	19. 乘用车	8
10. 鞭炮、焰火	5	20. 中轻型商用客车	5

【情景2-31】路南日化厂将一批新研制的化妆品发给本厂女职工作为"三八"妇女节的福利。该化妆品尚未对外公开销售，无同类产品销售价格。经查，其生产成本为22 000元。请问：上述业务是否需要缴纳增值税和消费税？如果需要，其金额是多少？请作账务处理。

根据税法规定，自产货物用于职工福利的，应视同销售计征增值税和消费税，无同类货物销售价格的，按组成计税价格计税。

组成计税价格 = 22 000 ×（1+5%）÷（1-30%）= 33 000（元）

增值税销项税额 = 33 000 × 13% = 4 290（元）

应纳消费税税额 = 33 000 × 30% = 9 900（元）

分录编制：根据发放货物清单编制会计分录：

借：应付职工薪酬——非货币性
　　　　　　　　福利　　　　　37 290
　　贷：主营业务收入　　　　　33 000
　　　　应交税费——应交增值税
　　　　　　（销项税额）　　　　4 290

根据计提的消费税编制会计分录：

借：税金及附加　　　　　　　　　9 900
　　贷：应交税费——应交消费税　　9 900

（2）从量定额征税应纳税额的计算。

$$\text{应纳税额} = \text{应税消费品移送使用数量} \times \text{消费税单位税额}$$

【情景2-32】银鉴酒业9月份将自产的005牌号啤酒共4吨捐赠给某大型超市。假设每吨啤酒的成本为2 500元。请问：此项业务是否需要缴纳增值税和消费税？如果需要，其税额是多少？请作账务处理。

根据税法规定，自产货物用于对外捐赠的，应视同销售计征增值税和消费税。

因此，银鉴酒业的上述业务应缴纳增值税和消费税。

增值税销项税额 =4×3 200×13%=1 664（元）

应纳消费税 =4×250=1 000（元）

分录编制：发出货物时，编制会计分录：

借：营业外支出　　　　　　　　12 664
　　贷：库存商品　　　　　　　　10 000
　　　　应交税费——应交增值税
　　　　　（销项税额）　　　　　1 664
　　　　　　　　　——应交消费税　1 000

（3）复合计税应税消费品应纳消费税计算。

自产自用复合计税的应税消费品，应按纳税人生产的同类消费品的销售价格和移送使用数量双重标准计算缴纳消费税；没有同类消费品销售价格的，应按组成计税价格确定销售额。组成计税价格计算公式为：

组成计税价格 =（成本+利润+移送使用数量×定额税率）÷（1-比例税率）=[成本×（1+成本利润率）+移送使用数量×定额税率]÷（1-比例税率）

【情景2-33】2021年9月份，银鉴酒业将自产瓶装粮食类白酒1吨发给职工作福利。此型号白酒为该企业新产品，尚无同类产品销售价格，其生产成本为5 000元/吨，成本利润率为10%。请问：上述业务是否需要缴纳增值税和消费税？如果缴纳，请计算其金额，并作账务处理。

根据税法规定，自产货物用于职工福利的，应作为销售计征增值税和消费税。

因此，银鉴酒业的上述业务应缴纳增值税和消费税。

组成计税价格 =[5 000×（1+10%）+2 000×0.5]÷（1-20%）=8 125（元）

应纳消费税税额 =2 000×0.5+8 125×20%=2 625（元）

增值税销项税额 =8 125×13%=1 056.25（元）

分录编制：根据发放表，编制会计分录：

借：应付职工薪酬　　　　　　　8 681.25
　　贷：库存商品　　　　　　　　5 000
　　　　应交税费——应交增值税
　　　　　（销项税额）1 056.25
　　　　　　　　　——应交消费税　2 625

4. 委托加工应税消费品的会计核算

（1）委托加工应税消费品的认定。

委托加工应税消费品是指由委托方提供原料或主要材料，受托方只收取加工费和代垫辅助材料加工的应税消费品。对于由受托方提供原材料生产的应税消费品，或由受托方以委托方名义购进原材料生产的应税消费品，以及受托方先将原材料卖给委托方，然后再接受加工的应税消费品，无论纳税人在财务上是否作销售处理，都不得作为委托加工应税消费品，而应按受托方销售自制应税消费品缴纳消费税。

（2）委托加工应税消费品消费税的缴纳。

消费税法规规定，纳税人委托加工应税消费品，应由受托方在向委托方交付货物时代扣代缴消费税。但纳税人委托个体经营者或个人加工应税消费品一律于委托方收回后在委托方所在地的主管税务机关缴纳消费税。

如果受托方没有代扣代缴消费税，委托方应补交税款，补税的计税依据为：已直接销售的，按销售额计税；未销售或不能直接销售的，按组成计税价格计税。

（3）委托加工环节应纳消费税的会计核算。

①受托方代扣代缴消费税的会计核算。

会计上，当受托方收到代扣代缴消费税税款时，应借记"银行存款"科目，贷记"应交税费——代扣代缴消费税"科目；缴纳代扣代缴的消费税款时，应借记"应交税费——代扣代缴消费税"科目，贷记"银行存款"科目。

对于受托方代扣代缴的消费税，应区分以下不同情况计算确定：

I. 从价计税的委托加工应税消费品，应按受托方同类消费品的销售价格计税；没有同类消费品销售价格的，按组成计税价格计税。因此，从价计税委托加工应税消费品应纳税额的计算公式有两种：

A. 受托方有同类消费品销售价格的：

应纳税额=同类消费品销售价格×比例税率

B. 受托方没有同类消费品销售价格的：

应纳税额=组成计税价格×比例税率

其中：

$$组成计税价格 = \frac{材料成本 + 加工费}{1 - 比例税率}$$

公式中的"材料成本"是指委托方所提供的加工材料的实际成本；"加工费"是指受托方加工应税消费品向委托方收取的全部费用（包括代垫辅助材料的实际成本，不含增值税）。

II. 从量计税的委托加工应税消费品，以委托方收回的数量为计税依据。

应纳税额=委托加工数量×定额税率

III. 复合计税的委托加工应税消费品，按收回的数量和受托方同类货物的销售价格或组成计税价格计税。

A. 受托方有同类消费品销售价格的：

应纳税额=委托加工数量×定额税率

B. 受托方没有同类消费品销售价格的：

应纳税额 = 组成计税价格 × 比例税率 + 委托加工数量 × 定额税率

组成计税价格=（材料成本+加工费+委托加工数量×定额税率）÷（1-比例税率）

【情景2-34】世亚橡胶制品厂（一般纳税人）接受甲轮胎厂委托加工车用内胎。甲厂提供的原材料实际成本为54 000元，世亚橡胶厂已将加工完成的车用内胎交付甲厂，并向甲厂开具增值税专用发票，收取加工费38 000元、增值税4 940元。同时代收消费税，并向甲厂开具代扣代缴消费税凭证。该批车用内胎没有同类产品销售价格。世亚橡胶制品厂应代扣代缴的消费税税额是多少？请作账务处理。

受托方无同类产品销售价格，应以组成计税价格为计税依据。

组成计税价格=（54 000+38 000）÷（1-3%）=94 845.36（元）

代扣代缴消费税税额=94 845.36×3%=2 845.36（元）

企业收取加工费、增值税和代收消费税税款时，编制会计分录：

借：银行存款　　　　　　　　45 785.36
　　贷：主营业务收入　　　　　　38 000
　　　　应交税费——应交增值税
　　　　　　（销项税额）　　　　4 940
　　　　　　——代扣代缴
　　　　　　　消费税　　　　2 845.36

②委托方支付消费税的会计核算。

委托方支付消费税会计上应区分以下两种情况进行账务处理：

I. 收回后直接用于销售的。委托方收回委托加工应税消费品直接用于销售的，应将由受托方代收代缴的消费税计入委托加工物资的成本，借记"委托加工物资"科目，贷记"银行存款"等科目。委托方将委托加工收回的已由受托方代收代缴消费税的消费品对外出售的，不再缴纳消费税。

II. 收回后用于连续生产应税消费品的。委托方收回委托加工应税消费品后，用于连续生产应税消费品，且按税法规定准予抵扣已纳税款的，应按由受托方代收的消费税税款，借记"应交税费——应交消费税"科目（也可设置"待扣税金——待扣消费税"科目核算），贷记"银行存款"等科目。

【情景2-35】上例中，甲厂支付往返运费1 000元，取得运输部门开具的增值税专用发票。收回委托加工的车用内胎按原材料核算。请对甲厂委托加工业务作账务处理。

发出橡胶材料时，编制会计分录：

借：委托加工物资　　　　　　54 000
　　贷：原材料　　　　　　　　54 000

支付往返运费时，根据专用发票编制会计分录：

　　借：委托加工物资　　　　　　　1 000
　　　　应交税费——应交增值税
　　　　　　（进项税额）　　　　　　90
　　　　贷：银行存款　　　　　　　1 090

支付加工费、增值税和消费税时，编制会计分录：

　　借：委托加工物资　　　　　　38 000
　　　　应交税费——应交增值税
　　　　　　（进项税额）　　　　4 940
　　　　　　——应交消费税　　2 845.36
　　　　贷：银行存款　　　　　45 785.36

收回轮胎入库时，编制会计分录：

　　借：原材料　　　　　　　　　93 000
　　　　贷：委托加工物资　　　　　93 000

5. 进口应税消费品的会计核算

消费税是价内税，进口环节缴纳的消费税会计上应全部计入进口货物的采购成本。根据海关征收消费税的完税凭证，借记"原材料""固定资产"等科目，贷记"银行存款"科目。

进口环节消费税应纳税额的计算根据进口货物的性质分为两种情况：

（1）进口一般货物应纳税额的计算。

①从价计税的进口应税消费品，以组成计税价格为依据计算应纳税额。计算公式为：

$$组成计税价格 = \frac{关税完税价格 + 关税}{1 - 比例税率}$$

应纳税额 = 组成计税价格 × 比例税率

②从量计税的进口应税消费品，以海关核定的进口数量为依据计算应纳税额。计算公式为：

应纳税额 = 进口数量 × 定额税率

③复合计税的进口应税消费品，以组成计税价格和进口数量双重标准为依据计算应纳税额。计算公式为：

　　组成计税价格 =（关税完税价格 + 关税 + 进口数量 × 定额税率）÷（1 - 比例税率）

　　应纳税额 = 组成计税价格 × 比例税率 + 进口数量 × 定额税率

【情景2-36】河东烟草公司于2021年6月进口卷烟100箱，海关核定的关税完税价格为1 200 000元。已知进口卷烟关税税率为20%。请分别计算该烟草公司进口卷烟应纳的关税、消费税和增值税，并进行账务处理。

应纳关税 = 1 200 000 × 20% = 240 000（元）

每标准条卷烟关税完税价格 = 1 200 000 ÷ 100 ÷ 250 = 48（元）

每标准条卷烟的关税 = 240 000 ÷ 100 ÷ 250 = 9.6（元）

每标准条进口卷烟确定消费税适用比例税率的价格 =（48 + 9.6 + 0.6）÷（1 - 36%）= 90.94（元）。该价格大于70元，所以，这批进口卷烟适用的消费税比例税率为56%。

进口卷烟的组成计税价格 =（1 200 000 + 240 000 + 100 × 150）÷（1 - 56%）= 3 163 043.48（元）

应纳进口消费税税额 = 100 × 150 + 3 163 043.48 × 56% = 1 786 304.35（元）

应纳进口增值税税额 = 3 163 043.48 × 13% = 411 195.65（元）

　　借：库存商品　　　　　　　3 163 043.48
　　　　应交税费——应交增值税
　　　　　　（进项税额）　　　　411 195.65
　　　　贷：银行存款　　　　　3 574 239.13

（2）进口卷烟应纳税额的计算。

①为统一进口卷烟与国产卷烟的消费税政策，自2004年3月1日起，进口卷烟消费税适用比例税率按以下办法确定。

每标准条进口卷烟（200支）确定消费税适用比例税率的价格 =（关税完税价格 + 关税 + 消费税定额税率）÷（1 - 消费税税率）

其中，关税完税价格和关税为每标准条的关税完税价格及关税税额；消费税定额税率为每标准条（200支）0.6元（依据现行消费税定额税率折算而成）；消费税税率固定为30%。

每标准条进口卷烟（200支）确定消费税适用比例税率的价格 ≥ 70元人民币的，适用比例税率为56%；每标准条进口卷烟（200支）确定消费税适用比例税率的价格 < 70元人民币的，适用比例税率为36%。

②依据上述确定的适用比例税率计算进口卷烟消费税组成计税价格和应纳税额。

进口卷烟消费税组成计税价格＝（关税完税价格＋关税＋消费税定额税）÷（1－进口卷烟消费税适用比例税率）

消费税应纳税额 ＝ 进口卷烟消费税组成计税价格 × 进口卷烟消费税适用比例税率 × 消费税定额税

其中，

消费税定额税 ＝ 海关核定的进口卷烟数量 × 消费税定额税率

消费税定额税率与国内相同，每标准箱为（50 000支）150元。

6. 出口应税消费品的会计核算

出口应税消费品退（免）消费税的政策有以下三种：出口免税并退税、出口免税不退税和出口不免税也不退税。企业性质不同，适用政策各异。

（1）外贸企业出口应税消费品退（免）消费税的会计核算。

有出口经营权的外贸企业购进应税消费品直接出口，以及受其他外贸企业委托代理出口的应税消费品，适用出口免税并退税政策。

出口货物消费税的退税率（或单位税额）就是征税率。企业出口应税消费品适用不同税率并能分开核算和申报的，分别适用不同税率退税；未分开核算或划分不清适用税率的，一律从低适用税率计算退税。从价计税的应税消费品，其出口应退消费税，为外贸企业从工厂购进货物时已缴纳的消费税税额。其计算公式如下：

应退消费税额 ＝ 出口货物工厂销售额 × 比例税率

公式中的"出口货物工厂销售额"为不含增值税销售额。

从量计税的应税消费品出口应退消费税，依货物报关出口的数量按下列公式计算：

应退消费税额＝报关出口数量×定额税率

复合计税的应税消费品出口应退消费税，依出口货物的工厂销售额和出口数量计算，即：

应退消费税额 ＝ 出口货物工厂销售额 × 比例税率 ＋ 报关出口数量 × 定额税率

外贸企业只有接受其他外贸企业委托代理出口的应税消费品才可以办理出口退税，外贸企业接受其他企业（主要是非生产性的商贸企业）委托代理出口的应税消费品不予退税。

外贸企业自营出口应税消费品应退税额，应在办理出口退税时，借记"其他应收款"科目，贷记"主营业务成本"科目。

【情景2-37】雅丽进出口公司于2021年6月从生产企业购进一批化妆品，取得增值税专用发票，注明价款450 000元、增值税58 500元；支付收购化妆品运输费3 200元，取得增值税专用发票。当月，该批化妆品全部出口，实现销售额400 000元。该公司出口化妆品应退的增值税、消费税分别是多少？请作账务处理。

购入化妆品时，编制会计分录：

借：库存商品　　　　　　　　　453 200
　　应交税费——应交增值税
　　　　（进项税额）　　　　　 58 788
　　贷：银行存款　　　　　　　511 988

报关出口化妆品时，编制会计分录：

借：应收账款　　　　　　　　　400 000
　　贷：主营业务收入　　　　　400 000

申报办理出口退税时（假设增值税出口退税率为15%）：

应退增值税税额＝450 000×15%＝67 500（元）

应退消费税税额＝450 000×30%＝135 000（元）

借：其他应收款　　　　　　　　202 500
　　贷：应交税费——应交增值税
　　　　（出口退税）　　　　　 67 500
　　　　主营业务成本　　　　　135 000

不予退还的增值税税额＝420 000×（15%－13%）＝9 000（元）

借：主营业务成本　　　　　　　　9 000
　　贷：应交税费——应交增值税
　　　　（进项税额转出）9 000

（2）生产企业出口应税消费品退（免）消费税的会计核算。

有出口经营权的生产企业自营出口或委托外

贸企业代理出口自产应税消费品，适用出口免税不退税政策。因为消费税只在生产环节对生产单位征收，后期销售环节不再征收。所以，只要生产环节免税，产品就不负担消费税，也就无须退税。

纳税人直接出口应税消费品办理免税后，若发生退关或国外退货，进口时已予免税的，经机构所在地主管税务机关批准，可暂不办理税款补缴，待转为国内销售时，再申请补缴消费税，其会计处理与国内销售业务相同。

一般商贸企业委托其他企业代理出口的，一律不予退（免）消费税。

2.2.3 消费税的纳税申报

1. 消费税的征收管理

（1）纳税义务发生时间。

纳税人生产的应税消费品应于销售时纳税，进口应税消费品应于报关进口环节纳税，但金银首饰、钻石及钻石饰品在零售环节纳税。消费税纳税义务发生时间，按货款结算方式或行为发生时间分别确定。

①纳税人销售应税消费品、其纳税义务发生时间。

I. 采取赊销和分期收款结算方式的，为纳税人书面合同约定的收款日期的当天；书面合同没有约定收款日期或者无书面合同的，为发出应税消费品的当天。

II. 采取预收货款结算方式的，为纳税人发出应税消费品的当天。

III. 采取托收承付和委托银行收款方式销售的，为纳税人发出应税消费品并办理委托收款手续的当天。

IV. 采取其他结算方式的，为纳税人收讫销售款或取得销售款凭据的当天。

②自产自用的应税消费品。其纳税义务发生时间为纳税人移送使用的当天。

③委托加工的应税消费品，其纳税义务发生时间为纳税人提货的当天。

④进口的应税消费品，其纳税义务发生时间为纳税人报关进口的当天。

（2）纳税期限。

按照《消费税暂行条例》的规定，消费税的纳税期限分别为1日、3日、5日、10日、15日、1个月或者1个季度。主管税务机关根据纳税人应纳税额的大小分别核定其具体的纳税期限；不能按照固定期限纳税的，可以按次纳税。

纳税人以1个月或1个季度为一期纳税的，自期满之日起15日内申报纳税；以1日、3日、5日、10日或者15日为一期纳税的、自期满之日起5日内预缴税款，于次月1日起至15日内申报纳税并结清上月应纳税款。

纳税人进口应税消费品，应当自海关填发海关进口消费税专用缴款书之日起15日内缴纳税款。

（3）纳税地点。

纳税人销售的应税消费品，以及自产自用的应税消费品，除国家另有规定的外，应当向纳税人机构所在地或居住地主管税务机关申报纳税。

委托加工的应税消费品，由受托方所在地主管税务机关代收代缴消费税税款；委托个人加工的应税消费品，由委托方向其机构所在地或者居住地主管税务机关申报纳税。

进口的应税消费品，由进口人或者其代理人向报关地海关申报纳税。

纳税人到外县（市）销售或委托外县（市）代销自产应税消费品的，于应税消费品销售后，回纳税人机构所在地或居住地缴纳消费税。

纳税人的总机构与分支机构不在同一县（市）的，应当分别向各自机构所在地的主管税务机关申报纳税。但经财政部、国家税务总局或者其授权的财政、税务机关批准，可以由总机构汇总向总机构所在地的主管税务机关申报纳税。

纳税人销售的应税消费品，如因质量等原因由购买者退回，经机构所在地或者居住地主管税务机关审核批准后，可退还已缴纳的消费税税款，但不能自行直接抵减应纳税款。

2. 纳税申报

消费税的纳税人应按条例的有关规定及时办理纳税申报，并如实填写纳税申报表。消费税及附加税费申报表及其附表如表2-11至表2-18所示。

表 2-11　消费税及附加税费申报表

税款所属期：自　年　月　日至　年　月　日

纳税人识别号（统一社会信用代码）：

纳税人名称：　　　　　　　　　　　　　　　　　　　金额单位：元（列至角分）

项目＼应税消费品名称	适用税率		计量单位	本期销售数量	本期销售额	本期应纳税额
	定额税率	比例税率				
	1	2	3	4	5	6=1×4+2×5
合计	—	—	—	—	—	

	栏次	本期税费额
本期减（免）税额	7	
期初留抵税额	8	
本期准予扣除税额	9	
本期应扣除税额	10=8+9	
本期实际扣除税额	11[10<（6-7），则为10，否则为6-7]	
期末留抵税额	12=10-11	
本期预缴税额	13	
本期应补（退）税额	14=6-7-11-13	
城市维护建设税本期应补（退）税额	15	
教育费附加本期应补（退）费额	16	
地方教育附加本期应补（退）费额	17	

声明：此表是根据国家税收法律法规及相关规定填写的，本人（单位）对填报内容（及附带资料）的真实性、可靠性、完整性负责。

纳税人（签章）：　　　年　月　日

经办人： 经办人身份证号： 代理机构签章： 代理机构统一社会信用代码：	受理人： 受理税务机关（章）： 受理日期：年　月　日

表2-12 本期准予扣除税额计算表

金额单位：元（列至角分）

准予扣除项目			应税消费品名称				合计
一、本期准予扣除的委托加工应税消费品已纳税款计算	期初库存委托加工应税消费品已纳税款		1				
	本期收回委托加工应税消费品已纳税款		2				
	期末库存委托加工应税消费品已纳税款		3				
	本期领用不准予扣除委托加工应税消费品已纳税款		4				
	本期准予扣除委托加工应税消费品已纳税款		5=1+2-3-4				
二、本期准予扣除的外购应税消费品已纳税款计算	（一）从价计税	期初库存外购应税消费品买价	6				
		本期购进应税消费品买价	7				
		期末库存外购应税消费品买价	8				
		本期领用不准予扣除外购应税消费品买价	9				
		适用税率	10				
		本期准予扣除外购应税消费品已纳税款	11=(6+7-8-9)×10				
	（二）从量计税	期初库存外购应税消费品数量	12				
		本期外购应税消费品数量	13				
		期末库存外购应税消费品数量	14				
		本期领用不准予扣除外购应税消费品数量	15				
		适用税率	16				
		计量单位	17				
		本期准予扣除的外购应税消费品已纳税款	18=(12+13-14-15)×16				
三、本期准予扣除税款合计			19=5+11+18				

表2-13 本期准予扣除税额计算表

（成品油消费税纳税人适用）

金额单位：元（列至角分）

一、扣除税额及库存计算

扣除油品类别	上期库存数量	本期外购入库数量	委托加工收回连续生产数量	本期准予扣除数量	本期准予扣除税额	本期领用未用于连续生产不准予扣除数量	期末库存数量
1	2	3	4	5=3+4	6	7	8=2+3+4-5-7
汽油							
柴油							
石脑油							
润滑油							
燃料油							
合计							

二、润滑油基础油（废物矿油）和变性燃料乙醇领用库存计算

产品名称	上期库存数量	本期入库数量	本期生产领用数量	期末库存数量
1	2	3	4	5=2+3-4
润滑油基础油（废矿物油）				
变性燃料乙醇				

表2-14 本期减（免）税额明细表

金额单位：元（列至角分）

应税消费品名称	项目减（免）性质代码	减（免）项目名称	减（免）税销售额	适用税率（从价定率）	减（免）税销售数量	适用税率（从量定额）	减（免）税额
1	2	3	4	5	6	7	8=4×5+6×7
出口免税	—	—		—		—	
合计	—	—		—		—	

表2-15 本期委托加工收回情况报告表

金额单位：元（列至角分）

一、委托加工收回应税消费品代收代缴税款情况

应税消费品名称	商品和服务税收分类编码	委托加工收回应税消费品数量	委托加工收回应税消费品计税价格	适用税率		受托方已代收代缴的税款	受托方（扣缴义务人）名称	受托方（扣缴义务人）识别号	税收缴款书（代扣代收专用）号码	税收缴款书（代扣代收专用）开具日期
				定额税率	比例税率					
1	2	3	4	5	6	7=3×5+4×6	8	9	10	11

二、委托加工收回应税消费品领用库存情况

应税消费品名称	商品和服务税收分类编码	上期库存数量	本期委托加工收回入库数量	本期委托加工收回直接销售数量	本期委托加工收回用于连续生产数量	本期结存数量
1	2	3	4	5	6	7=3+4-5-6

表2-16 卷烟批发企业月份销售明细清单

（卷烟批发环节消费税纳税人适用）

卷烟条包装商品条码	卷烟牌号规格	卷烟类别	卷烟类型	销售价格	销售数量	销售额	备注
1	2	3	4	5	6	7	8

表 2-17 卷烟生产企业合作生产卷烟消费税情况报告表

(卷烟生产环节消费税纳税人适用)

品牌输出方		品牌输入方		卷烟条包装商品条码	卷烟牌号规定	销量	销售价格	销售额	品牌输入方已缴纳税款
企业名称	统一社会信用代码	企业名称	统一社会信用代码						
1	2	3	4	5	6	7	8	9	10
合计							—		

表 2-18 消费税附加税费计算表

金额单位：元（列至角分）

税（费）种	计税（费）依据 消费税税额	税（费）率（％）	本期应纳税（费）额	本期减免税（费）额		本期是否适用增值税小规模纳税人"六税两费"减征政策 □是 □否		本期已缴税（费）额	本期应补（退）税（费）额
				减免性质代码	减免税（费）额	减征比例（％）	减征额		
	1	2	3=1×2	4	5	6	7=(3-5)×6	8	9=3-5-7-8
城市维护建设税									
教育费附加									
地方教育费附加									
合计	—	—	—						

任务 2.3　关税的核算

2.3.1　关税的概述

1. 关税的概念

关税是国际通行的税种，是各国根据本国的政治和经济发展的需要，以法律形式确定由海关对进出国（境）的货物和物品征收的一种流转税。

所谓"境"指关境，又称"海关境域"或"关税领域"，是国家《海关法》全面实施的领域。通常情况下，一国关境与国境是一致的，包括国家全部领土、领海、领空。但当国家在国境内设立自由港、自由贸易区时，这些区域就进出口关税而言处于关境之外，此时国家关境小于国境，如我国。根据《中华人民共和国香港特别行政区基本法》和《中华人民共和国澳门特别行政区基本法》，香港和澳门保持自由港地位，为我国单独的关税地区，即单独关境区。单独关境区是不完全适用该国海关法律、法规或实施单独海关管理制度的区域。当几个国家结成关税同盟、组成一个共同的关境、实施统一的关税法令和统一的对外税则时，这些国家之间的货物进出国境不征收关税，只对来自或运往其他国家的货物进出共同关境时征收关税，这些国家的关境大于国境，如欧盟。

2. 关税纳税义务人和税率

（1）关税的纳税义务人。

贸易性商品的纳税人是经营进口货物的收货人、出口货物的发货人。进出口货物的收、发货人是依法取得对外贸易经营权，从事进出口货物的法人或者其他社会团体。对虽然从事进出口业务，但没有自营进出口权的企业，必须委托专门的报关人代理报关并申报纳税。

进出境物品的纳税人是物品的所有人和推定为所有人的人。具体包括：对于携带进境的物品，推定其携带人为所有人；分离运输的行李，推定相应的进出境旅客为所有人；以邮递方式进境的物品，推定其收件人为所有人；以邮递或其他运输方式出境的物品，推定其寄件人或托运人为所有人。

（2）关税的税目。

关税的征税对象是准许进出境的货物和物品。货物是指贸易性商品；物品是指入境旅客随身携带的行李物品、个人邮递物品、各种运输工具上的服务人员携带进口的自用物品、馈赠物品以及其他方式进境的个人物品。

（3）关税税率。

①进口关税税率。

在我国加入世界贸易组织（WTO）之前，进口税则设两栏税率，即普通税率和优惠税率。对原产于与我国未签订关税互惠协议的国家或者地区的进口货物，按照普通税率征税；对原产于与我国签订关税互惠协议的国家或者地区的进口货物，按照优惠税率征税。加入WTO后，为履行我国在WTO关税减让谈判中承诺的有关义务，享有WTO成员应有的权利，自2002年1月1日起，我国进口税则设有最惠国税率、协定税率、特惠税率、普通税率、关税配额税率等税率。一定期限内对进口货物实行暂定税率。

Ⅰ．最惠国税率。适用原产于与我国共同适用最惠国待遇条款的世界贸易组织成员国或地区的进口货物；或原产于与我国签订有相互给予最惠国待遇条款的双边贸易协定的国家或地区的进口货物。

Ⅱ．协定税率。适用原产于我国参加的含有关税优惠条款的区域性贸易协定的有关缔约方的进口货物。

Ⅲ．特惠税率。适用原产于与我国签订有特殊优惠关税协定的国家或地区的进口货物。

Ⅳ．普通税率。适用原产于上述国家或地区以外的国家或地区的进口货物。

Ⅴ．配额税率。配额内关税是对一部分实行关税配额的货物，按低于配额外税率的进口税率征收的关税。按照国家规定实行关税配额管理的进口货物，关税配额内的，适用关税配额税率；关税配额外的，税率按照前述规定执行。

Ⅵ．暂定税率。暂定关税是对某些重要原材料或关键零部件在适用最惠国税率的前提下，通过法律程序暂时实施的进口税率，低于最惠国税率。

适用最惠国税率的进口货物有暂定税率的，应当适用暂定税率；适用协定税率、特惠税率的进口货物有暂定税率的，应当从低适用税率；适用普通税率的进口货物，不适用暂定税率。

②出口关税税率。

我国出口税则为一栏税率，即出口税率。国家仅对少数资源性产品及易于竞相杀价、盲目进口、需要规范出口秩序的半制成品征收出口关税。

现行税则对100余种商品计征出口关税，主要包括鳗鱼苗、部分有色金属矿砂及其精矿、生锑、磷、氟钽酸钾、苯、山羊板皮、部分铁合金、钢铁废碎料、铜和铝原料及其制品、镍锭、锌锭、锑锭。

上述范围内有部分商品实行0～25%的暂定税率。此外，根据需要对其他200多种商品征收暂定税率。与进口暂定税率一样，出口暂定税率优先适用于出口税则中规定的出口税率。

2.3.2 关税的计算及会计核算

1. 关税的计税依据

（1）进口货物完税价格的确定。

关税完税价格是海关计征关税所使用的计税价格，是海关以进出口货物的实际成交价为基础审定的完税价格。实际成交价格是一般贸易项下进出口货物的买方为购买该项货物向卖方实际支付或应当支付的价格。实际成交价格不能确定时，完税价格由海关依法估定。纳税人向海关申报的价格不一定等于完税价格，只有经海关审核并接受的申报价格才能作为完税价格。

①一般进口货物完税价格的确定。

Ⅰ. 以成交价格为基础的完税价格的确定。根据《海关法》规定，进口货物的完税价格包括货物的货价、货物运抵我国境内输入地点起卸前的运输及其相关费用、保险费。我国境内输入地为入境海关地，包括内陆河、江口岸，一般为第一口岸。进口货物以海关审定的成交价格为基础的到岸价格作为完税价格，其成交价格是指买方为购买该货物，并按《完税价格办法》有关规定调整后的实付或应付价格。

A. 对进口货物成交价格的要求。进口货物成交价格应当符合下列要求：买方对进口货物的处置或使用不受限制，但国内法律、行政法规规定的限制和对货物转售地域的限制，以及对货物价格无实质影响的限制除外；货物的价格不得受到使该货物成交价格无法确定的条件或因素的影响；卖方不得直接或间接获得因买方转售、处置或使用进口货物而产生的任何收益，除非能够按照《完税价格办法》有关规定做出调整；买卖双方不存在特殊关系，特殊情形的，应当符合《完税价格办法》的相关规定。

B. 对实付或应付价格进行调整的有关规定。"实付或应付价格"指买方为购买进口货物直接或间接支付的总额，即作为卖方销售进口货物的条件，由买方向卖方或为履行卖方义务向第三方已经支付或应当支付的全部款项。

a. 下列费用或者价值不应当包括在进口货物的实付或者应付价格中，应当计入完税价格：

——由买方负担的除购货佣金以外的佣金和经纪费。"购货佣金"指买方为购买进口货物向自己的采购代理人支付的劳务费用。"经纪费"指买方为购买进口货物向代表买卖双方利益的经纪人支付的劳务费用；

——由买方负担的与该货物视为一体的容器费用；

——由买方负担的包装材料和包装劳务费用；

——与该货物的生产和向中华人民共和国境内销售有关的，由买方以免费或者以低于成本的方式提供并可以按适当比例分摊的料件、工具、模具、消耗材料及类似货物的价款，以及在境外开发、设计等相关服务的费用；

——与该货物有关并作为卖方向我国销售该货物的一项条件，应当由买方直接或间接支付的特许权使用费。"特许权使用费"指买方为获得与进口货物相关的、受著作权保护的作品、专利、商标、专有技术和其他权利的使用许可而支付的费用，但是在估定完税价格时，进口货物在境内的复制权费不得计入该货物的实付或应付价格之中；

——卖方直接或间接从买方对该货物进口后转售、处置或使用所得中获得的收益。

上述所列的费用或价值，应当由进口货物的收货人向海关提供客观量化的数据资料。如果无法提供客观量化的数据资料，完税价格由海关按《完税价格办法》规定的方法进行估定。

b. 下列费用，如能与货物实付或者应付价格区分，不得计入完税价格：

——厂房、机械、设备等货物进口后的基建、安装、装配、维修和技术服务的费用；

——货物运抵境内输入地点之后的运输费用、保险费和其他相关费用；

——进口关税及其他国内税收。

C. 对买卖双方之间存在特殊关系的规定。买卖双方之间存在特殊关系的，经海关审定其特殊关系未对成交价格产生影响，或进口货物的纳税义务人能证明其成交价格与同时或大约同时发生的下列价格相近,海关应当接受该成交价格,即:向境内无特殊关系的买方出售的相同或类似货物的成交价格;按照使用倒扣价格规定确定的相同或类似货物的完税价格;按照使用计算价格规定确定的相同或类似货物的完税价格。

海关在对上述价格进行比较时,应当考虑商业水平和进口数量的差异,以及实付或者应付价格的调整规定所列项目和交易中买卖双方有无特殊关系造成的费用差异。

有下列情形之一的,应当认定买卖双方存在特殊关系:买卖双方为同一家族成员;买卖双方互为商业上的高级职员或董事;一方直接或间接地受另一方控制;买卖双方都直接或间接地受第三方控制;买卖双方共同直接或间接地控制第三方;一方直接或间接地拥有、控制或持有对方5%或以上公开发行的有表决权的股票或股份;一方是另一方的雇员、高级职员或董事;买卖双方是同一合伙组织的成员。买卖双方在经营上相互有联系,一方是另一方的独家代理、经销或受让人,如果有上述关系的,也应当视为存在特殊关系。

II. 进口货物海关估价的方法。进口货物的价格不符合成交价格条件或者成交价格不能确定的,海关应当依次以相同货物成交价格方法、类似货物成交价格方法、倒扣价格方法、计算价格方法及其他合理方法确定的价格为基础,估定完税价格。如果进口货物的收货人提出要求,并提供相关资料,经海关同意,可以选择倒扣价格方法和计算价格方法的适用次序。

A. 相同或类似货物成交价格方法。相同或类似货物成交价格方法,即以与被估的进口货物同时或大约同时(在海关接受申报进口日的前后45天内)进口的相同或类似货物的成交价格为基础,估定完税价格。

以该方法估定完税价格时,应使用与该货物相同商业水平且进口数量基本一致的相同或类似货物的成交价格,但对因运输距离和运输方式不同,需要对成本和其他费用产生的差异进行调整。在没有上述相同或类似货物成交价格的情况下,可以使用不同商业水平或不同进口数量的相同或类似货物的成交价格,但对因商业水平、进口数量、运输距离和运输方式的不同,需要对因价格、成本和其他费用产生的差异进行调整。

以该方法估定完税价格时,应当首先使用同一生产商生产的相同或类似货物的成交价格,只有在没有相应成交价格的情况下,才可以使用同一生产国或地区生产的相同或类似货物的成交价格。如果存在多个相同或类似货物的成交价格,应当以最低的成交价格为基础,估定进口货物的完税价格。

上述"相同货物"是指与进口货物在同一国家或地区生产,在物理性质、质量和信誉等方面都相同的货物,但表面的微小差异允许存在;"类似货物"是指与进口货物在同一国家或地区生产,虽然不是在所有方面都相同,但却具有相似的特征、相似的组成材料、相同的功能,并且在商业中可以互换的货物。

B. 倒扣价格方法。倒扣价格方法即以被估的进口货物、相同或类似进口货物在境内销售的价格为基础估定完税价格。按该价格销售的货物应当同时符合五个条件,即:在被估货物进口时或大约同时销售;按照进口时的状态销售;在境内第一环节销售;合计货物销售总量最大的销售;向境内无特殊关系方的销售。

以该方法估定完税价格时,下列各项应当扣除:

a. 该货物的同等级或同种类货物,在境内销售时的利润和一般费用及通常支付的佣金。

b. 货物运抵境内输入地点之后的运费、保险费、装卸费及其他相关费用。

c. 进口关税、进口环节税和其他与进口或销售上述货物有关的国内税。

C. 计算价格方法。计算价格方法即按下列各项目的总和计算出的价格估定完税价格。

a. 生产该货物使用的原材料价值、进行装配或其他加工的费用;

b. 与向境内出口销售同等级或同种类货物的利润、一般费用相符的利润和一般费用;

c. 货物运抵境内输入地点起卸前的运输及相关费用、保险费。

D. 其他合理方法。采用其他合理方法时,应根据《完税价格办法》规定的估价原则,以在境内获得的数据资料为基础估定完税价格。但不得使用以下价格：

a. 境内生产的货物在境内的销售价格。

b. 可供选择的价格中较高价格。

c. 货物在出口地市场的销售价格。

d. 以计算价格方法规定的有关各项之外的价值或费用计算的价格。

e. 出口到第三国或地区的货物销售价格。

f. 最低限价或武断虚构的价格。

②特殊进口货物完税价格的确定。

Ⅰ. 加工贸易进口料件及其制成品。加工贸易进口料件及其制成品需征税或内销补税的，海关按照一般进口货物的完税价格规定，审定完税价格。其中：

A. 进口时需征税的进料加工进口料件，按该料件申报进口时的价格估定。

B. 内销的进料加工进口料件或其制成品（包括残次品、副产品），按料件原进口时的价格估定。

C. 内销的来料加工进口料件或其制成品（包括残次品、副产品），按料件申报内销时的价格估定。

D. 出口加工区内的加工企业内销的制成品（包括残次品、副产品），以制成品申报内销时的价格估定。

E. 保税区内的加工企业内销的进口料件或其制成品（包括残次品、副产品），分别按料件或制成品申报内销时的价格估定。如果内销的制成品中含有从境内采购的料件，则按所含从境外购入的料件原进口时的价格估定。

F. 加工贸易加工过程中产生的边角料，按申报内销时的价格估定。

Ⅱ. 保税区、出口加工区货物。从保税区或出口加工区销往区外、从保税仓库出库内销的进口货物（加工贸易进口料件及其制成品除外），按海关审定的价格估定完税价格。对经审核销售价格不能确定的，海关应当按照一般进口货物估价办法的规定估定完税价格。如销售价格中未包括在保税区、出口加工区或保税仓库中发生的仓储、运输及其他相关费用的，应当按照客观量化的数据资料确定。

Ⅲ. 运往境外修理的货物。运往境外修理的机械器具、运输工具或其他货物，出境时已向海关报明，并在海关规定期限内复运进境的，应按照海关审定的境外修理费和料件费确定完税价格。

Ⅳ. 运往境外加工的货物。运往境外加工的货物，出境时已向海关报明，并在海关规定期限内复运进境的，应按照海关审定的境外加工费和料件费，以及该货物复运进境的运输及其相关费用、保险费确定完税价格。

Ⅴ. 暂时进境货物。对于经海关批准的暂时进境的货物，应按照一般进口货物估价办法规定，估定完税价格。

Ⅵ. 以租赁方式进口货物。在以租赁方式进口的货物中，以租金方式对外支付的租赁货物，在租赁期间按海关审定的租金确定完税价格；留购的租赁货物，按海关审定的留购价格确定完税价格；承租人申请一次性缴纳税款的，经海关同意，按照一般进口货物估价办法的规定，估定完税价格。

Ⅶ. 留购的进口货样等。对于境内留购的进口货样、展览品和广告陈列品，按照海关审定的留购价格确定完税价格。

Ⅷ. 予以补税的减免税货物。减税或免税进口的货物需补税时，应当按照海关审定的该货物原进口时的价格，扣除折旧部分价值确定完税价格。计算公式为：

完税价格＝海关审定的该货物原进口时的价格×[1−申请补税时实际已使用的时间（月）÷（监管年限×12）]

Ⅸ. 以其他方式进口的货物。以易货贸易、寄售、捐赠、赠送等其他方式进口的货物，应当按照一般进口货物估价办法的规定，估定完税价格。

③进口货物关税完税价格中运输及相关费用、保险费的计算

Ⅰ. 进口货物的运输及其相关费用，应当按照由买方实际支付或者应当支付的费用计算。如果进口货物的运输及其相关费用无法确定的，海关应当按照该货物进口同期的正常运输成本审查确定。

运输工具作为进口货物，利用自身动力进境的，海关在审查确定完税价格时，不再另行计入运输及其相关费用。

Ⅱ. 进口货物的保险费，应当按照实际支付的费用计算。如果进口货物的保险费无法确定或者未实际发生的，海关应当按照"货价加运费"两者总额的 3‰ 计算保险费。计算公式为：

保险费 =（货价 + 运费）× 3‰

邮运进口的货物，应当以邮费作为运输及其相关费用、保险费。

（2）出口货物完税价格的确定。

①以成交价格为基础的完税价格。

出口货物的完税价格，由海关按该货物向境外销售的成交价格为基础审查确定，并应包括货物运至我国境内输出地点装载前的运输及其相关费用、保险费。但其中包含的出口关税税额，应当扣除。

出口货物的成交价格，是指该货物出口销售到我国境外时买方向卖方实付或应付的价格。出口货物的成交价格中含有支付给境外的佣金，如果单独列明，应当扣除。

②出口货物海关估价方法。

出口货物的成交价格不能确定时，完税价格由海关依次使用下列方法估定：

Ⅰ. 同时或大约同时向同一国家或地区出口的相同货物的成交价格。

Ⅱ. 同时或大约同时向同一国家或地区出口的类似货物的成交价格。

Ⅲ. 根据境内生产相同或类似货物的成本、利润和一般费用、境内发生的运输及其相关费用、保险费计算所得的价格。

Ⅳ. 按照合理方法估定的价格。

2. 关税的计算

（1）从价税应纳税额的计算。

从价税是一种最常用的关税计税标准。它是以货物的价格或者价值为征税标准，以应征税额占货物价格或者价值的百分比为税率，价格越高，税额越高。货物进口时，以此税率和海关审定的实际进口货物完税价格相乘计算应征税额。目前，我国海关计征关税标准主要是从价税。计算公式为：

关税税额 = 应税进口货物数量 × 单位完税价格 × 关税税率

（2）从量税应纳税额的计算。

从量税是以货物的数量、重量、体积、容量等计量单位为计税标准，以每计量单位货物的应征税额为税率。我国目前对原油、啤酒和胶卷等进口商品征收从量税。计算公式为：

关税税额 = 应税进（出）口货物数量 × 单位货物税额

（3）复合税应纳税额的计算。

复合税又称混合税，即订立从价、从量两种税率，随着完税价格和进口数量的变化而变化，征收时两种税率合并计征。它是对某种进口货物混合使用从价税和从量税的一种关税计征标准。我国目前仅对录像机、放像机、摄像机、数字照相机和摄录一体机等进口商品征收复合税。计算公式为：

关税税额 = 应税进口货物数量 × 单位税额 + 应税进口货物数量 × 单位完税价格 × 税率

（4）滑准税应纳税额的计算。

滑准税是根据货物的不同价格适用不同税率的一类特殊的从价关税。它是一种关税税率随进口货物价格由高至低或由低至高设置计征关税的方法。简单讲，就是进口货物的价格越高，进口关税税率越低；反之，则进口关税税率越高。滑准税不受国际市场价格波动的影响，可以保持相关商品国内市场价格的相对稳定。计算公式为：

关税税额 = 应税进（出）口货物数量 × 单位完税价格 × 滑准税税率

现行税则《进出口商品从量税、复合税、滑准税税目税率表》后注明了滑准税税率的计算公式，该公式是一个与应税进出口货物完税价格相关的取整函数。

【情景 2-38】 银隆商场于 2021 年 2 月进口一批高档美容修饰类化妆品。该批货物在国外的买价为 1 500 000 元，货物运抵我国入关前发生的运输费、保险费和其他费用分别为 120 000 元、80 000 元、20 000 元。货物报关后，该商场按规定缴纳了进口环节的增值税和消费税并取得了海关开具的缴款书。将化妆品从海关运往商场所在地取得增值税专用发票，注明运输费用 80 000 元、增值税进项税额 7 200 元，该批化妆品当月在国内全部销售，取得不含税销售额5 000 000元（假定化妆品进口关税税率为20%，增值税税率为13%，消费税税率为15%）。计算该批化妆品进口环节应缴纳的关税、增值税、消费税和国内销售环节应缴纳的增值税。

（1）关税完税价格 =1 500 000+120 000+80 000+20 000=1 720 000（元）

（2）应缴纳进口关税 =1 720 000×20%=344 000（元）

（3）进口环节的组成计税价格 =（1 720 000+344 000）÷（1-15%）=2 428 235（元）

（4）进口环节应缴纳增值税 =2 428 235×13%=315 671（元）

（5）进口环节应缴纳消费税 =2 428 235×15%=364 235（元）

（6）国内销售环节应缴纳增值税 =5 000 000×13%-7 200-315 671=327 129（元）

3. 关税的会计核算

（1）会计科目的设置。

进出口货物的企业在核算关税时，应在"应交税费"科目下设"应交进口关税""应交出口关税"两个明细科目分别对进、出口关税进行账务处理。企业按规定计算应纳税额时，借记有关科目，贷记"应交税费——应交进（出）口关税"；实际缴纳时，借记"应交税费——应交进（出）口关税"，贷记"银行存款"。

在实际工作中，由于企业经营进出口业务的形式和内容不同，具体会计核算方式有所区别。

（2）自营进出口业务关税的核算。

自营进出口是指由有进出口自营权的企业办理对外洽谈和签订进出口合同，执行合同办理运输、开证、付汇全过程的进出口业务，自负进出口盈亏。

企业自营进口商品计算应纳关税额时，借记"在途物资"等科目，贷记"应交税费——应交进口关税"，进口当时直接支付关税的，也可不通过"应交税费"科目；企业自营出口商品计算应纳关税额时，借记"税金及附加"等科目，贷记"应交税费——应交出口关税"。

【情景2-39】外贸企业从国外自营进口商品一批，CIF价格折合人民币为320 000元，进口关税税率为40%，代征增值税税率13%，根据海关开出的专用缴款书，以银行转账支票付讫税款。计算该企业应交关税并进行相关的账务处理。

应交关税 =320 000×40%=128 000（元）

物资采购成本 =320 000+128 000=448 000（元）

代征增值税 =448 000×13%=58 240（元）

会计分录如下：

计提关税和增值税时：

借：在途物资　　　　　　　　　448 000
　　贷：应交税费——应交进口关税 128 000
　　　　应付账款　　　　　　　　320 000

支付关税和增值税时：

借：应交税费——应交进口关税　　128 000
　　　　　　——应交增值税
　　（进项税额）　　　　　　　　58 240
　　贷：银行存款　　　　　　　　186 249

商品验收入库时：

借：库存商品　　　　　　　　　　448 000
　　贷：在途物资　　　　　　　　448 000

【情景2-40】某企业直接对外出口产品一批，离岸价为1 500 000元，出口税税率为15%。计算应缴纳的出口关税税额，并进行相应的账务处理。

应缴纳出口关税额 =1 500 000÷（1+15%）×15%=195 652.2（元）

会计分录如下：

借：银行存款　　　　　　　　　1 500 000
　　贷：主营业务收入　　　　　　1 500 000

借：税金及附加　　　　　　　　195 652.2
　　贷：应交税费——应交出口
　　关税　　　　　　　　　　　195 652.2

缴纳出口关税时：

借：应交税费——应交出口关税 195 652.2
　　贷：银行存款　　　　　　　　195 652.2

（3）代理进出口业务关税的核算。

代理进出口是外贸企业接受国内委托方的委托，办理对外洽谈和签订进出口合同，执行合同并办理运输、开证、付汇全过程的进出口业务。受托企业不负担进出口盈亏，只按规定收取一定比例的手续费。

受托企业进出口商品计算应纳关税时，借记"应收账款"等有关科目，贷记"应交税费——应交进（出）口关税"科目；代缴进出口关税时，借记"应交税费——应交进（出）口关税"科目，贷记"银行存款"科目；收到委托单位的税款时，借记"银行存款"科目，贷记"应收账款"科目。

【情景2-41】海洋进出口公司接受宏远公司的委托进口商品一批，进口货款2 600 000元，已汇入进出口公司存款户。该进口商品我国口岸CIF价格为USD244 000，进口关税税率为20%，当日的外汇牌价为USD100=RMB660，代理手续费按货价3%收取，现该批商品已运达，向委托单位办理结算。计算应缴纳的关税并进行会计处理。

商品货价 =244 000×6.6=1 610 400（元）

进口关税 =1 610 400×20%=322 080（元）

代理手续费 =1 610 400×3%=48 312（元）

会计分录如下：

收到委托单位划来进口货款时：

借：银行存款　　　　　　　　　2 600 000

　　贷：应付账款——宏远公司　　2 600 000

对外付汇进口商品时：

借：应收账款——外商　　　　　1 610 400

　　贷：银行存款　　　　　　　　1 610 400

支付进口关税时：

借：应付账款——宏远公司　　　　322 080

　　贷：应交税费——应交进口关税 322 080

借：应交税费——应交进口

　　　　关税　　　　　　　　　　322 080

　　贷：银行存款　　　　　　　　　322 080

将进口商品交付委托单位并收取手续费时：

借：应付账款——宏远公司　　　1 658 712

　　贷：其他业务收入

　　（或主营业务收入）　　　　　　48 312

　　　　应收账款——外商　　　　1 610 400

2.3.3　关税缴纳与征收管理

1. 货物报关

（1）报关期限。

进口货物自运输工具申报进境之日起14日内，向货物的进境地海关申报，如实填写海关进口货物报关单；出口货物是在货物运抵海关装货的24小时以前（海关特准的除外）填报出口货物报关单。为方便纳税人，经申请且海关同意，进（出）口货物的纳税人可在设有海关的指运地（启运地）办理货物报关手续。

（2）报关提交的资料。

进出口商向海关报关时，须提交以下资料：①进出口货物报关单；②发票；③陆运单、空运单和海运进口的提货单、海运出口的装货单；④装箱清单；⑤合同；⑥载货清单；⑦其他有关单证，包括减免税证明、进出口许可证件等。

2. 关税缴纳

（1）关税缴纳的期限。

纳税义务人应当自海关填发税款缴款书之日起15日内，向指定银行缴纳税款。如果关税缴纳期限的最后1日是周末或法定节假日，则关税缴纳期限顺延至周末或法定节假日过后的第1个工作日。

关税纳税义务人因不可抗力或者在国家税收政策调整的情形下，不能按期缴纳税款的，经海关总署批准，可以延期缴纳税款，但最长不得超过6个月。

（2）关税缴纳的地点。

海关在征收关税时，根据纳税人的申请及进出口商品的情况，可以在关境地征收，也可以在主管地征收。纳税人在缴纳关税时，需要填写"海关进（出）口关税专用缴款书"。

3. 关税的征收管理

（1）关税的强制执行。

纳税人未在关税缴纳期限内缴纳税款，则构成关税滞纳。为保证海关决定的有效执行和国家财政收入的及时入库，《海关法》赋予海关对滞纳关税的纳税人强制执行的权力。强制措施主要有两类。

①征收滞纳金。

滞纳金自关税缴纳期限届满滞纳之日起，至纳税人缴纳关税之日止，按滞纳税款万分之五的比例按日征收，周末或法定节假日不予扣除。其计算公式为：

$$关税滞纳金金额 = 滞纳关税税额 \times 滞纳金征收比率 \times 滞纳天数$$

②强制征收。

纳税人自海关填发缴款书之日起3个月仍未缴纳税款的，经海关关长批准，海关可以采取强制扣缴和变价抵扣等强制措施。强制扣缴是指海关从纳税人的开户银行或者其他金融机构的存款中扣缴税款。变价抵扣是指海关将应税货物依法变卖，以变卖所得价款抵缴应纳税款。

（2）关税退还。

关税的退还是关税纳税人缴纳税款后，因某种原因的出现、海关将实际征收多于应当征收的税款（即溢征关税）退还给原纳税人的一种行政行为。根据《海关法》的规定，对于海关多征的税款，海关发现后应当立即退还。

有下列情形之一的，纳税人可以自缴纳税款之日起1年内，书面声明理由，连同原纳税收据向海关申请退还税款并加算银行同期活期存款利息，逾期不予受理：

①因海关误征，多纳税款的。

②海关核准免验进口的货物，在完税后发现有短缺情况，经海关审查认可的。

③已征出口关税的货物，因故未装运出口，申报退关、经海关查明属实的。

对已征出口关税的出口货物和已征进口关税的进口货物。因货物品种或规格原因（非其他原因）原状复运进境或出境的，经海关查验属实的。也应退还已征税款，海关应当在受理退税申请之日起30日内作出书面答复并通知退税申请人。

（3）关税的补征和追征。

关税的补征和追征是海关在纳税人按海关规定缴纳关税后，发现实际征收税额少于应当征收的税额（即短征关税）时，责令纳税人补缴所差税款的一种行政行为。关税的补征是非因纳税人违反海关规定造成的少征关税。关税的追征是由于纳税人违反海关规定造成的少征关税。根据《海关法》的规定，进出境货物或物品放行后，海关发现少征或漏征税款，应当自缴纳税款或者货物、物品放行之日起1年内，向纳税人补征。因纳税人违反规定而造成的少征或者漏征的税款，自纳税人应缴纳税款之日起3年内可以追征，并从缴纳税款之日起按日加收少征或者漏征税款万分之五的滞纳金。

项目小结

本项目主要介绍了增值税会计核算、消费税会计核算和关税会计核算。通过学习，可以熟悉我国流转税的基本法律规定，了解流转税的征收范围和税率，能够正确计算增值税、消费税和关税的应纳税额，掌握增值税、消费税和关税的会计核算。本项目涉及的内容多，会计核算比较复杂，应该在理解的基础上，边学边做，重点掌握。

思考与练习

一、单项选择题

1. 根据消费税法律制度规定，下列各项中不属于消费税征税范围的是（　　）。
   A. 葡萄酒　　　B. 果木酒
   C. 药酒　　　　D. 调味料

2. 根据消费税法律制度的规定，下列各项中应征收消费税的是（　　）。
   A. 超市零售白酒
   B. 汽车厂销售自产电动汽车
   C. 地板厂销售自产实木地板
   D. 百货公司零售高档化妆品

3. 根据现行消费税法律制度的规定，纳税人对外购下列已税消费品用于连续生产应税消费品的，其已缴纳的消费税税款不能从应纳的消费税税额中抵扣的是（　　）。
   A. 外购已税烟丝生产的卷烟
   B. 用外购的已税珠宝、玉石原料生产的改在零售环节征收消费税的金银首饰（镶嵌首饰）
   C. 外购已税高档化妆品原料生产的高档化妆品
   D. 外购已税汽油、柴油为原料生产的汽油、柴油

4. 根据关税法律制度的规定，原产地不明的进口货物适用的关税税率是（　　）。
   A. 协定税率　　　B. 最惠国税率
   C. 特惠税率　　　D. 普通税率

5. 某进出口公司进口一批设备，经海关审定的成交价格折合人民币（下同）为200万元。另外，向境外采购代理人支付的买方佣金5万元，货物运抵我国境内输入地点起卸前的运输费8万元、保险费2万元。根据关税法律制度的规定，下列计算正确的是（　　）。
   A. 该批设备关税完税价格=200+5+8+2=215（万元）
   B. 该批设备关税完税价格=200+5+8=213（万元）
   C. 该批设备关税完税价格=200+8+2=210（万元）
   D. 该批设备关税完税价格为200万元

二、多项选择题

1. 根据增值税法律制度的规定，下列各项中，应视同销售货物缴纳增值税的有（　　）。
   A. 将购进货物分配给股东
   B. 将购进货物用于集体福利
   C. 将购进货物无偿赠送给其他单位
   D. 将购进货物投资给其他单位

2. 根据增值税法律制度的规定，下列行为中，属于视同销售服务或无形资产的有（　　）。
   A. 单位向客户无偿转让专利技术使用权
   B. 单位向客户无偿提供运输服务
   C. 单位向本单位员工无偿提供搬家服务
   D. 单位向本单位员工无偿提供房屋装饰服务

3. 根据增值税法律制度的规定，某生产企业（增值税一般纳税人）的下列进项税额，不得从销项税额中抵扣的有（　　）。
   A. 购买涂料装修会议室发生的进项税额
   B. 购买用于生产应税货物的设备所发生的进项税额
   C. 购买原材料用于生产免税产品所发生的进项税额
   D. 购买原材料因管理不善被盗所发生的进项税额

4. 根据消费税法律制度的规定，下列各项中，应按照"高档化妆品"税目计缴消费税的有（　　）。
   A. 高档护肤类化妆品　　B. 成套化妆品
   C. 高档修饰类化妆品　　D. 高档美容类化妆品

5. 下列产品中,在计算缴纳消费税时准许扣除外购应税消费品已纳消费税的有( )。

A. 外购已税烟丝生产的卷烟
B. 外购已税实木素板涂漆生产的实木地板
C. 外购已税白酒加香生产的白酒
D. 外购已税手表镶嵌钻石生产的手表

三、判断题

1. 用自产的应税消费品,连续生产应税消费品,在计征消费税时,可以按当期生产领用数量计算准予扣除的应税消费品已纳消费税税款。( )

2. 购进中轻型商用客车整车改装生产的汽车,不征收消费税。( )

3. 消费税是对我国境内从事生产、委托加工和进口应税消费品的单位和个人,就其销售额或销售数量征收的一种税。( )

4. 我国进口关税一律采用比例税率。( )

5. 关税配额是指关税的税率随着进口商品价格的变动而反方向变动的一种税率形式。( )

四、简答题

1. 简述增值税、消费税和关税的概念。
2. 根据消费税法规规定,消费税的征税范围包括哪些?
3. 简述关税的税目。

项目 3 所得税的核算

知识目标

◎ 理解企业所得税的特点、征收对象、纳税义务人和税率；

◎ 掌握个人所得税的特点、征收对象、纳税义务人和税率；

◎ 理解土地增值税的概念及征税范围。

技能目标

◎ 掌握企业所得税应纳税额的计算；

◎ 掌握个人所得税应纳税额的计算；

◎ 掌握土地增值税的计算及会计核算。

案例导入

东海服装有限责任公司 2021 年取得主营业务收入 4 500 万元，其他业务收入 400 万元，营业外收入 80 万元。当年营业成本 3 500 万元，税金及附加 38 万元，其他业务成本 340 万元，财务费用 50 万元，管理费用 300 万元，销售费用 560 万元，营业外支出 68 万元，会计利润为 124 万元。通过审查公司账目，得到如下信息：

（1）支付工资总额 1 125 万元，税务机关认定该企业支付工资属于合理的工资薪金支出，可以全额在税前扣除。

（2）向工会组织拨付了 22.5 万元的职工公务经费，实际支出了 120 万元职工福利费，发生了 35 万元职工教育经费。

（3）支付财产保险费和运输保险费共计 32 万元。

（4）"财务费用"由三部分构成：以年利率 6% 向银行贷款 500 万元（其中 200 万元作为注册资本注入），利息支出 30 万元；汇兑损失 10 万元；支付开户银行结算手续费等 10 万元。

（5）管理费用中支付业务招待费 50 万元。

（6）销售费用中列支广告费和业务宣传费 300 万元。

（7）营业外支出中，通过民政部门向灾区捐款 14 万元；直接向某贫困小学捐赠 5 万元；由于消防设施不合格，被处以罚款 3 万元。

案例思考

根据以上资料，请分析：东海服装有限责任公司应税所得额是多少？

本章导语

企业所得税是规范和处理国家与企业分配关系的重要形式，在我国现行税制中，企业所得税是仅次于增值税的第二大税种。个人所得税是我国税收中的重要税种，在缩小贫富差距方面发挥着"调节器"的作用。土地增值税是地税部门重要的税源，在收入结构中占有重要地位。

任务 3.1　企业所得税的核算

3.1.1　企业所得税概述

1. 企业所得税的概念

企业所得税是指国家对境内企业生产、经营所得和其他所得依法征收的一种税，是国家参与企业利润分配，调节企业盈利水平的一个重要税种。它是规范和处理国家与企业分配关系的重要形式。企业所得税体现了多得多交的原则，即所得多的多纳税，所得少的少纳税，无所得者不纳税。

企业所得税是对我国境内企业和其他取得收入的组织的生产经营所得和其他所得征收的一种税。企业所得税有以下作用：促进企业改善经营管理活动，提升企业的盈利能力；调节产业结构，促进经济发展；为国家建设筹集财政资金。

2. 企业所得税的特点

（1）计税依据为应纳税所得额。

企业所得税的计税依据，是纳税人的收入总额扣除各项成本、费用、税金、损失等支出后的净所得额，数量上它不等于企业实现的会计利润。

（2）应纳税所得额的计算复杂。

企业所得税以净所得为计税依据。因此，应纳税所得额的计算需涉及一定时期的成本、费用的归集与分摊。由于政府往往将所得税作为调节国民收入分配、执行经济政策和社会政策的重要工具，为实现对纳税人的不同所得区别对待，需要通过不予计列项目，将某些收入所得排除在应税所得之外，故应纳税所得额的计算程序较为复杂。

（3）征税以量能负担为原则。

企业所得税以纳税人的生产、经营所得和其他所得为计税依据，贯彻了"量能负担"原则，即所得多，负担能力大，多纳税；所得少，负担能力小，少纳税；无所得，没有负担能力，不纳税。这种将所得税负担和纳税人所得多少联系起来征税的办法，便于体现税收公平的基本原则。

（4）实行按年计征、分期预缴的征收管理办法。

利润作为综合反映企业经营业绩的重要指标，通常是按年度计算、衡量的。所以企业所得税也以全年应纳税所得额为计税依据，分月或分季预缴，年终汇算清缴，与会计年度及核算期限一致，有利于税收的征收管理和企业核算期限的一致性。

3. 企业所得税的征税对象

企业所得税的征税对象，包括生产经营所得、其他所得和清算所得。

（1）居民企业的征税对象。

居民企业应当就其来源于中国境内、境外的所得缴纳企业所得税。各项所得包括销售货物所得、提供劳务所得、转让财产所得、股息红利等权益性投资所得、利息所得、租金所得、特许权使用费所得、接受捐赠所得和其他所得。

（2）非居民企业的征税对象。

非居民企业在中国境内设立机构、场所的，应当就其所设机构、场所取得的来源于中国境内的所得，以及发生在中国境外但与其所设机构、场所有实际联系的所得，缴纳企业所得税。

非居民企业在中国境内未设立机构、场所的，或者虽设立机构、场所但取得的所得与其所设机构、场所没有实际联系的，应当就其来源于中国境内的所得缴纳企业所得税。

上述所称的"实际联系"，是指非居民企业在中国境内设立的机构、场所拥有据以取得所得的股权、债权，以及拥有、管理、控制据以取得所得的财产等。

（3）来源于中国境内、境外所得的确定原则。

来源于中国境内、境外的所得，按照以下原则确定：

①销售货物所得，按照交易活动发生地确定。

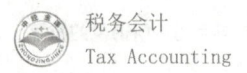

②提供劳务所得，按照劳务发生地确定。

③转让财产所得，不动产转让所得按照不动产所在地确定，动产转让所得按照转让动产的企业或者机构、场所所在地确定，权益性投资资产转让所得按照被投资企业所在地确定。

④股息、红利等权益性投资所得，按照分配所得的企业所在地确定。

⑤利息所得、租金所得、特许权使用费所得，按照负担、支付所得的企业或者机构、场所所在地确定，或者按照负担、支付所得的个人的住所地确定。

⑥其他所得，由国务院财政、税务主管部门确定。

4.纳税义务人

企业所得税的纳税义务人是指在中华人民共和国境内的企业和其他取得收入的组织。《中华人民共和国企业所得税法》第一条规定，除个人独资企业、合伙企业不适用企业所得税法外，凡在我国境内，企业和其他取得收入的组织（以下统称企业）为企业所得税的纳税人，按照本法规定缴纳企业所得税。

企业所得税的纳税人分为居民企业和非居民企业，这是根据企业纳税义务范围的宽窄进行分类的方法，不同企业在缴纳所得税时，纳税义务不同。把企业分为居民企业和非居民企业，是为了更好地保障我国税收管辖权的有效行使。税收管辖权是一国政府在征税方面的主权，是国家主权的重要组成部分。根据国际通行做法，我国选择了地域管辖权和居民管辖权的双重管辖权标准，最大限度地维护了我国的税收利益。

（1）居民企业。

居民企业是指依法在中国境内成立，或者依照外国（地区）法律成立但实际管理机构在中国境内的企业。这里的企业包括国有企业、集体企业、私营企业、联营企业、股份制企业、外商投资企业、外国企业，以及有生产、经营所得和其他所得的其他组织。其中，有生产、经营所得和其他所得的其他组织，是指经国家有关部门批准，依法注册、登记的事业单位、社会团体等组织。由于我国的一些社会团体组织、事业单位在完成国家事业计划的过程中，开展多种经营和有偿服务活动，取得除财政部门各项拨款、财政部和国家价格主管部门批准的各项规费收入以外的经营收入，具有经营特点，应当视同企业纳入征税范围。其中，实际管理机构是指对企业的生产经营、人员、账务、财产等实施实质性全面管理和控制的机构。

（2）非居民企业。

非居民企业是指依照外国（地区）法律成立且实际管理机构不在中国境内，但在中国境内设立机构、场所的，或者在中国境内未设立机构、场所，但有来源于中国境内所得的企业。

上述所称机构、场所是指在中国境内从事生产经营活动的机构、场所，包括：

①管理机构、营业机构、办事机构。

②工厂、农场、开采自然资源的场所。

③提供劳务的场所。

④从事建筑、安装、装配、修理、勘探等工程作业的场所。

⑤其他从事生产经营活动的机构、场所。

非居民企业委托营业代理人在中国境内从事生产经营活动的，包括委托单位或者个人经常代其签订合同，或者储存、交付货物等，该营业代理人视为非居民企业在中国境内设立的机构、场所。

5.税率

企业所得税税率是体现国家与企业分配关系的核心要素。税率设计的原则是兼顾国家、企业、个人三者利益，既要保证财政收入的稳定增长，又要保证企业发展生产、经营的财力。既要考虑企业的实际情况和负担能力，又要维护税率的统一性。

企业所得税实行比例税率。比例税率简便易行，透明度高，不会因征税而改变企业间收入分配比例，有利于促进效率的提高。现行规定是：

（1）基本税率为25%。适用于居民企业和在中国境内设有机构、场所且所得与机构、场所有关联的非居民企业。

（2）低税率为20%。适用于在中国境内未设立机构、场所的，或者虽设立机构、场所但取得的所得与其所设机构、场所没有实际联系的非居民企业。但实际征税时适用10%的税率。

现行企业所得税基本税率设定为25%，相对世界各国而言还是偏低的。据有关资料介绍，全世界近160个实行企业所得税的国家（地区）平均税率为28.6%，我国周边18个国家（地区）的平均税率为26.7%。现行税率的确定，既考虑了我国财政承受能力，又考虑了企业负担水平。

3.1.2 企业所得税应纳税额的计算

1. 各项收入的范围

（1）收入总额的范围。

企业的收入总额包括以货币形式和非货币形式从各种来源取得的收入，具体有销售货物收入、提供劳务收入、转让财产收入、股息、红利等权益性投资收益，以及利息收入、租金收入、特许权使用费收入、接受捐赠收入、其他收入。

企业取得收入的货币形式，包括现金、存款、应收账款、应收票据、准备持有至到期的债券投资以及债务的豁免等；纳税人以非货币形式取得的收入，包括固定资产、生物资产、无形资产、股权投资、存货、不准备持有至到期的债券投资、劳务以及有关权益等，这些非货币资产取得的收入应当按照公允价值确定，公允价值是指按照市场价格确定的价值。收入的具体构成为：

①一般收入的确认。

Ⅰ. 销售货物收入，是指企业销售商品、产品、原材料、包装物、低值易耗品以及其他存货取得的收入。

Ⅱ. 劳务收入，是指企业从事建筑安装、修理修配、交通运输、仓储租赁、金融保险、邮电通信、咨询经纪、文化体育、科学研究、技术服务、教育培训、餐饮住宿、中介代理、卫生保健、社区服务、旅游、娱乐、加工以及其他劳务服务活动取得的收入。

Ⅲ. 财产转让收入，是指企业转让固定资产、生物资产、无形资产、股权、债权等财产取得的收入。

Ⅳ. 股息、红利等权益性投资收益，是指企业因权益性投资从被投资方取得的收入。股息、红利等权益性投资收益，除国务院财政、税务主管部门另有规定外，按照被投资方做出利润分配决定的日期确认。

Ⅴ. 利息收入，是指企业将资金提供给他人使用但不构成权益性投资，或者因他人占用企业资金取得的收入，包括存款利息、贷款利息、债券利息、欠款利息等收入。利息收入，按照合同约定的债务人应付利息的日期确认。

Ⅵ. 租金收入，是指企业提供固定资产、包装物或者及其他有形财产人使用权取得的收入。租金收入，按照合同约定的承租人应付租金的日期确认。

Ⅶ. 特许权使用费收入，是指企业提供专利权、非专利技术、商标权、著作权以及其他特许权的使用权而取得的收入。特许权使用费收入，按照合同约定的特许权使用人应付特许权使用费的日期确认。

Ⅷ. 接受捐赠收入，是指企业接受的来自其他企业、组织或者个人无偿给予的货币性资产、非货币性资产。接受捐赠收入，按照实际收到的捐赠资产的日期确认。

Ⅸ. 其他收入，是指企业取得的除以上收入外的其他收入，包括企业资产溢余收入、逾期未退包装物押金收入、确实无法偿付的应付款项、已做坏账损失处理后又收回的应收款项、债务重组收入、补贴收入、违约金收入、汇兑收益等。

【情景3-1】北京市惠达股份有限公司以库存商品与力美公司原材料进行交换。惠达公司库存商品的账面余额为1 000 000元，公允价值和计税价格均为1 200 000元。力美公司原材料的账面余额为 1 000 000 元，公允价值和计税价格均为 1 200 000 元。惠达公司换入的原材料和力美公司换入的库存商品均作为存货核算。双方均开具了增值税专用发票。假定两家公司均为增值税一般纳税人，适用的增值税税率均为 13%。请对惠达公司上述行为的涉税业务进行会计处理。

换入原材料的入账价值 = 1 200 000 元

借：原材料　　　　　　　　1 200 000
　　应交税费——应交增值税
　　　　（进项税额）　　　　156 000
　贷：主营业务收入　　　　　1 200 000
　　　应交税费——应交增值税
　　　　（销项税额）156 000

借：主营业务成本　　　　　　1 000 000
　贷：库存商品　　　　　　　1 000 000

②特殊收入的确认。

Ⅰ. 以分期收款方式销售货物的，按照合同约定的收款日期确认收入的实现。

Ⅱ. 企业受托加工制造大型机械设备、船舶、飞机，以及从事建筑、安装、装配工程业务或者提供其他劳务等，持续时间超过 12 个月的，按照纳税年度内完工进度或者完成的工作量确认收入的实现。

Ⅲ. 采取产品分成方式取得收入的，按照企业分得产品的日期确认收入的实现，其收入额按照产品的公允价值确定。

Ⅳ. 企业发生非货币性资产交换，以及将货物、财产、劳务用于捐赠、偿债、赞助、集资、广告、样品、职工福利或者利润分配等用途的，应当视同销售货物、转让财产或者提供劳务，但国务院财政、税务主管部门另有规定的除外。

③相关收入实现的确认。

除前述收入的规定外，企业销售收入的确认，必须遵循权责发生制原则和实质重于形式原则。

Ⅰ. 企业销售商品同时满足下列条件的，应确认收入的实现：

A. 商品销售合同已经签订，企业已将商品所有权相关的主要风险和报酬转移给购货方；

B. 企业对已售出的商品既没有保留通常与所有权相联系的继续管理权，也没有实施有效控制；

C. 收入的金额能够可靠地计量；

D. 已发生或将发生的成本能够可靠计量。

Ⅱ. 符合上款收入确认条件，采取下列商品销售方式的，应按以下规定确认收入的实现时间：

A. 销售商品采用托收承付方式的，在办妥托收手续时确认收入；

B. 销售商品采取预收款方式的，在发出商品时确认收入；

C. 销售商品需要安装和检验的，在购买方接受商品以及安装和检验完毕时确认收入。如果安装程序比较简单，可在发出商品时确认收入；

D. 销售商品采用支付手续费方式委托代销的，在收到代销清单时确认收入。

Ⅲ. 采用售后回购方式销售商品的，销售的商品按售价确认收入，回购的商品作为购进商品处理。有证据表明不符合销售收入确认条件的，如以销售商品的方式进行融资，收到的款项应确认为负债，回购价格大于原售价的，有关差额应在回购期间确认为利息费用。

Ⅳ. 以旧换新方式销售商品的，销售商品应当按照商品销售收入确认条件确认收入，回收的商品作为购进商品处理。

Ⅴ. 企业为促进商品销售而在商品价格上给予的价格扣除属于商业折扣，商品销售涉及商业折扣的，应当按照扣除商业折扣后的金额确定商品销售收入金额。

债权人为鼓励债务人在规定的期限内付款而向债务人提供的债务扣除属于现金折扣，销售商品涉及现金折扣的，应当按扣除现金折扣前的金额确定销售商品收入金额，现金折扣在实际发生时作为财务费用扣除。

企业因售出商品的质量不合格等原因而在售价上给予的减让属于销售折让；企业因售出商品质量、品种不符合要求等原因而发生的退货属于销售退回。企业已经确认销售收入的售出商品发生销售折让和销售退回的，应当在发生当期冲减当期商品销售收入。

Ⅵ. 企业以买一赠一等方式组合销售本企业商品的，不属于捐赠，应将总销售金额按各项商品公允价值的比例分摊确认各项销售收入。

(2) 免税收入的范围。

①国债利息收入。为鼓励企业积极购买国债，支援国家建设项目。税法规定，企业因购买国债所得的利息收入，免征企业所得税。

②符合条件的居民企业之间的股息、红利等权益性收益。即居民企业直接投资于其他居民企业取得的投资收益。

③在中国境内设立机构、场所的非居民企业从居民企业取得与该机构、场所有实际联系的股息、红利等权益性投资收益。该收益不包括连续持有居民企业公开发行并上市流通的股票不足12个月取得的投资收益。

④符合条件的非营利组织取得的收入。符合条件的非营利组织是指：

I. 依法履行非营利组织登记手续。

II. 从事公益性或者非营利性活动。

III. 取得的收入除用于与该组织有关的、合理的支出外，全部用于登记核定或者章程规定的公益性或者非营利性事业。

IV. 财产及其孳息不用于分配。

V. 按照登记核定或者章程规定，该组织注销后的剩余财产用于公益性或者非营利性目的，或者由登记管理机关转赠予与该组织性质、宗旨相同的组织，并向社会公告。

VI. 投入人对投入该组织的财产不保留或者享有任何财产权利。

VII. 工作人员工资福利开支控制在规定的比例内，不变相分配该组织的财产。

VIII. 国务院财政、税务主管部门规定的其他条件。

《企业所得税法》第二十六条第4项所称符合条件的非营利组织取得的收入，不包括非营利组织从事营利性活动取得的收入，但国务院财政、税务主管部门另有规定的除外。

(3) 不征税收入的范围。

①财政拨款。即各级人民政府向纳入预算管理的事业单位、社会团体等组织拨付的财政资金，但国务院和国务院财政、税务主管部门另有规定的除外。

②依法收取并纳入财政管理的行政事业性收费、政府性基金。即依照法律法规等有关规定，按照国务院规定程序批准，在实施社会公共管理，以及在向公民、法人或者其他组织提供特定公共服务的过程中，向特定对象收取并纳入财政管理的费用。政府性基金，是指企业依照法律、行政法规等有关规定，代政府收取的具有专项用途的财政资金。具体规定如下：

I. 企业按照规定缴纳的，由国务院或财政部批准设立的政府性基金以及由国务院和省、自治区、直辖市人民政府及其财政、价格主管部门批准设立的行政事业性收费，准予在计算应纳税所得额时扣除。

企业缴纳的不符合上述第①条审批管理权限设立的基金、收费，不得在计算应纳税所得额时扣除。

II. 企业收取的各种基金、收费，应计入企业当年收入总额。

III. 对企业依照法律、法规及国务院有关规定收取并上缴财政的政府性基金和行政事业性收费，准予作为不征税收入，于上缴财政的当年在计算应纳税所得额时从收入总额中减除；未上缴财政的部分，不得从收入总额中减除。

③国务院规定的其他不征税收入。即企业取得的，由国务院财政、税务主管部门规定专项用途并经国务院批准的财政性资金。

财政性资金，是指企业取得的来源于政府及其有关部门的财政补助、补贴、贷款贴息，以及其他各类财政专项资金，包括直接减免的增值税和即征即退、先征后退、先征后返的各种税收。但不包括企业按规定取得的出口退税款。

I. 企业取得的各类财政性资金，除属于国家投资和资金使用后要求归还本金的以外，均应计入企业当年收入总额。国家投资是指国家以投资者身份投入企业，并按有关规定相应增加企业实收资本（股本）的直接投资。

II. 对企业取得的由国务院财政、税务主管部门规定专项用途并经国务院批准的财政性资金，准予作为不征税收入，在计算应纳税所得额时应从收入总额中减除。

III. 纳入预算管理的事业单位、社会团体等组织按照核定的预算和经费报领关系收到的由财政部门或上级单位拨入的财政补助收入，准予作为不征税收入，在计算应纳税所得额时应从收入总额中减除，但国务院和国务院财政、税务主管部门另有规定的除外。

2. 准予扣除项目

在计算应纳税所得额时，下列项目可按照实际发生额或规定的标准扣除。

（1）工资、薪金支出。

企业发生的合理的工资、薪金支出准予据实扣除。工资、薪金支出是企业每一纳税年度支付给本企业任职或与其有雇佣关系的员工的所有现金或非现金形式的劳动报酬，包括基本工资、奖金、津贴、补贴、年终加薪、加班工资，以及与任职或者是受雇有关的其他支出。

"合理工资、薪金"，是指企业按照股东大会、董事会、薪酬委员会或相关管理机构制定的工资薪金制度规定实际发放给员工的工资、薪金。税务机关在对工资、薪金进行合理性确认时，可按以下原则掌握：

①企业制定了较为规范的员工工资、薪金制度。

②企业所制定的工资、薪金制度符合行业及地区水平。

③企业在一定时期所发放的工资、薪金是相对固定的，工资、薪金的调整是有序进行的。

④企业对实际发放的工资、薪金，已依法履行了代扣代缴个人所得税义务。

⑤有关工资、薪金的安排，不以减少或逃避税款为目的。

（2）职工福利费、工会经费、职工教育经费。

企业发生的职工福利费、工会经费、职工教育经费按标准扣除，未超过标准的按实际数扣除，超过标准的只能按标准扣除。

①企业发生的职工福利费支出，不超过工资、薪金总额14%的部分准予扣除。

企业职工福利费，包括以下内容：

Ⅰ. 尚未实行分离办社会职能的企业，其内设福利部门所发生的设备、设施和人员费用，包括职工食堂、职工浴室、理发室、医务所、托儿所、疗养院等集体福利部门的设备、设施及维修保养费用和福利部门工作人员的工资、薪金、社会保险费、住房公积金、劳务费等。

Ⅱ. 为职工卫生保健、生活、住房、交通等所发放的各项补贴和非货币性福利，包括企业向职工发放的因公外地就医费用、未实行医疗统筹企业职工医疗费用、职工供养直系亲属医疗补贴、供暖费补贴、职工防暑降温费、职工困难补贴、救济费、职工食堂经费补贴、职工交通补贴等。

Ⅲ. 按照其他规定发生的其他职工福利费，包括丧葬补助费、抚恤费、安家费、探亲路费等。

> **注意**
>
> 企业发生的职工福利费，应该单独设置账册，进行准确核算。没有单独设置账册准确核算的，税务机关应责令企业在规定的期限内进行改正。逾期仍未改正的，税务机关可对企业发生的职工福利费进行合理核定。

②企业拨缴的工会经费，不超过工资、薪金总额2%的部分，准予扣除。

③除国务院财政、税务主管部门另有规定外，企业发生的职工教育经费支出，不超过工资、薪金总额8%的部分，准予扣除；超过部分，准予结转以后纳税年度扣除。

上述计算职工福利费、工会经费、职工教育经费的"工资、薪金总额"，是指企业按照上述第①条规定实际发放的工资、薪金总和，不包括企业的职工福利费、职工教育经费、工会经费以及养老保险费、医疗保险费、失业保险费、工伤保险费、生育保险费等社会保险费和住房公积金。属于国有性质的企业，其工资、薪金，不得超过政府有关部门给予的限定数额；超过部分，不得计入企业工资、薪金总额，也不得在计算企业应纳税所得额时扣除。

【情景3-2】2021年末，北京市惠达股份有限公司实际发放工资薪金2 000 000元，发生的福利费支出300 000元，职工教育经费180 000元，工会会费30 000元，发生时分别计入成本费用中。

该企业职工福利费、职工教育经费和工会经费该如何进行纳税调整？

按照企业所得税法规定，允许税前扣除的福利费是：2 000 000×14%=280 000（元）；职工教育经费是：2 000 000×8%=160 000（元）；工会经费是：2 000 000×2%=40 000（元）。实际支出大于规定限额的，按限额扣除；实际支出小于规定限额的，按实际支出扣除。

（3）社会保险费。

①企业依照国务院有关主管部门或者省级人民政府规定的范围和标准为职工缴纳的"五险一金"，即基本养老保险费、基本医疗保险费、失业保险费、工伤保险费、生育保险费等基本社会保险费和住房公积金，准予扣除。

②企业为投资者或者职工支付的补充养老保险费、补充医疗保险费，不超过职工工资总额5%以内的部分，准予扣除。企业依照国家有关规定为特殊工种职工支付的人身安全保险费和符合国务院财政、税务主管部门规定可以扣除的商业保险费准予扣除。

③企业参加财产保险，按照规定缴纳的保险费，准予扣除。企业为投资者或者职工支付的商业保险费，不得扣除。

（4）利息费用。

企业在生产、经营活动中发生的利息费用，按下列规定扣除：

①非金融企业向金融企业借款的利息支出、金融企业的各项存款利息支出和同业拆借利息支出、企业经批准发行债券的利息支出可据实扣除。

②非金融企业向非金融企业借款的利息支出，不超过按照金融企业同期同类贷款利率计算的数额的部分可据实扣除，超过部分不许扣除。

所谓金融机构，是指各类银行、保险公司及经中国人民银行批准从事金融业务的非银行金融机构。包括国家专业银行、区域性银行、股份制银行、外资银行、中外合资银行以及其他综合性银行；还包括全国性保险企业、区域性保险企业、股份制保险企业、中外合资保险企业以及其他专业性保险企业；城市、农村信用社（农商银行）、各类财务公司，以及其他从事信托投资、租赁等业务的专业和综合性非银行金融机构。非金融机构，是指除上述金融机构以外的所有企业、事业单位以及社会团体等企业或组织。

【情景3-3】北京市惠达股份有限公司2021年度的利润总额是1 200 000元，财务费用300 000元，其中向非金融机构借款2 000 000元，利率为8%，同期同类银行贷款利率为5%。该企业利息支出应如何进行纳税调整？

根据税法规定，税前可以扣除的利息支出是：2 000 000×5%=100 000（元），所以应调增应纳税所得额2 000 000×8%-100 000=60 000（元）

（5）借款费用。

①企业在生产经营活动中发生的合理的不需要资本化的借款费用，准予扣除。

②企业为购置、建造固定资产、无形资产和经过12个月以上的建造才能达到预定可销售状态的存货发生借款的，在有关资产购置、建造期间发生的合理的借款费用，应予以资本化，作为资本性支出计入有关资产的成本；有关资产交付使用后发生的借款利息，可在发生当期扣除。

③企业通过发行债券、取得贷款、吸收保户储金等方式融资而发生的合理的费用支出。符合资本化条件的，应计入相关资本成本；不符合资本化条件的，应作为财务费用，准予在企业所得税前据实扣除。

（6）汇兑损失。

企业在货币交易中，以及纳税年度终了时将人民币以外的货币性资产、负债按照期末即期人民币汇率中间价折算为人民币时产生的汇兑损失，除已经计入有关资产成本以及与向所有者进行利润分配相关的部分外，准予扣除。

（7）业务招待费。

企业发生的与其生产、经营业务有关的业务招待费支出，按照发生额的60%扣除，但最高不得超过当年销售（营业）收入的5‰。

【情景3-4】北京市惠达股份有限公司2021年账户资料显示当年实现的主营业务收入65 000 000元，其他业务收入2 500 000元；管理费用中列支业务招待费400 000元。惠达公司业务招待费支出该如何进行纳税调整？

企业所得税法规定：

业务招待费最高扣除额=(62 000 000+2 500 000)×5‰=322 500（元）

其实际发生额的60%=400 000×60%=240 000（元）

比较上述两个判断标准，2021年准予税前扣除的业务招待费为240 000元。因此，对实际发生额大于扣除限额的差额160 000元（400 000-240 000）应调增应纳税所得额。

(8) 广告费和业务宣传费。

企业发生的符合条件的广告费和业务宣传费支出，除国务院财政、税务主管部门另有规定外，不超过当年销售（营业）收入15%的部分，准予扣除；超过部分，准予结转以后纳税年度扣除。销售（营业）收入是指营业收入（包括主营业务收入、其他业务收入）和视同销售收入。

企业申报扣除的广告费支出应与赞助支出严格区分。企业申报扣除的广告费支出，必须符合下列条件：广告是通过工商部门批准的专门机构制作的；已实际支付费用，并已取得相应发票；通过一定的媒体传播。

【情景3-5】接【情景3-4】资料，惠达公司2021年账户资料显示销售费用中实际列支的广告费业务宣传费12 000 000元。那么，惠达公司的广告费和业务宣传费支出该如何进行纳税调整？

企业所得税法规定：

广告费和业务宣传费税前扣除限额=(65 000 000+2 500 000)×15%=10 125 000（元）

实际发生额为12 000 000元超过了税前扣除限额，其差额1 875 000元应调增应纳税所得额。

(9) 环境保护专项资金。

企业依照法律、行政法规有关规定提取的用于环境保护、生态恢复等方面的专项资金，准予扣除。但上述专项资金提取后改变用途的，不得扣除。

(10) 租赁费。

企业根据生产经营需要租入固定资产支付的租赁费，按照以下方法扣除：

①以经营租赁方式租入固定资产发生的租赁费支出，按照租赁期限均匀扣除。经营性租赁是指所有权不发生转移的租赁。

②以融资租赁方式租入固定资产发生的租赁费支出，按照规定构成融资租入固定资产价值的部分应当计提折旧，分期扣除。融资租赁是指在实质上转移与一项资产所有权有关的全部风险和报酬的一种租赁。

(11) 劳动保护费。

企业发生的合理的劳动保护支出，准予扣除。

(12) 公益性捐赠支出。

公益性捐赠，是指企业通过公益性社会团体或者县级以上人民政府及其部门，用于《中华人民共和国公益事业捐赠法》规定的公益事业的捐赠。

企业发生的公益性捐赠支出，不超过年度利润总额12%的部分，准予扣除。年度利润总额，是指企业依照国家统一会计制度的规定计算的年度会计利润。

【情景3-6】北京市惠达股份有限公司2021年度"营业外支出"账户记载的捐赠支出480 000元，其中，通过中国希望工程基金会向失学儿童捐赠250 000元；通过民政部门向贫困地区捐赠180 000元；向某中学直接捐赠50 000元。该年度公司实现利润总额3 000 000元。惠达公司捐赠支出该如何进行纳税调整？

企业所得税法规定，直接捐赠不得税前扣除，应调增应纳税所得额50 000元。

捐赠扣除限额=3 000 000×12%=360 000（元），小于实际公益性捐赠额430 000元，公益性捐赠超过限额70 000元应调增应纳税所得额。

(13) 有关资产的费用。

企业转让各类固定资产发生的费用，允许扣除。企业按规定计算的固定资产折旧费、无形资产和递延资产的摊销费，准予扣除。

(14) 总机构分摊的费用。

非居民企业在中国境内设立的机构、场所，就其中国境外总机构发生的与该机构、场所生产经营有关的费用，能够提供总机构出具的费用汇集范围、定额、分配依据和方法等证明文件，并合理分摊的，准予扣除。

(15) 资产损失。

企业当期发生的固定资产和流动资产盘亏、毁损净损失，由其提供清查盘存资料经主管税务机关审核后，准予扣除；企业因存货盘亏、毁损、报废等原因不得从销项税金中抵扣的进项税金，应视同企业财产损失，准予与存货损失一起在所得税前按规定扣除。

（16）依照有关法律、行政法规和国家有关税法规定准予扣除的其他项目。如会员费、合理的会议费、差旅费、违约金、诉讼费等。

3. 不得扣除的项目

在计算应纳税所得额时，下列支出不得扣除：

（1）向投资者支付的股息、红利等权益性收益款项。

（2）企业所得税税款。

（3）税收滞纳金，是指纳税人违反税收法规，被税务机关处以的滞纳金。

（4）罚金、罚款和被没收财物的损失，是指纳税人违反国家有关法律、法规规定，被有关部门处以的罚款，以及被司法机关处以的罚金和被没收财物。

（5）超过规定标准的捐赠支出。

（6）赞助支出，是指企业发生的与生产经营活动无关的各种非广告性质支出。

（7）未经核定的准备金支出，是指不符合国务院财政、税务主管部门规定的各项资产减值准备、风险准备等准备金支出。

（8）企业之间支付的管理费、企业内部营业机构之间支付的租金和特许权使用费，以及非银行企业内部营业机构之间支付的利息，不得扣除。

（9）与取得收入无关的其他支出。

4. 应纳税所得额的其他规定

（1）相关资产的税务处理。

①固定资产折旧的税务处理。

固定资产，是指企业为生产产品、提供劳务、出租或者经营管理而持有的、使用时间超过12个月的非货币性资产，包括房屋、建筑物、机器、机械、运输工具以及其他与生产经营活动有关的设备、器具、工具等。

Ⅰ. 固定资产计税基础。外购的固定资产，以购买价款和支付的相关税费以及直接归属于使该资产达到预定用途发生的其他直接支出为计税基础。

A. 外购的固定资产，以购买价款和支付的相关税费以及直接归属于使该资产达到预定用途发生的其他直接支出为计税基础。

B. 自行建造的固定资产，以竣工结算前发生的支出为计税基础。

C. 融资租入的固定资产，以租赁合同约定的付款总额和承租人在签订租赁合同过程中发生的相关费用为计税基础，以租赁合同约定付款总额的，以该资产的公允价值和承租人在签订租赁合同过程中发生的相关费用为计税基础。

D. 盘盈的固定资产，以同类固定资产的重置完全价值为计税基础。

E. 通过捐赠、投资、非货币性资产交换、债务重组等方式取得的固定资产，以该资产的公允价值和支付的相关税费为计税基础。

F. 改建的固定资产，除已足额提取折旧的固定资产和租入的固定资产以外的其他固定资产，以改建过程中发生的改建支出为计税基础。

Ⅱ. 固定资产折旧的范围。在计算应纳税所得额时，企业按照规定计算的固定资产折旧，准予扣除。下列固定资产不得计算折旧扣除：

A. 房屋、建筑物以外未投入使用的固定资产。

B. 以经营租赁方式租入的固定资产。

C. 以融资租赁方式租出的固定资产。

D. 已足额提取折旧仍继续使用的固定资产。

E. 与经营活动无关的固定资产。

F. 单独估价作为固定资产入账的土地。

G. 其他不得计算折旧扣除的固定资产。

Ⅲ. 固定资产折旧的计提方法。

A. 企业应当自固定资产投入使用月份的次月起计算折旧；停止使用的固定资产，应当自停止使用月份的次月起停止计算折旧。

B. 企业应当根据固定资产的性质和使用情况，合理确定固定资产的预计净残值。固定资产的预计净残值一经确定，不得变更。

C. 固定资产按照直线法计算的折旧，准予扣除。

Ⅳ. 固定资产折旧的计提年限。除国务院财政、税务主管部门另有规定外，固定资产计算折旧的最低年限如下：

A. 房屋、建筑物，为20年。

B. 飞机、火车、轮船、机器、机械和其他生产设备，为10年。

C. 与生产经营活动有关的器具、工具、家具等，为5年。

D. 飞机、火车、轮船以外的运输工具，为4年。

E. 电子设备，为3年。

从事开采石油、天然气等矿产资源的企业，在开始商业性生产前发生的费用和有关固定资产的折耗、折旧方法，由国务院财政、税务主管部门另行规定。

Ⅴ. 固定资产折旧的处理。

A. 企业固定资产会计折旧年限如果短于税法规定的最低折旧年限，其按会计折旧年限计提的折旧高于按税法规定的最低折旧年限计提的折旧部分，应调增当期应纳税所得额；企业固定资产会计折旧年限已期满且会计折旧已提足，但税法规定的最低折旧年限尚未到期且税收折旧尚未足额扣除，其未足额扣除的部分准予在剩余税收折旧年限内按规定继续扣除。

B. 企业固定资产会计折旧年限如果长于税法规定的最低折旧年限的，其折旧应按会计折旧年限计算扣除，税法另有规定的除外。

C. 企业按会计规定提取的固定资产减值准备，不得税前扣除，其折旧仍按税法确定的固定资产计税基础计算扣除。

D. 企业按税法规定实行加速折旧的，其按加速折旧办法计算的折旧额可在税前全额扣除。

E. 石油天然气开采企业在计提油气资产折耗（折旧）时，由于会计与税法规定计算方法不同导致的折耗（折旧）差异，应按税法的规定进行纳税调整。

Ⅵ. 固定资产改扩建的税务处理。自2011年7月1日起，企业对房屋、建筑物固定资产未足额计入重置后的固定资产计税成本，需要在该固定资产投入使用后的次月起，按照税法规定的折旧年限，一并计提折旧；如属于提升功能、增加面积的，该固定资产的改扩建支出，并入该固定资产计税基础，并从改扩建完工投入使用后的次月起，按税法规定的该固定资产折旧年限重新计提折旧，如该改扩建后固定资产的尚可使用年限低于税法规定的最低年限的，可按尚可使用年限计提折旧。

② 无形资产累计摊销的税务处理。

无形资产，是指企业长期使用，但没有实物形态的资产，包括专利权、商标权、著作权、土地使用权、非专利技术、商誉等。

Ⅰ. 无形资产的计税基础。无形资产按以下方法确定计税基础。

A. 外购的无形资产，以购买价款和支付的相关税费以及直接归属于使该资产达到预定用途发生的其他支出为计税基础。

B. 自行开发的无形资产，以开发过程中该资产符合资本化条件后至达到预定用途前发生的支出为计税基础。

C. 通过捐赠、投资、非货币性资产交换、债务重组等方式取得的无形资产，以该资产的公允价值和支付的相关税费为计税基础。

Ⅱ. 无形资产摊销的范围。在计算应纳税所得额时，企业按规定计算的无形资产摊销费用，准予扣除。

下列无形资产不得计算摊销费用扣除：

A. 自行开发的支出已在计算应纳税所得额时扣除的无形资产。

B. 自创商誉。

C. 与经营活动无关的无形资产。

D. 其他不得计算摊销费用扣除的无形资产。

Ⅲ. 无形资产的摊销方法及年限。无形资产的摊销采取直线法计算，其摊销年限不得低于10年。作为投资或者受让的无形资产，有关法律规定或者合同约定了使用年限的，可以按规定或者约定的使用年限分期摊销。外购商誉支出，在企业整体转让或者清算时，准予扣除。

③ 长期待摊费用摊销的税务处理。

长期待摊费用，是指企业发生的应在1个年度以上或几个年度进行摊销的费用。在计算应纳税所得额时，企业发生的下列支出作为长期待摊费用，已按规定摊销的，准予扣除。

Ⅰ. 已足额提取折旧的固定资产的改建支出。

Ⅱ. 租入固定资产的改建支出。

Ⅲ. 固定资产的大修理支出。

Ⅳ. 其他应当作为长期待摊费用的支出。

企业的固定资产修理支出可在发生当期予以直接扣除。企业的固定资产改良支出，如果有关固定资产尚未提足折旧，可增加固定资产价值；如有关固定资产已提足折旧，可作为长期待摊费用，在规定期间内平均摊销。

固定资产的改建支出，是指改变房屋或者建筑物结构、延长使用年限等发生的支出。已足额提取折旧的固定资产的改建支出，按固定资产预计尚可使用年限分期摊销；租入固定资产的改建支出，按照约定的剩余租赁期限分期摊销；改建的固定资产延长使用年限的，除已足额提取折旧的固定资产、租入固定资产的改建支出外，其他的固定资产发生改建支出，应当适当延长折旧年限。

大修理支出，按固定资产尚可使用年限分期摊销。

《企业所得税法》所指固定资产的大修理支出，是指同时符合下列条件的支出：

A. 修理支出达到取得固定资产时计税基础的50%以上的。

B. 修理后固定资产的使用年限延长2年以上的。

其他应当作为长期待摊费用的支出，自支出发生月份的次月起，分期摊销，摊销年限不得低于3年。

(2) 境外投资所得已纳税款的扣除。

①基本政策。企业已在境外缴纳的所得税税额，可以从其当期应纳税额中抵免，抵免限额为该项所得依照本法规定计算的应纳税额；超过抵免限额的部分，可以在以后5个年度内，以每年度抵免当年应抵免税额后的余额进行抵补。可抵扣情况存在以下几种情形：

Ⅰ. 居民企业来源于中国境外的应税所得。

Ⅱ. 非居民企业在中国境内设立机构、场所，取得发生在中国境外但与该机构、场所没有实际联系的应税所得。

Ⅲ. 居民企业从直接或者间接控制的外国企业分得的来源于中国境外的股息、红利等权益性投资收益，外国企业在境外实际缴纳的所得税税额中属于该项所得负担的部分，可以作为该居民企业的可抵免所得税税额，在税法规定的抵免限额内抵免。

企业按照税法规定抵免企业所得税税额时，应当提供中国境外税务机关出具的税款所属年度的有关纳税凭证。

②抵免限额的计算。抵免限额，是指企业来源于中国境外的所得，依照企业所得税法和企业所得税实施条例规定计算的应纳税额。除国务院财政、税务主管部门另有规定外，该抵免限额应当分国（地区）不分项计算。计算公式为：

抵免限额 = 中国境内、境外所得依照企业所得税法和本条例的规定计算的应纳税总额 × 来源于某国（地区）的应纳税所得额 ÷ 中国境内、境外应纳税所得总额

Ⅰ. 公式中的应纳税所得额是税前利润，若从国外分回的是税后利润，需换算为税前利润，换算方法为：

所得额 = 分回利润 + 国外已纳税额

$$= \frac{分回利润}{1-某外国所得税税率}$$

Ⅱ. 公式中计算应纳税总额的税率均为25%，即抵免限额的计算是分国不分项，则：

抵免限额 = 来源于某国（地区）的应纳税所得额 × 25%

如果抵免限额小于实纳税额，扣除抵免限额；如果抵免限额大于实纳税额，则将国外的已纳税额全部扣除。

3.1.3　企业所得税的会计核算

1. 所得税会计的账户设置

根据新《企业会计准则第18号——所得税》准则第十条规定，企业对所得税进行会计处理时，应设置如下账户：

(1)"应交税费——应交所得税"账户：核算企业应交未交所得税；

(2)"所得税"账户：核算企业计入当期损益的所得税费用；

(3)"递延所得税负债"账户：核算企业递延所得税负债的发生及转回；

(4)"递延所得税资产"账户：核算企业递延所得税资产的发生及转回。

只要有证据表明当前或未来很可能获得足够的应纳税所得额，可用来抵扣可抵扣暂时性差异的，都应确认为递延所得税资产。

2. 所得税会计的处理方法

(1)所得税会计处理方法的种类。

①应付税款法。

应付税款法，是指本期税前会计利润与应纳税所得额之间的差异造成的纳税影响额直接计入当期损益，而不递延到以后各期的会计处理方法。

在应付税款法下，不需要确认税前会计利润与应纳税所得额之间的差异造成的纳税影响额，因此当期计入损益的所得税费用等于当期按应纳税所得额计算的应交所得税。

②资产负债表债务法。

资产负债表债务法是基于资产负债表中所列示的资产、负债账面价值和计税基础，分析税会差异，并就有关差异确定所得税影响的会计处理方法。

Ⅰ. 账面价值。

账面价值是指企业按照会计准则规定核算后列示在资产负债表中的金额。账面价值包括资产账面价值和负债账面价值。

资产账面价值 = 资产账面原值 - 累计折旧 - 累计摊销 - 减值准备

一般情形下，资产账面价值是未来计算会计利润时准予扣除的金额，表现为企业按照会计规定进行核算后列示在资产负债表左边的金额。

负债账面价值 = 负债账面原值 - 负债减除金额

表现为企业按照会计规定进行核算后列示在资产负债表右边的金额。

Ⅱ. 计税基础。

资产负债表债务法涉及的计税基础包括资产计税基础和负债计税基础。

A. 资产计税基础。

资产计税基础，指企业收回资产账面价值的过程中，就计缴企业所得税而言可从流入企业的所得利益中准予抵扣的金额，即未来不需要纳税的资产价值。

资产计税基础 = 资产的取得成本 - 以前期间按税法规定已税前扣除的金额 = 按税法规定在未来使用或处置资产时作为成本费用用于税前列支的金额

通常情况下，资产进入企业时，其账面价值与计税基础是相等的；但在后续各会计核算期间，因会计准则和会计制度规定与税法规定不同，才造成了账面价值与计税基础之间的差异。

B. 负债计税基础。

负债计税基础，是指负债的账面价值减去未来期间计算应纳税所得时按照税法规定准予抵扣的金额。用公式表示为：

负债计税基础 = 负债账面价值 - 该负债在未来期间税前可予抵扣的金额 = 负债账面价值中未来期间税前不允许抵扣的金额

③暂时性差异与永久性差异。

在某会计年度无须对以前年度亏损进行弥补的前提下：

应税所得 = 会计利润 + 调增应税所得 - 调减应税所得

会计利润 = 应税所得 - 调增应税所得 + 调减应税所得

上式中，当年调增、调减应税所得即为会计利润与应税所得的差异，其中：不允许在未来会计期间会计利润的基础上做反方向调整的差异为永久性差异；允许在未来会计期间会计利润的基础上做反方向调整的差异为暂时性差异。

暂时性差异分为应纳税暂时性差异和可抵扣暂时性差异。

在当年会计利润基础上调减应税所得，在未来（转回）变现实现年度在会计利润的基础上调增应税所得，故其属性为应纳税暂时性差异。

在当年会计利润基础上调增应税所得，待未来会计确认主营业务收入时的年度在会计利润的基础上调减应税所得，故其属性为可抵扣暂时性差异。

暂时性差异分类规律可总结如下：

凡在当年会计利润基础上调增应税所得，而在未来会计利润基础上调减应税所得的差异，为可抵扣暂时性差异；

凡在当年会计利润基础上调减应税所得，而在未来会计利润基础上调增应税所得的差异，为应纳税暂时性差异。

资产账面价值－资产计税基础＞0，→应纳税暂时性差异→递延所得税负债

资产账面价值－资产计税基础＜0，→可抵扣暂时性差异→递延所得税资产

负债账面价值－负债计税基础＞0，→可抵扣暂时性差异→递延所得税资产

负债账面价值－负债计税基础＜0，→应纳税暂时性差异→递延所得税负债

（2）资产负债表债务法。

①资产负债表债务法的概念。

资产负债表债务法是以资产负债表及其附注为依据，结合相关账簿资料，分析比较企业会计准则、会计制度确定的各项资产、负债的账面价值与按照税法确定的各项资产、负债的计税基础之间的差异，确认递延所得税资产、递延所得税负债，并确定利润表中的所得税费用。

②资产负债表债务法核算的一般程序。

采用资产负债表债务法进行所得税会计核算时，企业应于每一资产负债表日按下列程序进行所得税会计核算：

Ⅰ. 按照会计准则确定资产负债表中除递延所得税资产和递延所得税负债以外的其他资产或负债项目的账面价值。

Ⅱ. 以税法为依据确定资产负债表中有关资产项目与负债项目的计税基础。

Ⅲ. 比较资产、负债的账面价值与计税基础，对两者之间存在的暂时性差异，根据其性质确定应纳税暂时性差异与可抵扣暂时性差异。

Ⅳ. 以暂时性差异乘以适用所得税税率，确定资产负债表日递延所得税负债与递延所得税资产的应有金额，并和期初递延所得税负债与递延所得税资产的余额相比，确定当期递延所得税负债与递延所得税资产的发生额，作为利润表中的所得税费用的一个组成部分，即递延所得税费用。

Ⅴ. 按税法规定计算确定当期应纳税所得额，按应纳税所得额与适用所得税税率计算确定当期应交所得税，作为利润表中所得税费用的另一组成部分，即当期所得税费用。

Ⅵ. 计算确定利润表中的所得税费用。企业在计算确定了当期所得税费用和递延所得税费用后两者之和（或之差）就是利润表中的所得税费用。

3. 计税基础和暂时性差异

（1）资产的计税基础。

资产的计税基础是指企业在收回资产账面价值过程中，计算应纳税所得额时按税法规定可以从应税经济利益中抵扣的金额，即该项资产在未来期间计税时按税法规定可以税前扣除的金额。从税收的角度考虑，资产的计税基础是假定企业按照税法规定进行核算所提供的资产负债表中资产的应有金额，本质上是税收口径的资产价值标准。资产的计税基础。公式表示如下：

资产的计税基础＝未来可予税前扣除的金额

通常情况下，资产在取得时的入账价值与计税基础是相同的，后续计量过程中因企业会计准则与税法规定不同，可能造成计税基础与账面价值不同，常见的有以下资产项目：

①固定资产。

Ⅰ. 初始计量。以各种方式取得的固定资产初始计量时，按企业会计准则确定的入账价值税法基本上也同样认可。因此，固定资产初始确认时的账面价值一般等于其计税基础。

Ⅱ. 后续计量。固定资产后续计量时，根据企业会计准则规定，其账面价值为"成本－累计折旧（会计）－固定资产减值准备"；而根据税法规定，其计税基础为"成本——累计折旧（税法）"。因此，固定资产后续计量期间，折旧方法、折旧年限、减值准备等因素均有可能导致账面价值与计税基础存在差异。

企业会计准则规定，企业可根据消耗固定资产经济利益的方式合理选择折旧方法，可以按直线法计提折旧，也可以按双倍余额递减法、年数总和法等计提折旧，但其前提是有关方法能够反映固定资产为企业带来经济利益的实现方式。除某些可以加速计提折旧的情况外，税法规定的固定资产折旧方法是直线法。

固定资产持有期间内，在对固定资产计提了减值准备后，因所计提的减值准备不允许税前扣除，导致账面价值下降。但计税基础不会因资产减值准备的提取而发生变化，不会造成账面价值与计税基础的差异。

②无形资产。

在无形资产后续计量和内部研究开发形成无形资产的初始确认方面，其入账价值与税法规定的成本之间会存在一定差异。

Ⅰ.无形资产后续计量时，会计与税收差异主要产生于对无形资产是否需要摊销及无形资产减值准备的提取。企业会计准则规定，对于无形资产应根据其使用寿命情况，区分为使用寿命有限的无形资产与使用寿命不确定的无形资产。对于使用寿命不确定的无形资产，不要求摊销，在会计期末应进行减值测试。而税法规定，企业取得的无形资产成本应在一定期限内摊销，合同、法律未明确规定摊销期限的，应按不少于10年的期限摊销。因摊销规定不同，会造成无形资产账面价值与计税基础的差异；在对无形资产计提减值准备的情况下，因所计提的减值准备不允许税前扣除，也会造成其账面价值与计税基础的差异。

Ⅱ.对于内部研发形成的无形资产，企业会计准则规定，研发支出分为两个阶段，研究阶段的支出应当费用化计入当期损益，而开发阶段符合资本化条件后发生的支出应当资本化作为无形资产的成本；税法规定，企业发生的研究开发支出可税前加计扣除，即一般可按当期实际发生的研究开发支出的75%加计扣除，形成无形资产的按无形资产成本的175%摊销。两者造成了账面价值与计税基础的差异。

【情景3-7】北京市惠达股份有限公司2021年10月8日以1 200 000元购入一项无形资产，根据有关资料，该项无形资产的使用寿命无法合理估计，会计上视为使用寿命不确定的无形资产管理。2021年12月31日对该项无形资产进行减值测试表明未发生减值。计算该无形资产在2021资产负债表日的账面价值与计税基础。

会计上将该项无形资产作为使用寿命不确定的无形资产，且年末未发生减值。即在2019年资产负债表日的账面价值为1 200 000元。

根据税法规定，该项无形资产应按10年采用直线法进行摊销。因此，其2021年资产负债表日的计税基础为1 170 000元（1 200 000-1 200 000÷10÷12×3）。

2021年，该无形资产账面价值与计税基础的差额为30 000元。

③以公允价值计量且其变动计入当期损益的金融资产。

按照《企业会计准则第22号——金融工具确认和计量》的规定，对于以公允价值计量且变动计入当期损益的金融资产在某一会计期末的账面价值为该时点的公允价值；税法规定，按照企业会计准则确认的公允价值变动损益在计税时不予考虑，即有关金融资产在某一会计期末的计税基础仍为其取得成本。这就造成了该类金融资产的账面价值与计税基础之间的差异。

【情景3-8】2021年11月20日，北京市惠达股份有限公司以1 000 000元的价格从证券二级市场购入某公司股票，作为交易性计入资产核算。2021年12月31日，此项金融资产的市价为1 500 000元。计算2021年资产负债表日该交易性金融资产的账面价值与计税基础。

根据企业会计准则规定，交易性金融资产在持有期间的每个会计期末应以公允价值计量。因此，2021年12月31日该资产的账面价值为1 500 000元。

根据税法规定，交易性金融资产持有期间公允价值变动不计入应纳税所得额，待出售时一并计算应纳税所得额。因此，2021年12月31日该资产的计税基础应维持原取得成本不变，仍为1 000 000元。

2021年，该交易性金融资产的账面价值与计税基础的差额为 500 000 元。

④其他资产。

因企业会计准则规定与税法规定不同，企业持有的其他资产，也会造成账面价值与计税基础的差异。

Ⅰ. 投资性房地产。对于采用公允价值模式进行后续计量的投资性房地产，其期末账面价值为公允价值；而如果税法规定不认可该类资产在持有期间因公允价值变动产生的利得或损失，则其计税基础应以取得时支付的历史成本为基础计算确定，从而造成了账面价值与计税基础之间的差异。

Ⅱ. 其他计提了资产减值准备的各项资产。有关资产计提减值准备后，其账面价值会随之下降。税法规定，资产的减值准备在转化为实质性损失前，不允许税前扣除，即其计税基础不会因减值准备的提取而发生变化，从而造成了资产的账面价值与其计税基础之间的差异。

【情景3-9】 2021年12月31日，物美商场有一批存货，账面成本为10 000 000元，经测试可变现净值为8 000 000元。根据企业会计准则规定，当期末存货的可变现净值低于其账面成本时，可按其差额计提存货跌价准备2 000 000元。计算2021年资产负债表日该存货的账面价值和计税基础。

存货的账面价值为8 000 000元（账面成本10 000 000-存货跌价准备2 000 000）；据税法规定，计提的存货跌价准备不得税前扣除，只有发生实质性损失时才能确认，即其计税基础为10 000 000元。

（2）负债的计税基础。

负债的计税基础是指负债的账面价值减去未来期间计算应纳税所得额时按税法规定准予税前扣除的金额。负债的账面价值与计税基础的关系如下：

$$负债的计税基础 = 负债的账面价值 - 未来可予税前扣除的金额$$

一般情况下，负债的确认与偿还不会影响企业损益，也不会影响应纳税所得额，即未来期间计算应纳税所得额时按税法规定可予抵扣的金额为零，计税基础等于账面价值，如短期借款、应付账款等。但在某些情况下，负债的确认可能会影响企业的损益，进而影响不同期间的应纳税所得额，使得账面价值与计税基础产生差异，如企业因销售商品提供售后服务而确认的预计负债、预收账款等。

①企业因销售商品或提供售后服务等原因确认的预计负债。

按照《企业会计准则13号——或有事项》规定，企业应将预计提供售后服务发生的支出在销售当期确认为费用，同时确认预计负债。如果税法规定，有关的支出在实际发生时可予全部税前扣除，该事项产生的预计负债期末的计税基础为其账面价值与未来兑付时允许扣除的全部账面价值之间的差额，即计税基础为零。

因其他事项确认的预计负债，应按照税法规定的计税原则确定计税基础。某些情况下，因有些事项确认的预计负债，如果税法规定其支出无论是否实际发生均不允许税前扣除，即未来期间按照税法规定可予抵扣的金额为零，则其账面价值与计税基础相同。

【情景3-10】 北京市惠达股份有限公司2021年因销售产品承诺提供3年的保修服务，在当年度利润表中确认了1 000 000元的销售费用，同时确认为预计负债，当年度未发生任何保修支出。计算2021年12月31日此项负债的账面价值和计税基础。

按照会计准则规定，负债账面价值=1 000 000（元）

按照税法规定，与产品售后服务相关的费用在实际发生时允许税前扣除。

负债计税基础=1 000 000-1 000 000=0（元）

②预收账款。

企业在收到客户预付款项时，因不符合收入确认条件，会计上将其确认为负债。税法中对于收入的确认原则一般与会计规定相同，即会计上未确认收入时，计税时一般亦不计入应纳税所得额，该部分经济利益在未来期间计税时可予税前扣除的金额为零，即计税基础等于账面价值。

如果不符合企业会计准则规定的收入确认条件，但按照税法规定应计入当期应纳税所得额时，则预收账款的计税基础为零，即因其产生时已经计算交纳所得税，未来期间可全额税前扣除，计税基础为账面价值减去在未来期间可全额税前扣除的金额，即计税基础为零。

【情景3-11】北京市惠达股份有限公司于2021年12月20日收到一笔合同预付款，金额为2 200 000元，作为预收账款核算。按照适用税法规定，该款项应计入取得当期应纳税所得额计算缴纳所得税。计算2021年末该项负债的账面价值和计税基础。

按照会计准则规定，账面价值为2 200 000元。按照税法规定，该项预收款在未来期间计算应纳税所得额时可予全部抵扣。

计税基础=2 200 000-2200 000=0（元）

③应付职工薪酬。

会计准则规定，企业为获得直观提供的服务给予的各种形式的报酬以及其他相关支出均应作为企业的成本费用，未支付之前确认为负债。税法中对于职工薪酬基本允许税前扣除，但税法中如果规定了税前扣除标准，按照会计准则规定，应对计入成本费用支出的金额超过规定标准部分进行纳税调整。因超过部分在发生当期不允许税前扣除，以后期间也不允许税前扣除，该部分差额对未来期间计税不产生影响，即应付职工薪酬的账面价值等于计税基础。

【情景3-12】北京市惠达股份有限公司2021年12月计入成本费用的职工工资总额为50 000 000元，2021年12月31日尚未支付。按照税法规定，当期计入成本费用的40 000 000元工资支出中，可予税前扣除的金额为35 000 000元。计算2021年末此项负债的账面价值和计税基础按照会计准则规定，账面价值为45 000 000元。

按照税法规定，当期可以抵扣的金额是35 000 000元，当期不能抵扣的10 000 000元在发生时进行了纳税调整，以后也不能在税前扣除，因此，未来期间计算应纳税所得额时可予抵扣的金额为0。

计税基础=45 000 000-0=45 000 000（元）

④其他负债。

其他负债如企业应交的罚款和滞纳金等，在尚未支付前按照会计准则规定确认为费用，同时作为负债反映。税法规定，罚款和滞纳金不能税前扣除，即该部分费用无论是在发生当期还是在以后期间均不允许税前扣除，其计税基础为账面价值减去未来期间计税时可予税前扣除的金额零之间的差额，即计税基础等于账面价值。

【情景3-13】北京市惠达股份有限公司2021年12月31日"预计负债"账户资料显示：因产品质量保证确认预计负债1 200 000元；涉及诉讼的环保部门罚款支出确认预计负债600 000元。请分别确认该预计负债的计税基础。

根据税法规定，因产品质量保证计提的费用只有在实际发生时才能在税前据实扣除，而环保部门罚款支出无论是否发生均不得扣除。所以因产品质量保证而确认的预计负债计税基础为零（1 200 000-1 200 000），该项负债的账面价值与计税基础之间的差额为1200 000元。涉及诉讼的环保部门罚款确认的预计负债计税基础为6 000 000元（6 000 000-0），其账面价值与计税基础相等。

（3）暂时性差异。

暂时性差异是指因资产与负债的账面价值与计税基础不同而产生的差异。按暂时性差异对未来期间应纳税所得额的影响，可将其分为应纳税暂时性差异和可抵扣暂时性差异。

①应纳税暂时性差异。

应纳税暂时性差异是指在未来收回资产或清偿负债期间确认应纳税所得额时，将导致产生应纳税金额的暂时性差异。该差异在未来期间转回时，会增加转回期间的应纳税所得额。应纳税暂时性差异通常产生于以下两种情况：

Ⅰ.资产的账面价值大于计税基础。

一项资产的账面价值代表的是企业在持续使用及最终出售该资产时能取得的经济利益的总额。计税基础代表的是一项资产在未来期间可予税前扣除的总金额。当资产的账面价值大于计税基础，意味着该项资产未来期间产生的经济利益不能全部税前扣除，两者之间的差额需要缴税，产生应纳税暂时性差异。

Ⅱ.负债的账面价值小于计税基础。

一项负债的账面价值为企业预计在未来期间清偿该项负债时的经济利益流出，而计税基础代表的是账面价值在扣除税法规定未来期间允许税前扣除的金额之后的差额。负债的账面价值小于其计税基础，则意味着就该项负债在未来期间可以税前抵扣的金额为负数，即应在未来期间应纳税所得额的基础上调增，增加应纳税所得额和应交所得税金额，产生应纳税暂时性差异，这种情况一般不会产生。

②可抵扣暂时性差异。

可抵扣暂时性差异是指在未来收回资产或清偿负债期间确定应纳税所得额时，将导致产生可抵扣金额的暂时性差异。该差异在未来期间转回时，会减少转回期间的应纳税所得额，减少未来期间的应交所得税。在该暂时性差异产生当期，应当确认相关的递延所得税资产。可抵扣暂时性差异通常产生于以下两种情况：

Ⅰ. 资产的账面价值小于计税基础。

从经济含义来看，资产在未来期间产生的经济利益少，按照税法规定允许税前扣除的金额多，则企业在未来期间可以减少应税所得额并减少应交所得税，形成可抵扣暂时性差异。

Ⅱ. 负债的账面价值大于计税基础。

负债产生的暂时性差异实质上是税法规定就该项负债可以在未来期间税前扣除的金额。一项负债的账面价值大于其计税基础，意味着未来期间按照税法规定构成负债的全部或部分金额可以从未来应税经济利益中扣除，减少未来期间的应交所得税，产生可抵扣暂时性差异。

③特殊项目产生的暂时性差异。

Ⅰ. 可抵扣亏损和税款抵减。对于按税法规定可结转以后年度弥补的亏损和税款抵减，虽然不是因资产与负债的账面价值与计税基础不同而产生的，但本质上可抵扣亏损和税款抵减与可抵扣暂时性差异具有相同的作用，均能减少未来期间的应纳税所得额，应视为可抵扣暂时性差异处理。

Ⅱ. 某些交易或事项的发生，因不符合资产、负债的确认条件而未体现为资产负债表中资产或负债，但按税法规定能够确定其计税基础的，其账面价值（视为零）与计税基础之间的差异应视为暂时性差异。

4. 递延所得税负债及递延所得税资产

（1）递延所得税负债的核算。

递延所得税负债是指根据应税暂时性差异计算的未来期间应付所得税的金额。

递延所得税负债的贷方反映企业确认的各类递延所得税负债以及递延所得税负债的应有余额大于其账面余额的差额。与直接计入所有者权益的交易或事项相关的递延所得税负债以及企业合并中取得资产、负债的入账价值与其计税基础不同而形成应纳税暂时性差异也贷记本科目；借方反映资产负债表日递延所得税负债的应有余额小于其账面余额的差额。期末贷方余额反映企业已确认的递延所得税负债。

企业在确认相关资产、负债时，根据所得税准则应予确认的递延所得税负债，借记"所得税费用——递延所得税费用""资本公积——其他资本公积"等科目，贷记本科目。

资产负债表日，企业根据所得税准则应予确认的递延所得税负债大于本科目余额的，借记"所得税费用——递延所得税费用""资本公积——其他资本公积"等科目，贷记本科目；应予确认的递延所得税负债小于本科目余额的，做相反的会计分录。

本科目期末贷方余额，反映企业已确认的递延所得税负债的余额。

①不确认递延所得税负债的情况。

Ⅰ. 商誉的初始确认中不确认递延所得税负债。

非同一控制下的企业合并，因企业合并成本大于合并中取得的被购买方可辨认净资产公允价值的差额，按照会计准则规定应确认为商誉，但按照税法规定其计税基础为0，两者之间的差额形成应纳税暂时性差异，准则中规定不确认递延所得税负债，否则会增加商誉的价值。

Ⅱ. 除企业合并以外的其他交易，如果交易发生时既不影响会计利润也不影响应纳税所得额，则由资产、负债的初始确认所产生的递延所得税负债不予确认。

Ⅲ. 与联营企业、合营企业的投资相关的应纳税暂时性差异产生的递延所得税负债，在同时满足以下两个条件时不予确认：投资企业能够控制暂时性差异转回的时间；该暂时性差异在可预见的未来很可能不会转回。

②暂时性差异。

应纳税暂时性差异，会导致未来期间产生应税金额，使得经济利益流出企业，但若企业能够决定这项经济利益是否流出以及流出的时间，甚至可以使该项经济利益在未来期间内不流出企业，则其就不是企业的一项不可推卸的责任，就不符合负债的定义，不应确认为一项递延所得税负债。

③期末财务状况。

由于会计与税收的目的不同，导致了会计处理与税务处理之间必然存在着无法消除的差异，这就要求会计核算要反映这种差异对会计主体当期损益及其期末财务状况的影响。

（2）递延所得税资产的核算。

核算企业由于可抵扣暂时性差异确认的递延所得税资产，以及按规定可用以后年度税前利润弥补的亏损及税款抵减产生的所得税资产。递延所得税资产的借方反映期末确认的各类递延所得税资产以及递延所得税资产应有余额大于其账面余额的差额。贷方反映企业期末递延所得税资产应有余额小于其账面余额的差额。资产负债表日，预计未来期间很可能无法获得足够的应纳税所得额用以抵扣可抵扣暂时性差异的，也可按原已确认的递延所得税资产中应减记的金额贷记本科目。本科目期末借方余额，反映企业确认的递延所得税资产。

①递延所得税资产的确认应以未来期间可能取得的应纳税所得额为限。

资产、负债的账面价值与其计税基础不同产生可抵扣暂时性差异，在估计未来期间能够取得足够的应纳税所得额用以利用该可抵扣暂时性差异时，应当以很可能取得用来抵扣可抵扣暂时性差异的应纳税所得额为限，确认相关的递延所得税资产；在可抵扣暂时性差异转回的未来期间内，若企业无法产生足够的应纳税所得额用以抵减可抵扣暂时性差异的影响时，使得与递延所得税资产相关的经济利益无法实现的，该部分递延所得税资产不予确认。

②按照税法规定可以结转以后年度的未弥补亏损和税款抵减，视同可抵扣暂时性差异处理。

在预计可利用可弥补亏损或税款抵减的未来期间内能够取得足够的应纳税所得额时，应当以很可能取得的应纳税所得额为限，确认相应的递延所得税资产，同时减少当期应确认的所得税费用。

③适用税率的确定。

确认递延所得税资产时，应估计相关可抵扣暂时性差异的转回时间，应采用与转回期间适用的所得税税率计算确定。无论相关的可抵扣暂时性差异转回期间如何，递延所得税资产均不予折现。

④资产负债表日，企业应当对递延所得税资产的账面价值进行复核。如果未来期间无法取得足够的应纳税所得额用以利用递延所得税资产的利益，那么应当减记递延所得税资产的账面价值。减记递延所得税资产的账面价值后，如后继期间根据新的环境和情况判断能够产生足够应纳税所得额以利用可抵扣暂时性差异，使得递延所得税资产包含的经济利益能够实现的，应相应恢复递延所得税资产的账面价值。

递延所得税资产的计算公式为：

递延所得税资产余额 = 该时点可抵扣暂时性差异 × 当时的所得税率

当期递延所得税资产变动额 = （年末可抵扣暂时性差异 − 年初可抵扣暂时性差异） × 所得税率

如果所得税税率发生变化，则：

当期递延所得税资产变动额 = 年末可抵扣暂时性差异 × 新的所得税率 − 年初可抵扣暂时性差异 × 旧的所得税率

5. 所得税费用的核算

（1）当期所得税。

当期所得税一般指应交所得税。应交所得税是指企业按照国家税法规定，应从生产经营等活动的所得中缴纳的税金。

①应交所得税的核算。

企业应在"应交税费"科目下设置"应交所得税"明细科目，核算企业缴纳的企业所得税。

根据现行税法规定，应交所得税的计算公式为：

$$应交所得税额 = 应纳税所得额 \times 适用税率 - 减免税额 - 允许抵免额$$

应纳税所得额是企业所得税的计税依据，准确计算应纳税所得额是正确计算应交所得税的前提。根据现行企业所得税纳税申报办法，企业应在会计利润总额的基础上，加减纳税调整额后计算出"纳税调整后所得"（应纳税所得额）。会计与税法的差异（包括收入类、扣除类、资产类等一次性和暂时性差异）通过纳税调整明细表集中体现。

② 应交所得税的科目设置。

Ⅰ. "所得税"科目。

企业应在损益类科目中设置"5701所得税费用"科目（外商投资企业的科目编号为5241），核算企业按规定从当期损益中扣除的所得税。该科目借方反映从当期损益中扣除的所得税，贷方反映期末转入"本年利润"科目的所得税额。

Ⅱ. "递延税款"科目。

企业应在负债类科目中增设"2341递延税款"科目（外商投资企业的科目编号为2301），核算企业由于时间性差异，造成的税前会计利润与纳税所得之间的差异所产生的影响纳税的金额以及以后各期转销的数额。

"递延税款"科目的贷方发生额，反映企业本期税前会计利润大于纳税所得产生的时间性差异影响纳税的金额，以及本期转销已确认的时间性差异对纳税影响的借方数额；其借方发生额，反映企业本期税前会计利润小于纳税所得产生的时间性差异影响纳税的金额，以及本期转销已确认的时间性差异对纳税影响的贷方数额；期末贷方（或借方）余额，反映尚未转销的时间性差异影响纳税的金额。

采用负债法时，"递延税款"科目的借方或贷方发生额，还反映税率变动或开征新税调整的递延税款数额。

Ⅲ. "应交税费——应交所得税"科目。

企业应设置"应交税费——应交所得税"科目，用来专门核算企业缴纳的企业所得税。"应交税费——应交所得税"科目贷方发生额表示企业应纳税所得额按规定税率计算出的应当缴纳的企业所得税金额；借方发生额表示企业实际缴纳的企业所得税金额。该科目贷方余额表示企业应交而未交的企业所得税金额；借方余额表示企业多缴应退还的企业所得税金额。

（2）递延所得税。

递延所得税是当合营企业应纳税所得额与会计上的利润总额出现时间性差异时，为调整核算差异，可按账面利润总额计提所得税，作为利润总额列支，并按税法规定计算所得税作为应交所得税记账，两者之间的差异即为递延所得税。按这种核算方式，合营企业需设置"递延所得税"科目来进行核算，在时间差额完全自行消失后，本科目的余额为零。

递延所得税，在会计科目上分为递延所得税负债和递延所得税资产。

①递延所得税负债是指根据应纳税暂时性差异计算的未来期间应付所得税的金额。

递延所得税负债是由应纳税暂时性差异产生的，对于影响利润的暂时性差异，确认的递延所得税负债应该调整"所得税费用"。例如，会计折旧小于税法折旧，导致资产的账面价值大于计税基础，如果产品已经对外销售了，就会影响利润，所以递延所得税负债应该调整当期的所得税费用。

如果暂时性差异不影响利润，而是直接计入所有者权益，则确认的递延所得税负债应该调整资本公积。例如，债权投资是按照公允价值来计量的，公允价值升高了，会计上调增了债权投资的账面价值，并确认资本公积，因为不影响利润，所以确认的递延所得税负债不能调整所得税费用，而应该调整资本公积。

Ⅰ. 递延所得税负债不确认情况。

A. 商誉的初始确认中不确认递延所得税负债。

非同一控制下的企业合并，因企业合并成本大于合并中取得的被购买方可辨认净资产公允价值的差额，按照会计准则规定应确认为商誉，但按照税法规定其计税基础为0，两者之间的差额形成应纳税暂时性差异，准则中规定对其不确认为一项递延所得税负债，否则会导致商誉价值增加。

B. 除企业合并以外的其他交易，如果交易发生时既不影响会计利润也不影响应纳税所得额，则不确认因资产、负债的初始确认产生的递延所得税负债。

C. 与联营企业、合营企业的投资相关的应纳税暂时性差异产生的递延所得税负债，在同时满足以下两个条件时不予确认：投资企业能够控制暂时性差异转回的时间；该暂时性差异在可预见的未来很可能不会转回。

应纳税暂时性差异，会导致未来期间产生应税金额，会有经济利益的流出，但若企业能够决定这项经济利益是否流出和流出的时间，甚至可以使该项经济利益在未来期间内不流出企业，则其就不是企业的一项不可推卸的责任，就不符合负债的定义，不应确认为一项递延所得税负债。

Ⅱ. 递延所得税负债的会计处理。

A. 本科目核算企业根据所得税准则确认的应纳税暂时性差异产生的所得税负债。

B. 本科目应当按照应纳税暂时性差异项目进行明细核算。

C. 递延所得税负债的主要账务处理：

企业在确认相关资产、负债时，根据所得税准则应予确认的递延所得税负债，借记"所得税费用——递延所得税费用""资本公积——其他资本公积"等科目，贷记本科目。

资产负债表日，企业根据所得税准则应予确认的递延所得税负债大于本科目余额的，借记"所得税费用——递延所得税费用""资本公积——其他资本公积"等科目，贷记本科目；应予确认的递延所得税负债小于本科目余额的，做相反的会计分录。

D. 本科目期末贷方余额，反映企业已确认的递延所得税负债的余额。

②递延所得税资产是指对于可抵扣暂时性差异，以未来期间很可能取得用来抵扣可抵扣暂时性差异的应纳税所得额为限确认的一项资产。而对于所有应纳税暂时性差异均应确认为一项递延所得税负债，但某些特殊情况除外。

递延所得税资产和递延所得税负债是和暂时性差异相对应的，可抵减暂时性差异是将来可用来抵税的部分，是应该收回的资产，所以对应递延所得税资产；

Ⅰ. 递延所得税资产不确定情况：

A. 除企业合并以外的交易，若其发生时既不影响会计利润也不影响应纳税所得额，则交易中产生的资产、负债的入账价值与其计税基础之间的差额形成可抵扣暂时性差异的，不确认递延所得税资产。

B. 按税法规定可结转以后年度的亏损，若数额较大，且缺乏证据表明企业未来期间将会有足够的应纳税所得额时，不确认递延所得税资产。

可结转以后年度的亏损，税法规定可用以后年度的税前利润弥补，但弥补期限最长 5 年，这就产生了可抵扣暂时性差异，但是否确认为一项递延所得税资产，要视未来期间是否有足够的应纳税所得用来抵销以前年度亏损。只有未来期间税前利润抵销了以前年度亏损后，未来期间的所得税费用才会减少，才会有经济利益流入，而这正好符合资产的定义，即过去的交易或事项形成的、由企业拥有或控制的、预期能够给企业带来经济利益而流入的资源。但若企业未来期间无利润，继续亏损，无所得税可交；或者没有足够的应纳税所得额用于抵销以前年度亏损，则不能保证这项经济利益的流入，故不能确认为资产。

其实，不仅是可结转以后年度亏损问题，所有递延所得税资产在确认时，都要以可抵扣暂时性差异转回期间预计将获得的应纳税所得额为限。因为只有当未来转回期间预计将获得的应纳税所得额大于待转回的可抵扣暂时性差异时，才会使未来期间的所得税费用减少，才会在未来期间产生经济利益的流入，才符合资产的确认原则。

Ⅱ. 递延所得税资产的会计处理：

A. 本科目核算企业根据所得税准则确认的可抵扣暂时性差异产生的所得税资产。根据税法规定，可用以后年度税前利润弥补的亏损产生的所得税资产也在本科目核算。

B. 本科目应当按照可抵扣暂时性差异等项目进行明细核算。

C. 递延所得税资产的主要账务处理：

企业在确认相关资产、负债时，根据所得税准则应予确认的递延所得税资产，借记本科目，贷记"所得税费用——递延所得税费用""资本公积——其他资本公积"等科目。

资产负债表日，企业根据所得税准则应予确认的递延所得税资产大于本科目余额的，借记本科目，贷记"所得税费用——递延所得税费用""资本公积——其他资本公积"等科目；应予确认的递延所得税资产小于本科目余额的，做相反的会计分录。

资产负债表日，预计未来期间很可能无法获得足够的应纳税所得额用以抵扣可抵扣暂时性差异的，按应减记的金额，借记"所得税费用——当期所得税费用""资本公积——其他资本公积"科目，贷记本科目。

D. 本科目期末借方余额，反映企业已确认的递延所得税资产的余额。

(3) 所得税费用。

利润表中的所得税费用由当期所得税和递延所得税两部分组成，即：

所得税费用 = 当期所得税 + 递延所得税

当期所得税是指企业按照税法规定计算确定的针对当期发生的交易和事项，应缴纳给税务部门的所得税金额，即应交所得税。

递延所得税是指按照企业会计准则规定应予以确认的递延所得税资产和递延所得税负债在期末应有的金额相对于原已确认金额之间的差额，即递延所得税资产及递延所得税负债的当期发生额，但不包括直接计入所有者权益交易事项及企业合并的所得税影响。公式表示如下：

递延所得税 =（期末递延所得税负债 - 期初递延所得税负债）-（期末递延所得税资产 - 期初递延所得税资产）

【情景3-14】北京市惠达股份有限公司2021年度利润总额为6 500 000元，递延所得税资产和递延所得税负债均无余额。该公司当年与所得税核算有关的会计事项如下：

（1）2月2日，公司以2 200 000元取得作为交易性金融资产核算的股票投资，年末该股票的公允价值为3 000 000元，确认公允价值变动收益800 000元。

（2）年末存货账面余额22 000 000元，经测试存货的可变现净值为20 000 000元，计提存货跌价准备2 000 000元。

（3）因售后服务确认预计负债1 500 000元。

（4）确认国债利息收入240 000元。

（5）支付税收滞纳金、罚款120 000元。该公司适用的所得税税率为25%。

请根据上述资料运用资产负债表债务法进行所得税会计核算。

第一步，计算确定当期应交所得税。

应纳税所得额 =6 500 000-800 000+2 000 000+1 500 000-240 000+120 000=9 080 000（元）

应交所得税 =9 080 000×25%=2 270 000（元）

第二步，计算资产负债表相关项目的账面价值与计税基础，并确定暂时性差异，如表3-1所示。

表3-1 所得税会计核算

项目	账面价值	计税基础	暂时性差异	
			应纳税额暂时性差异	可抵扣暂时性差异
交易性金融资产	3 000 000	2 200 000	800 000	
存货	20 000 000	22 000 000		2 000 000
预计负债	1 500 000	0		1 500 000
合计	—		800 000	3 500 000

第三步，计算当期递延所得税资产、递延所得税负债和递延所得税费用。

递延所得税资产 =3 500 000×25%=875 000（元）

递延所得税负债 =800 000×25%=200 000（元）

递延所得税费用 =200 000-875 000=-675 000（元）（负号表示收益）

第四步，确认所得税费用。

所得税费用 =2 270 000-675 000=1 595 000（元）

借：所得税费用　　　　　　　　 1 595 000
　　递延所得税资产　　　　　　 　875 000
　贷：应交税费——应交所得税　 2 270 000
　　　递延所得税负债　　　　　　 200 000

3.1.4 企业所得税的纳税申报

1. 企业所得税的征收管理

（1）纳税期限。

企业所得税按年计算，按月或季预缴（小微企业按季预缴），年终汇算清缴，多退少补。纳税年度一般为公历年度，即公历1月1日至12月31日为一个纳税年度；纳税人在一个纳税年度的中间开业，或由于合并、关闭等原因使该纳税年度的实际经营期不足12个月的，以其实际经营期为一个纳税年度；纳税人破产清算时，以清算期为一个纳税年度。

纳税人应当在月份或季度终了后15日内，向其所在地主管税务机关报送预缴所得税申报表，预缴税款。企业自年度终了之日起5个月内，无论盈利或亏损，均应向税务机关报送年度企业所得税纳税申报表、财务会计报告和其他有关资料并汇算清缴，结清应缴、应退税款。少预缴的所得税税额，应在下一年度内补缴；多预缴的所得税税额，在下一年度内抵缴；抵缴后仍有结余，或下一年度发生亏损的，应及时办理退库。

企业在年度中间终止经营活动的，应当自实际经营终止之日起60日内，向税务机关办理当期企业所得税汇算清缴。

扣缴义务人每次代扣的税款，应当自代扣之日起7日内缴入国库，并向所在地的税务机关报送扣缴企业所得税报告表。

纳税人按月（季）度预缴所得税时，应按纳税期限的实际数预缴。按实际数预缴有困难的，可按上一年度应纳税所得额的1/12或1/4，或经当地税务机关认可的其他方法预缴所得税。预缴方法一经确定，不得随意改变。

企业进行清算时，应当在办理注销工商登记之前，办理所得税申报。企业若在年度中间合并、分立、终止时，应当在停止生产经营之日起60日内，向当地税务机关办理当期所得税汇算清缴。

（2）纳税地点。

居民企业以企业登记注册地（依照国家有关规定登记注册的住所地）为纳税地点；登记注册地在境外的，以实际管理机构所在地为纳税地点；居民企业在中国境内设立不具有法人资格的营业机构的，应当汇总计算并缴纳企业所得税。

非居民企业在中国境内设立机构、场所的，应当就其机构、场所取得的来源于中国境内的所得，以及发生在中国境外但与其所设机构、场所有实际联系的所得，以机构、场所所在地为纳税地点；非居民企业在中国境内设立两个或者两个以上机构、场所的，经税务机关审核批准，可以选择由其主要机构、场所汇总缴纳企业所得税；非居民企业在中国境内未设立机构、场所，或者虽设立机构、场所但取得的所得与其所设机构、场所没有实际联系的，以扣缴义务人所在地为纳税地点。

2. 企业所得税的纳税申报

（1）企业所得税预缴纳税申报。

①居民企业所得税预缴纳税申报。

查账征收企业所得税的居民企业在月（季）度预缴企业所得税时，应填制"中华人民共和国企业所得税月（季）度预缴纳税申报表（A类）"（如表3-2所示）；实行核定征收管理办法（包括核定应税所得率和核定税额征收方式）缴纳企业所得税的企业在月（季）申报缴纳企业所得税时，应填制"中华人民共和国企业所得税月（季）度预缴和年度纳税申报表（B类）"（如表3-3所示）。

表 3-2 中华人民共和国企业所得税月（季）度预缴纳税申报表（A类）

税款所属期间： 年 月 日至 年 月 日

纳税人识别号（统一社会信用代码）：□□□□□□□□□□□□□□□□□□

纳税人名称： 金额单位：人民币元（列至角分）

优惠及附报事项有关信息									
项目	一季度		二季度		三季度		四季度		季度平均值
	季初	季末	季初	季末	季初	季末	季初	季末	
从业人数									
资产总额（万元）									
国家限制或禁止行业	□是		□否		小型微利企业				□是 □否
附报事项名称									金额或选项
事项1	（填写特定事项名称）								
事项2	（填写特定事项名称）								
预缴税款计算									本年累计
1	营业收入									
2	营业成本									
3	利润总额									
4	加：特定业务计算的应纳税所得额									
5	减：不征税收入									
6	减：资产加速折旧、摊销（扣除）调减额（填写A201020）									
7	减：免税收入、减计收入、加计扣除（7.1+7.2+…）									
7.1	（填写优惠事项名称）									
7.2	（填写优惠事项名称）									
8	减：所得减免（8.1+8.2+…）									
8.1	（填写优惠事项名称）									
8.2	（填写优惠事项名称）									
9	减：弥补以前年度亏损									
10	实际利润额（3+4-5-6-7-8-9）\按照上一纳税年度应纳税所得额平均额确定的应纳税所得额									
11	税率（25%）									
12	应纳所得税额（10×11）									
13	减：减免所得税额（13.1+13.2+…）									
13.1	（填写优惠事项名称）									
13.2	（填写优惠事项名称）									
14	减：本年实际已缴纳所得税额									
15	减：特定业务预缴（征）所得税额									
16	本期应补（退）所得税额（12-13-14-15）\税务机关确定的本期应纳所得税额									
汇总纳税企业总分机构税款计算									
17	总机构	总机构本期分摊应补（退）所得税额（18+19+20）								
18		其中：总机构分摊应补（退）所得税额（16× 总机构分摊比例 __%）								
19		财政集中分配应补（退）所得税额（16× 财政集中分配比例 __%）								
20		总机构具有主体生产经营职能的部门分摊所得税额（16× 全部分支机构分摊比例 __%× 总机构具有主体生产经营职能部门分摊比例 __%）								
21	分支机构	分支机构本期分摊比例								
22		分支机构本期分摊应补（退）所得税额								
实际缴纳企业所得税计算									
23	减：民族自治地区企业所得税地方分享部分： □ 免征 □ 减征（减征幅度____%）								本年累计应减免金额[（12-13-15）×40%× 减征幅度]
24	实际应补（退）所得税额									

谨声明：本纳税申报表是根据国家税收法律法规及相关规定填报的，是真实的、可靠的、完整的。

纳税人（签章）： 年 月 日

经办人：	受理人：
经办人身份证号：	受理税务机关（章）：
代理机构签章：	受理日期： 年 月 日
代理机构统一社会信用代码：	

国家税务总局监制

表3-3 中华人民共和国企业所得税月（季）度预缴和年度纳税申报表（B类，2018年版）

税款所属期间： 年 月 日 至 年 月 日

纳税人识别号（统一社会信用代码）：☐☐☐☐☐☐☐☐☐☐☐☐☐☐☐☐☐☐

纳税人名称： 金额单位：人民币元（列至角分）

核定征收方式	☐ 核定应税所得率（能核算收入总额的）　☐ 核定应税所得率（能核算成本费用总额的） ☐ 核定应纳所得税额

行次	项目	本年累计金额
1	收入总额	
2	减：不征税收入	
3	减：免税收入（4+5+8+9）	
4	国债利息收入免征企业所得税	
5	符合条件的居民企业之间的股息、红利等权益性投资收益免征企业所得税	
6	其中：通过沪港通投资且连续持有H股满12个月取得的股息红利所得免征企业所得税	
7	通过深港通投资且连续持有H股满12个月取得的股息红利所得免征企业所得税	
8	投资者从证券投资基金分配中取得的收入免征企业所得税	
9	取得的地方政府债券利息收入免征企业所得税	
10	应税收入额（1-2-3）\ 成本费用总额	
11	税务机关核定的应税所得率（%）	
12	应纳税所得额（第10×11行）\［第10行÷（1-第11行）×第11行］	
13	税率（25%）	
14	应纳所得税额（12×13）	
15	减：符合条件的小型微利企业减免企业所得税	
16	减：实际已缴纳所得税额	
17	本期应补（退）所得税额（14-15-16）\ 税务机关核定本期应纳所得税额	

月（季）度申报填报	小型微利企业	☐ 是 ☐ 否	期末从业人数	
年度申报填报	所属行业明细代码		国家限制或禁止行业	☐ 是 ☐ 否
	从业人数		资产总额（万元）	

谨声明：此纳税申报表是根据《中华人民共和国企业所得税法》《中华人民共和国企业所得税法实施条例》以及有关税收政策和国家统一会计制度的规定填报的，是真实的、可靠的、完整的。

法定代表人（签章）： 年 月 日

纳税人公章： 会计主管： 填表日期： 年 月 日	代理申报中介机构公章： 经办人： 经办人执业证件号码： 代理申报日期 年 月 日	主管税务机关受理专用章： 受理人： 受理日期： 年 月 日

国家税务总局监制

②非居民企业所得税预缴纳税申报。

非居民企业在月（季）度预缴企业所得税时，应填制《中华人民共和国非居民企业所得税预缴申报表（2019年版）》，其附表为《非居民企业机构、场所汇总缴纳所得税税款分配表》和《非居民企业机构、场所核定计算明细表》。本报表自2020年度第一季度企业所得税预缴申报起启用。非居民企业机构、场所自2019年度起汇总纳税的，本报表自办理2019年度第一季度企业所得税预缴申报起启用。

③非居民企业扣缴企业所得税报告表。

《中华人民共和国扣缴企业所得税报告表（2019年版）》。适用于源泉扣缴和指定扣缴的扣缴义务人，以及扣缴义务人未依法扣缴或者无法履行扣缴义务情况下自行申报的纳税人，按次或按期扣缴或申报企业所得税税款时填报。该报表自2019年10月1日起启用。

（2）企业所得税年度纳税申报表。

①非居民企业所得税年度纳税申报。

非居民企业年度企业所得税汇算清缴时，应填报《中华人民共和国非居民企业所得税年度纳税申报表（2019年版）》，其附表为《纳税调整项目明细表》《企业所得税弥补亏损明细表》《对外合作开采石油企业勘探开发费用年度明细表》《非居民企业机构、场所汇总缴纳所得税税款分配表》和《非居民企业机构、场所核定计算明细表》。上述报表自办理2020年度企业所得税汇算清缴申报起启用；非居民企业机构、场所自2018年度或2019年度起汇总纳税的，上述报表自办理2018年度或2019年度企业所得税汇算清缴申报起启用。

②居民企业企业所得税年度纳税申报。

查账征收企业所得税的纳税人在年度汇算清缴时，无论盈利或亏损，都必须在规定的期限内进行纳税申报，填写企业所得税纳税年度申报表及其有关附表。

③小型微利企业所得税年度纳税申报。

为切实减轻小型微利企业纳税申报负担、进一步深化税务系统"放管服"改革，推出简化小型微利企业年度纳税申报措施。2018年度及以后年度企业所得税汇算清缴时，实行查账征收企业所得税的小型微利企业（以下简称"小型微利企业"）应填报税务部门提供的"中华人民共和国企业所得税年度纳税申报表（A类）"及相关附表。

其中，《中华人民共和国企业所得税年度纳税申报表（A类）》为小型微利企业必填表单。《企业所得税年度纳税申报基础信息表》（A000000）中的"基本经营情况"为小型微利企业必填项目；"有关涉税事项情况"为选填项目，存在或者发生相关事项时小型微利企业必须填报；"主要股东及分红情况"为小型微利企业免填项目。企业免于填报《一般企业收入明细表》《金融企业收入明细表》《一般企业成本支出明细表》《金融企业支出明细表》《事业单位、民间非营利组织收入、支出明细表》《期间费用明细表》。上述表单相关数据应当在《中华人民共和国企业所得税年度纳税申报表（A类）》中直接填写。

（3）开具税收缴款书缴纳税款。

纳税人在向税务机关报送企业所得税月（季）度预缴纳税申报表或年度纳税申报表后，应在规定期限内向税务机关指定为代理金库的银行缴纳税款。缴纳税款时，应开具税收缴款书。税收缴款书共六联，纳税人缴纳税款后，以经国库经收处收款签章后的"收据联"作为完税凭证，证明纳税义务完成，并据此作为会计核算的依据。

任务 3.2 个人所得税的核算

3.2.1 个人所得税概述

1. 个人所得税的概念和特点

（1）个人所得税的概念。

个人所得税是以自然人取得的各类应税所得为征税对象而征收的一种所得税，是政府利用税收对个人收入进行调节的一种手段。个人所得税的征税对象不仅包括个人，还包括具有自然人性质的企业。

个人所得税是世界各国普遍征收的一个税种，最早产生于18世纪的英国。很多国家个人所得税在全部税收收入中所占比重超过了其他税种，成为政府重要的财政收入。

（2）个人所得税的特点。

个人所得税是世界各国普遍征收的一个税种，我国个人所得税的主要特点是：

①实行分类征收。

我国现行个人所得税采用的是分类征收制度，即将个人取得的各种所得分为11种，分别适用不同的费用减除规定、税率和计税方法。

②超额累进税率与比例税率并用。

我国现行个人所得税制对工资、薪金所得，个体工商户的生产、经营所得，对企事业单位的承包经营、承租经营所得，采用超额累进税率，实现量能负担；对劳务报酬、稿酬等其他所得，采用比例税率，实行等比负担。

③费用扣除标准较宽。

我国本着费用扣除从宽、从简的原则，采用费用定额扣除和定率扣除两种办法。对于工资、薪金所得，适用的减除费用标准为每月5 000元（2006年1月1日前为800元，2006年1月1日至2008年3月1日为1 600元，2008年3月1日至2011年9月1日为2 000元，2011年9月1日至2018年9月30日为3 500元）；对劳务报酬等所得，每次收入不超过4 000元的减除800元，每次收入超过4 000元的减除20%的费用。按照这样的减除费用标准，实际上等于对大部分职工的工资、薪金所得予以免征或只征很少的税款，也使得提供一般劳务、取得中低劳务报酬所得的个人大多不用负担个人所得税。

④计算简便。

我国个人所得税的费用扣除采取总额扣除法，免去了对个人实际生活费用支出逐项计算的麻烦；各种所得项目实行分类计算，并且具有明确的费用扣除规定，费用扣除项目及方法易于掌握，计算比较简单，符合税制简便原则。

⑤采取源泉扣缴和个人申报两种纳税方法。

我国《个人所得税法》规定，对纳税人的应纳税所得额分别采取由支付单位源泉扣缴和纳税人自行申报两种方法。对凡是可以在应税所得的支付环节扣缴个人所得税的，均由扣缴义务人履行代扣代缴义务；对于没有扣缴义务人的，个人在两处以上取得工资、薪金所得的，以及个人所得超过国务院规定数额（即年收入在120 000元以上）的，由纳税人自行申报纳税。对其他不便于扣缴税款的，亦规定由纳税人自行申报纳税。

此外，我国个人所得税以个人作为纳税单位，不实行家庭（夫妻联合）申报纳税。

2. 个人所得税的征税对象

居民个人取得下列第（1）项至第（4）项所得（以下称综合所得），按纳税年度合并计算个人所得税；非居民个人取得下列第（1）项至第（4）项所得，按月或者按次分项计算个人所得税。纳税人取得下列第（5）项至第（9）项所得，分别计算个人所得税。

（1）工资、薪金所得。

工资、薪金所得，是指个人因任职或者受雇

而取得的工资、薪金、奖金、年终加薪、劳动分红、津贴、补贴以及与任职或者受雇有关的其他所得。

①工资、薪金所得涵盖范围。一般来说，工资、薪金所得属于非独立个人劳动所得。所谓非独立个人劳动，是指个人所从事的是由他人指定、安排并接受管理的劳动，工作或服务于公司、工厂、行政事业单位的人员（私营企业主除外）均为非独立劳动者。他们从上述单位取得的劳动报酬，是以工资、薪金的形式体现的。在这类报酬中，工资和薪金的收入主体略有差异。通常情况下，把直接从事生产、经营或服务的劳动者（工人）的收入称为工资，即所谓"蓝领阶层"所得；而将从事社会公职或管理活动的劳动者（公职人员）的收入称为薪金，即所谓"白领阶层"所得。但实际立法过程中，各国都从简便易行的角度考虑，将工资、薪金合并为一个项目计征个人所得税。

除工资、薪金以外，奖金、年终加薪、劳动分红、津贴、补贴也被确定为工资、薪金范畴。其中，年终加薪、劳动分红不分种类和取得情况，一律按工资、薪金所得课税。奖金是指所有具有工资性质的奖金，免税奖金的范围在税法中另有规定。此外，还有一些所得的发放被视同为取得工资、薪金所得的情形。例如，公司职工取得的用于购买企业国有股权的劳动分红，按"工资、薪金所得"项目计征个人所得税；出租汽车经营单位对出租车驾驶员采取单车承包或承租方式运营，出租车驾驶员从事客货营运取得的收入，按工资、薪金所得计征个人所得税。

②个人取得的津贴、补贴，不计入工资、薪金所得的项目。根据我国目前个人收入的构成情况，规定对于一些不属于工资、薪金性质的补贴、津贴或者不属于纳税人本人工资、薪金所得项目的收入，不予征税。这些项目包括：

Ⅰ. 独生子女补贴。

Ⅱ. 执行公务员工资制度未纳入基本工资总额的补贴、津贴差额和家属成员的副食品补贴。

Ⅲ. 托儿补助费。

Ⅳ. 差旅费津贴、误餐补助。其中，误餐补助是指按照财政规定，个人因公在城区、郊区工作，不能在工作单位或返回就餐的，根据实际误餐顿数，按规定的标准领取的误餐费。

Ⅴ. 外国来华留学生领取的生活津贴费、奖学金不属于工资、薪金范畴，不征收个人所得税。

③军队干部取得的补贴、津贴中有8项不计入工资、薪金所得项目征税，即：

Ⅰ. 政府特殊津贴；

Ⅱ. 福利补助；

Ⅲ. 夫妻分居补助费；

Ⅳ. 随军家属无工作生活困难补助；

Ⅴ. 独生子女保健费；

Ⅵ. 子女保教补助费；

Ⅶ. 机关在职军以上干部公勤费（保姆费）；

Ⅷ. 军粮差价补贴。

④军队干部取得的暂不征税的补贴、津贴。

Ⅰ. 军人职业津贴；

Ⅱ. 军队设立的艰苦地区补助；

Ⅲ. 专业性补助；

Ⅳ. 基层军官岗位津贴；

Ⅴ. 伙食补贴。

（2）劳务报酬所得。

劳务报酬所得，指个人独立从事各种非雇佣的劳务所取得的所得。内容如下：

①设计，指按照客户的要求，代为制定工程、工艺等各类设计业务。

②装潢，指接受委托，对物体进行装饰、修饰，使之美观或具有特定用途的作业。

③安装，指按照客户要求，对各种机器、设备的装配、安置，以及与机器、设备相连的附属设施的装设和被安装机器设备的绝缘、防腐、保温、油漆等工程作业。

④制图，指受托按实物或设想物体的形象，依体积、面积、距离等，用一定比例绘制成平面图、立体图、透视图等的业务。

⑤化验，指受托用物理或化学的方法，检验物质的成分和性质等业务。

⑥测试，指利用仪器仪表或其他手段代客对物品的性能和质量进行检测试验的业务。

⑦医疗，指从事各种病情诊断、治疗等医护

业务。

⑧法律，指受托担任辩护律师、法律顾问，撰写辩护词（书）、起诉书等法律文书的业务。

⑨会计，指受托从事会计核算的业务。

⑩咨询，指对客户提出的政治、经济、科技、法律、会计、文化等方面的问题进行解答、说明的业务。

⑪讲学，指应邀（聘）进行讲课、作报告、介绍情况等业务。

⑫翻译，指受托从事中、外语言或文字的翻译（包括笔译和口译）的业务。

⑬审稿，指对文字作品或图形作品进行审查、核对的业务。

⑭书画，指按客户要求，或自行从事书法、绘画、题词等业务。

⑮雕刻，指代客镌刻图章、牌匾、碑、玉器、雕塑等业务。

⑯影视，指应邀或应聘在电影、电视节目中出任演员，或担任导演，从事音响、化妆、道具、制作、摄影等与拍摄影视节目有关的业务。

⑰录音，指用录音器械代客录制各种音响带的业务，或者应邀演讲、演唱、采访而被录音的服务。

⑱录像，指用录像器械代客录制各种图像、节目的业务，或者应邀表演、采访被录像的业务。

⑲演出，指参加戏剧、音乐、舞蹈、曲艺等文艺演出活动的业务。

⑳表演，指从事杂技、体育、武术、健美、时装、气功以及其他技巧性表演活动的业务。

㉑广告，指利用图书、报纸、杂志、广播、电视、电影、招贴、路牌、橱窗、霓虹灯、灯箱、墙面及其他载体，为介绍商品、经营服务项目、文体节目或通告、声明等事项，所做的宣传和提供相关服务的业务。

㉒展览，指举办或参加书画展、影展、盆景展、邮展、个人收藏品展、花鸟虫鱼展等各种展示活动的业务。

㉓技术服务，指利用一技之长而进行技术指导、提供技术帮助的业务。

㉔介绍服务，指介绍供求双方商谈，或者介绍产品、经营服务项目等服务的业务。

㉕经纪服务，指经纪人通过居间介绍，促成各种交易和提供劳务等服务的业务。

㉖代办服务，指代委托人办理受托范围内的各项事宜的业务。

㉗其他劳务，指上述列举的26项劳务项目之外的各种劳务。

自2004年1月20日起，对商品营销活动中，企业和单位对其营销业绩突出的非雇员以培训班、研讨会、工作考察等名义组织旅游活动，通过免收差旅费、旅游费对个人实行的营销业绩奖励（包括实物、有价证券等），应根据所发生费用的全额作为该营销人员当期的劳务收入，按照"劳务报酬所得"项目计征个人所得税，并由提供上述费用的企业和单位代扣代缴。

在实际操作过程中，还可能出现难以判定一项所得是属于工资、薪金所得，还是属于劳务报酬所得的情况。这两者的区别在于：工资、薪金所得是属于非独立个人劳务活动，即在机关、团体、学校、部队、企业、事业单位及其他组织中任职、受雇而得到的报酬；而劳务报酬所得，则是个人独立从事各种技艺、提供各项劳务取得的报酬。

（3）稿酬所得。

稿酬所得，是指个人因其作品以图书、报刊形式出版、发表而取得的所得。将稿酬所得独立划归一个征税项目，而对不以图书、报刊形式出版、发表的翻译、审稿、书画所得归为劳务报酬所得，主要是考虑了出版、发表作品的特殊性。第一，它是一种依靠较高智力创作的精神产品；第二，它具有普遍性；第三，它与社会主义精神文明和物质文明密切相关；第四，它的报酬相对偏低。因此，稿酬所得应当与一般劳务报酬相区别，并给予适当优惠照顾。

（4）特许权使用费所得。

特许权使用费所得，是指个人提供专利权、商标权、著作权、非专利技术以及其他特许权的使用权取得的所得。提供著作权的使用权取得的所得，不包括稿酬所得。

专利权，是由国家专利主管机关依法授予专利申请人或其权利继承人在一定期间内实施发明创造的专有权。对于专利权，许多国家只将提供他人使用取得的所得列入特许权使用费，而将转让专利权所得列为资本利得税的征税对象。我国没有开征资本利得税，故将个人提供和转让专利权取得的所得都列入特许权使用费所得计征个人所得税。

商标权，即商标注册人享有的商标专用权。著作权，即版权，是作者依法对文学、艺术和科学作品享有的专有权。个人提供或转让商标权、著作权、专有技术或技术秘密、技术诀窍取得的所得，应当依法缴纳个人所得税。

（5）经营所得。

经营所得，是指：

①个体工商户从事生产、经营活动取得的所得，个人独资企业投资人、合伙企业的个人合伙人来源于境内注册的个人独资企业、合伙企业生产、经营的所得。个体工商户以业主为个人所得税纳税义务人。

②个人依法从事办学、医疗、咨询以及其他有偿服务活动取得的所得。

③个人对企事业单位承包经营、承租经营以及转包、转租取得的所得。对企事业单位的承包经营、承租经营所得，是指个人承包经营或承租经营以及转包、转租取得的所得。承包项目可分多种，如生产经营、采购、销售、建筑安装等各种承包业务。转包包括全部转包或部分转包。

④个人从事其他生产、经营活动取得的所得。例如，个人因从事彩票代销业务而取得的所得；或者从事个体出租车运营的出租车驾驶员取得的收入，都应按照"经营所得"项目计征个人所得税。这里所说的从事个体出租车运营，包括：出租车属个人所有，但挂靠出租汽车经营单位或企事业单位，驾驶员向挂靠单位缴纳管理费的，或出租汽车经营单位将出租车所有权转移给驾驶员的。

（6）利息、股息、红利所得。

利息、股息、红利所得，是指个人拥有债权、股权而取得的利息、股息、红利所得。利息，是指个人拥有债权而取得的利息，包括存款利息、贷款利息和各种债券的利息。按税法规定，个人取得的利息所得，除国债和国家发行的金融债券利息外，应当依法缴纳个人所得税。股息、红利，是指个人拥有股权取得的股息、红利。按照一定的比率支付的息金叫股息；公司、企业应分配的利润，按股份分配的叫红利。股息、红利所得，除另有规定外，都应当缴纳个人所得税。

除个人独资企业、合伙企业以外的其他企业的个人投资者，以企业资金为本人、家庭成员及其相关人员支付与企业生产经营无关的消费性支出及购买汽车、住房等财产性支出，视为企业对个人投资者的红利分配，依照"利息、股息、红利所得"项目计征个人所得税。企业的上述支出不允许在所得税前扣除。

纳税年度内，个人投资者从其投资企业（个人独资企业、合伙企业除外）借款，在该纳税年度终了后既不归还又未用于企业生产经营的，其未归还的借款可视为企业对个人投资者的红利分配，依照"利息、股息、红利所得"项目计征个人所得税。

（7）财产租赁所得。

财产租赁所得，是指个人出租不动产、机器设备、车船以及其他财产取得的所得。

个人取得的财产转租收入，属于"财产租赁所得"的征税范围，由财产转租人缴纳个人所得税。

（8）财产转让所得。

财产转让所得，是指个人转让有价证券、股权、合伙企业中的财产份额、不动产、机器设备、车船以及其他财产取得的所得。

在现实生活中，个人进行的财产转让主要是个人财产所有权的转让。财产转让实际上是一种买卖行为，当事人双方通过签订、履行财产转让合同，形成财产买卖的法律关系，使出让财产的个人从对方取得价款（收入）或其他经济利益。财产转让所得因其性质的特殊性，需要单独枚举项目征税。对个人取得的各项财产转让所得，除股票转让所得外，都要计征个人所得税。具体规定为：

①股票转让所得。《个人所得税法实施条例》规定，对股票转让所得征收个人所得税的办法，由国务院另行规定，并报全国人民代表大会常务委员会备案。鉴于我国证券市场发育尚不成熟，股份制改革仍需完善，对股票转让所得的计算、征税办法和纳税期限的确认等都需要做深入调查

研究后,结合国际通行做法,作出符合我国实际的规定。因此,国务院决定,对股票转让所得暂不征收个人所得税。

②量化资产股份转让。集体所有制企业在改制为股份合作制企业时,对职工个人以股份形式取得的拥有所有权的企业量化资产,暂缓征收个人所得税;待个人将股份转让时,就其转让收入额,减除个人取得该股份时实际支付的费用支出和合理转让费用后的余额,按"财产转让所得"项目计征个人所得税。

(9)偶然所得。

偶然所得,是指个人得奖、中奖、中彩以及其他偶然性质的所得。得奖是指参加各种有奖竞赛活动,取得名次得到的奖金;中奖、中彩是指参加各种有奖活动,如有奖销售、有奖储蓄或者购买彩票,经过规定程序,抽中、摇中号码而取得的奖金。

个人取得的所得,难以界定应纳税所得项目的,由国务院税务主管部门确定。

3. 个人所得税的纳税义务人和税率

(1)个人所得税的纳税义务人。

个人所得税的纳税义务人,包括中国公民、个体工商户以及在中国取得所得的外籍人员(包括无国籍人员,下同)和香港、澳门、台湾同胞。依据住所和居住时间两个标准,上述纳税义务人可分为居民和非居民,分别承担不同的纳税义务。

①居民纳税义务人的判定标准及纳税义务范围。

I. 判定标准。

根据《个人所得税法》规定,居民纳税义务人是指在中国境内有住所,或者无住所但在中国境内居住满1年的个人。

所谓在中国境内有住所的个人,是指因户籍、家庭、经济利益关系,而在中国境内习惯性居住的个人。这里所说的习惯性居住,是在税收上判定纳税义务人属于居民还是非居民的一个重要依据。它是指个人因学习、工作、探亲等原因消除之后,没有理由在其他地方继续居留时所要回到的地方,而不是实际居住地或某一个特定时期内的居住地。纳税人因学习、工作、探亲、旅游等原因,原来是在中国境外居住,但是在这些原因消除之后,如果必须回到中国境内居住的,则中国为该纳税人的习惯性居住地。虽然该纳税义务人在一个纳税年度内(甚至连续几个纳税年度),都未在中国境内居住过1天,但是仍然属于中国纳税义务人,应就其来自全球的应纳税所得,向中国缴纳个人所得税。

所谓在境内住满1年,是指在一个纳税年度(即公历1月1日起至12月31日止,下同)内,在中国境内居住满183天。在计算居住天数时,按其一个纳税年度内在境内的实际居住时间确定,取消了原有的临时离境规定,即境内无住所的某人在一个纳税年度内无论出境多少次,只要在我国境内累计居住满183天,就可判定为我国的居民。综上可知,个人所得税的居民纳税义务人包括以下两类:

A. 在中国境内定居的中国公民和外国侨民。不包括虽具有中国国籍,却没有在中国大陆定居,而是侨居海外的华侨和居住在中国香港、澳门、台湾的同胞。

B. 从公历1月1日起至12月31日止,在中国境内累计居住满183天的外国人、海外侨胞和中国香港、澳门、台湾同胞。现行税法中关于"中国境内"的概念是指中国大陆地区,目前还不包括中国香港、澳门和台湾地区。

II. 纳税义务范围。

居民纳税义务人负有无限纳税义务,其所取得的应纳税所得,无论是来源于中国境内还是中国境外任何地方,都要在中国缴纳个人所得税。

中国境内无住所的个人一个纳税年度在中国境内累计居住满183天的,如果此前6年在中国境内每年累计居住天数都满183天而且没有任何一年单次离境超过30天,则该纳税年度应就来源于中国境内、境外的所得缴纳个人所得税;如果此前6年的任一年在中国境内累计居住天数不满183天或者单次离境超过30天,则该纳税年度来源于中国境外且由境外单位或者个人支付的所得,免于缴纳个人所得税。

此前6年,是指该纳税年度的前1年至前6年的连续6个年度,此前6年的起始年度自2019

年（含）以后年度开始计算。

②非居民纳税义务人的判定标准及纳税义务范围。

I. 判定标准。

非居民纳税义务人，是指不符合居民纳税义务人判定标准（条件）的纳税义务人。《个人所得税法》规定，非居民纳税义务人是"在中国境内无住所又不居住或者无住所而在境内居住不满1年的个人"。也就是说，非居民纳税义务人，是指习惯性居住地不在中国境内，而且不在中国居住，或者在一个纳税年度内在中国境内居住不满1年的个人。

II. 纳税义务范围。

非居民纳税义务人承担有限纳税义务，即仅就其来源于中国境内的所得，向中国缴纳个人所得税。

根据有关规定，在中国境内无住所而在一个纳税年度中在中国境内连续或累计工作不超过90天或在税收协定规定的期间中在中国境内连续或累计居住不超过183天的个人，由中国境外雇主支付并且不是由该雇主的中国境内机构负担的工资薪金，免于申报缴纳个人所得税。对前述个人应仅就其实际在中国境内工作期间由中国境内企业或个人雇主支付或者由中国境内机构负担的工资薪金所得申报纳税。凡是中国境内企业、机构属于采取核定利润方法计征企业所得税或没有营业收入而不征收企业所得税的，在该企业、机构任职、受雇的个人实际在中国境内工作期间取得的工资薪金，不论在该企业、机构会计账簿中是否记载，均应视为该企业支付或由该机构负担的工资、薪金。

对于在中国境内无住所，但在一个纳税年度内在中国境内连续或累计工作超过90天或在税收协定规定的期间内在中国境内连续或累计居住超过183天但不满1年的个人，其实际在中国境内工作期间取得的由中国境内企业或个人雇主支付和由境外企业或个人雇主支付的工资薪金所得，均应申报缴纳个人所得税；其在中国境外工作期间取得的工资薪金所得，除担任中国境内企业董事或高层管理人员，并在境外履行职务而由境内企业支付董事费或工资、薪金所得外，不缴纳个人所得税。担任中国境内企业董事或高层管理人员取得的由境内企业支付的董事费或工资、薪金，不论个人是否在中国境外履行职务，均应申报缴纳个人所得税，如表3-4所示。

表3-4 个人所得税的纳税义务人及其纳税义务

纳税人居住环境		纳税人性质	境内所得		境外所得	
			境内支付	境外支付	境内支付	境外支付
在中国境内有住所		居民	√	√	√	√
无住所的个人	居住满5年	居民	√	√	√	√
	居住满1年但不满5年	居民	√	√	√	×
	居住超过90日或183日但不满1年	非居民	√	√	—	—
	居住未超过90日或183日	非居民	√	×	—	—

注："√"代表此种收入需按规定在我国缴纳个人所得税；"×"代表此种收入免于缴纳个人所得税；"—"代表此种收入不属于我国个人所得税征收范围。

（2）个人所得税的税率。

我国个人所得税采用比例税率和超额累进税率两种形式。其中，工资薪金所得、个体工商户生产经营所得、个人独资企业和合伙企业生产经营所得，以及企事业单位承包承租所得适用超额累进税率，其他所得适用比例税率。

①综合所得。

综合所得适用七级超额累进税率，税率为3%～45%，如表3-5所示。

居民个人每一纳税年度内取得综合所得包括：工资、薪金所得，劳务报酬所得，稿酬所得和特许权使用费所得。

表 3-5　综合所得个人所得税税率表

级数	全年应纳税所得额	税率（%）
1	不超过 36 000 元的	3
2	超过 36 000 元至 144 000 元的部分	10
3	超过 144 000 元至 300 000 元的部分	20
4	超过 300 000 元至 420 000 元的部分	25
5	超过 420 000 元至 660 000 元的部分	30
6	超过 660 000 元至 960 000 元的部分	35
7	超过 960 000 元的部分	45

注：①本表所称全年应纳税所得额是指依照税法的规定，居民个人取得综合所得以每一纳税年度收入额减除费用 6 万元以及专项扣除、专项附加扣除和依法确定的其他扣除后的余额。②非居民个人取得工资、薪金所得，劳务报酬所得，稿酬所得和特许权使用费所得，依照本表按月换算后计算应纳税额。

②经营所得适用五级超额累进税率，税率为 5%～35%，如表 3-6 所示。

表 3-6　经营所得个人所得税税率

级数	全年应纳税所得额	税率（%）
1	不超过 30 000 元的	5
2	超过 30 000 元至 90 000 元的部分	10
3	超过 90 000 元至 300 000 元的部分	20
4	超过 300 000 元至 500 000 元的部分	30
5	超过 500 000 元的部分	35

注：本表所称全年应纳税所得额是指依照本法第六条的规定，以每一纳税年度的收入总额减除成本、费用以及损失后的余额。

这里值得注意的是，由于目前实行承包（租）经营的形式较多，分配方式也不相同。因此，承包、承租人按照承包、承租经营合同（协议）规定取得所得的适用税率也不一致。

Ⅰ. 承包、承租人对企业经营成果不拥有所有权，仅是按合同（协议）规定取得一定所得的，其所得按"工资、薪金"所得项目征税，纳入年度综合所得，适用 3%～45% 的七级超额累进税率。

Ⅱ. 承包、承租人按合同（协议）的规定只向发包、出租方缴纳一定费用后，企业经营成果归其所有的，承包、承租人取得的所得，按对企事业单位的承包经营、承租经营所得项目，适用 5%～35% 的五级超额累进税率征税。

③稿酬所得适用税率。

稿酬所得，适用 20% 的比例税率，并按应纳税额减征 30%，故实际税率为 14%。

④劳务报酬所得适用税率。

劳务报酬所得，适用比例税率，税率为 20%。对劳务报酬所得一次收入畸高的，可以实行加成征收，具体办法由国务院规定。

⑤特许权使用费所得，利息、股息、红利所得，财产租赁所得，财产转让所得，偶然所得和其他所得适用税率。

特许权使用费所得，利息、股息、红利所得，财产租赁所得，财产转让所得，偶然所得和其他所得，适用比例税率，税率为 20%。从 2007 年 8 月 15 日起，居民储蓄利息税率调为 5%，自 2008 年 10 月 9 日起暂免征收储蓄存款利息的个人所得税。对个人出租住房取得的所得减按 10% 的税率计征个人所得税。

3.2.2　个人所得税应纳税额的计算

1. 工资、薪金所得应纳税额的计算

（1）应纳税所得额的确定。

工资、薪金所得，以纳税人任职、受雇的公司、企业、事业单位、机关、团体、部队、学校等单位的所在地，作为所得来源地。

（2）有关减除费用的规定。

①居民个人取得综合所得，以每年收入额减除费用 60 000 元以及专项扣除、专项附加扣除和依法确定的其他扣除后的余额，为应纳税所得额。

Ⅰ. 专项扣除，包括居民个人按照国家规定的范围和标准缴纳的基本养老保险、基本医疗保险、失业保险等社会保险费和住房公积金等。

Ⅱ. 专项附加扣除，包括子女教育、继续教育、大病医疗、住房贷款利息或者住房租金、赡养老人等支出，具体范围、标准和实施步骤由国务院确定，并报全国人民代表大会常务委员会备案。

Ⅲ. 依法确定的其他扣除，包括个人缴付符合国家规定的企业年金、职业年金，个人购买的符合国家规定的商业健康保险、税收递延型商业养老保险等支出，以及国务院规定可以扣除的其他项目。

Ⅳ．专项扣除、专项附加扣除和依法确定的其他扣除，以居民个人一个纳税年度的应纳税所得额为限额；一个纳税年度扣除不完的，不得结转以后年度扣除。

②非居民个人的工资、薪金所得，以每月收入额减除费用5 000元后的余额为应纳税所得额。

（3）应纳税额的计算。

①工资、薪金所得。

首先，工资、薪金所得全额计入收入额；而劳务报酬所得、特许权使用费所得的收入额为实际取得劳务报酬、特许权使用费收入的80%；此外，稿酬所得的收入额在扣除20%费用的基础上，再减按70%计算，即稿酬所得的收入额为实际取得稿酬收入的56%。

其次，居民个人的综合所得，以每一纳税年度的收入额减除费用60 000元以及专项扣除、专项附加扣除和依法确定的其他扣除后的余额，为应纳税所得额。

居民个人综合所得应纳税额的计算公式为：

应纳税额=∑（每一级数的全年应纳税所得额 × 对应级数的适用税率）=∑［每一级数（全年收入额-60 000元-专项扣除-享受的专项附加扣除-享受的其他扣除）× 对应级数的适用税率］

这里需要说明的是，由于居民个人的全年综合所得在计算应纳个人所得税额时适用的是超额累进税率，所以计算比较烦琐。运用速算扣除数计算法，可简化计算过程。速算扣除数是指在采用超额累进税率征税的情况下，根据超额累进税率表中划分的应纳税所得额级距和税率，先用全额累进方法计算出税额，再减去用超额累进方法计算的应征税额以后的差额。当超额累进税率表中的级距和税率确定以后，各级速算扣除数也固定不变，成为计算应纳税额时的常数。虽然税法中没有提供含有速算扣除数的税率表，但我们可以利用上述原理整理出包含有速算扣除数的居民个人全年综合所得个人所得税税率表，如表3-7所示。

表3-7 综合所得个人所得税税率表（含速算扣除数）

级数	全年应纳税所得额	税率（%）	速算扣除数
1	不超过36 000元的	3	0
2	超过36 000元至144 000元的部分	10	2 520
3	超过144 000元至300 000元的部分	20	16 920
4	超过300 000元至420 000元的部分	25	31 920
5	超过420 000元至660 000元的部分	30	52 920
6	超过660 000元至960 000元的部分	35	85 920
7	超过960 000元的部分	45	181 920

这样，居民个人综合所得应纳税额的计算公式应为：

应纳税额=全年应纳税所得额 × 适用税率-速算扣除数=（全年收入额-60 000元-专项扣除-享受的专项附加扣除-享受的其他扣除）× 适用税率-速算扣除数

【情景3-15】假定某居民个人纳税人2021年扣除"三险一金"后共取得含税工资收入150 000元，除住房贷款专项附加扣除外，该纳税人不享受其余专项附加扣除和税法规定的其他扣除。计算其当年应纳个人所得税税额。

全年应纳税所得额=150 000-60 000-12 000=78 000（元）

应纳税额=78 000×10%-2 520=5 280（元）

【情景3-16】假定某居民个人纳税人为独生子女，2021年交完社保和住房公积金后共取得税前工资收入240 000元，劳务报酬8 000元，稿酬8 200元。该纳税人有两个小孩且均由其扣除子女教育专项附加，纳税人的父母健在且均已年满60岁。计算其当年应纳个人所得税税额。

全年应纳税所得额=240 000+8 000×（1-20%）+8 200×70%×（1-20%）-60 000-12 000×2-24 000=142 992（元）

应纳税额=142 992×10%-2 520=11 779.2（元）

②全年一次性奖金。

全年一次性奖金是指行政机关、企事业单位等扣缴义务人根据全年经济效益和对雇员全年工作业绩的综合考核情况，向雇员发放的一次性奖金。一次性奖金也包括年终加薪、实行年薪制和绩效工资办法的单位，根据考核情况兑现的年薪和绩效工资。

居民个人取得全年一次性奖金，在2021年12月31日前，可选择不并入当年综合所得，按以下计税办法，由扣缴义务人发放时代扣代缴。即将居民个人取得的全年一次性奖金除以12个月，按其商数依照按月换算后的综合所得税率表确定适用税率和速算扣除数，如表3-8所示。

表3-8 按月换算后的综合所得率表

级数	月度应纳税所得额	税率（%）	速算扣除数
1	不超过3 000元的	3	0
2	超过3 000元至12 000元的部分	10	210
3	超过12 000元至25 000元的部分	20	1 410
4	超过25 000元至35 000元的部分	25	2 660
5	超过35 000元至55 000元的部分	30	4 410
6	超过55 000元至80 000元的部分	35	7 160
7	超过80 000元的部分	45	15 160

在一个纳税年度内，对每一个纳税人，该计税办法只允许采用一次。

实行年薪制和绩效工资的单位，居民个人取得年终兑现的年薪和绩效工资按上述方法执行。居民个人取得全年一次性奖金，也可以选择并入当年综合所得计算纳税。

居民个人取得除全年一次性奖金以外的其他各种名目的奖金，如半年奖、季度奖、加班奖、先进奖、考勤奖等，一律与当月工资、薪金收入合并，按税法规定缴纳个人所得税。

自2022年1月1日起，居民个人取得全年一次性奖金，应并入当年综合所得计算缴纳个人所得税。

【情景3-17】假定中国居民周某2021年在我国境内1～12月每月的税后工资为5 200元，12月31日又一次性领取年终含税奖金60 000元。请计算周某取得年终奖金应缴纳的个人所得税。

（1）年终奖金适用的税率和速算扣除数为：

按12个月分摊后，每月的奖金=60 000÷12=5 000（元），根据工资、薪金七级超额累进税率的规定，适用的税率和速算扣除数分别为10%，即210元。

（2）该笔年终奖应缴纳的个人所得税为：

应纳税额=年终奖金收入×适用的税率-速算扣除数=60 000×10%-210=6 000-210=5 790（元）

2. 个体工商户生产、经营所得应纳税额的计算

（1）应纳税所得额的确定。

个体工商户经营所得，即以个体工商户每一纳税年度的收入总额减除成本、费用以及损失后的余额，为应纳税所得额。

这里所称的成本、费用，是指个体工商户生产、经营活动中发生的各项直接支出和分配计入成本的间接费用以及销售费用、管理费用、财务费用；所称的损失，是指个体工商户生产、经营活动中发生的固定资产和存货的盘亏、毁损、报废损失，转让财产损失，坏账损失，自然灾害等不可抗力因素造成的损失以及其他损失。

取得经营所得的个人没有综合所得的，在计算其每一纳税年度的应纳税所得额时，应当减除费用60 000元、专项扣除、专项附加扣除以及依法确定的其他扣除。专项附加扣除在办理汇算清缴时减除。

在个人税收递延型商业养老保险试点区域内，取得个体工商户生产经营所得、对企事业单位的承包承租经营所得的个体工商户业主、个人独资企业投资者、合伙企业自然人合伙人和承包承租经营者，其缴纳的税收递延型商业养老保险保费准予在计算当年应纳税所得额时予以限额据实扣除，扣除限额按照不超过当年应税收入的6%和12 000元孰低的办法确定。

纳税人从事生产、经营活动，未提供完整、准确的纳税资料，不能正确计算应纳税所得额的，由主管税务机关核定其应纳税所得额或者应纳税额。

个人独资企业的投资者以全部生产经营所得为应纳税所得额；合伙企业的投资者按照合伙企业的全部生产经营所得和合伙协议约定的分配比例确定应纳税所得额，合伙协议没有约定分配比例的，以全部生产经营所得和合伙人数量为标准平均计算每个投资者的应纳税所得额。

上述所称生产经营所得，包括企业分配给投

资者个人的所得和企业当年留存的所得（利润）。

对个体工商户业主、个人独资企业和合伙企业自然人投资者的生产经营所得依法计征个人所得税时，个体工商户业主、个人独资企业和合伙企业自然人投资者本人的费用扣除标准统一确定为每年60 000元（或每月5 000元）。

（2）应纳税额的计算。

①个体工商户应纳税额的计算。

个体工商户应纳税所得额的计算遵循权责发生制原则。属于当期的收入和费用，不论款项是否收付，均作为当期的收入和费用；不属于当期的收入和费用，即使款项在当期已经收付，也不作为当期收入和费用。财政部、国家税务总局另有规定的除外。基本规定如下：

Ⅰ.计税基本规定。

个体工商户的生产、经营所得，以每一纳税年度的收入总额减除成本、费用、税金、损失、其他支出以及允许弥补的以前年度亏损后的余额，为应纳税所得额。

个体工商户从事生产经营以及与生产经营有关的活动（以下简称生产经营）取得的货币形式和非货币形式的各项收入，为收入总额。包括：销售货物收入、提供劳务收入、转让财产收入、利息收入、租金收入、接受捐赠收入以及其他收入。

前款所称其他收入包括个体工商户资产溢余收入、逾期一年以上的未退包装物押金收入、确实无法偿付的应付款项、已作坏账损失处理后又收回的应收款项、债务重组收入、补贴收入、违约金收入、汇兑收益等。

成本是指个体工商户在生产经营活动中发生的销售成本、业务支出以及其他耗费。

费用是指个体工商户在生产经营活动中发生的销售费用、管理费用和财务费用，已经计入成本的有关费用除外。

税金是指个体工商户在生产经营活动中发生的除个人所得税和允许抵扣的增值税以外的各项税金及其附加。

损失是指个体工商户在生产经营活动中发生的固定资产和存货的盘亏、毁损、报废损失，转让财产损失，坏账损失，自然灾害等不可抗力因素造成的损失以及其他损失。

个体工商户发生的损失减除责任人赔偿和保险赔款后的余额，参照财政部、国家税务总局有关企业资产损失税前扣除的规定扣除。

个体工商户已经作为损失处理的资产，在以后纳税年度又全部收回或者部分收回时，应当计入收回当期的收入。

其他支出是指除成本、费用、税金、损失外，个体工商户在生产经营活动中发生的与生产经营活动有关的、合理的支出。

个体工商户发生的支出应当区分收益性支出和资本性支出。收益性支出在发生当期直接扣除；资本性支出应当分期扣除或者计入有关资产成本，不得在发生当期直接扣除。

除税收法律法规另有规定外，个体工商户实际发生的成本、费用、税金、损失和其他支出，不得重复扣除。

个体工商户下列支出不得扣除：个人所得税税款；税收滞纳金；罚金、罚款和被没收财物的损失；不符合扣除规定的捐赠支出；赞助支出；用于个人和家庭的支出；与取得生产经营收入无关的其他支出；国家税务总局规定不准扣除的支出。

个体工商户生产经营活动中，应当分别核算生产经营费用和个人、家庭费用。对于生产经营与个人、家庭生活混用难以分清的费用，其40%视为与生产经营有关的费用，准予扣除。

个体工商户纳税年度发生的亏损，准予向以后年度结转，用以后年度的生产经营所得弥补，但结转年限最长不得超过5年。

个体工商户使用或者销售存货，按照规定计算的存货成本，准予在计算应纳税所得额时扣除。

个体工商户转让资产，该项资产的净值，准予在计算应纳税所得额时扣除。

本办法所称亏损，是指个体工商户依照本办法规定计算的应纳税所得额小于0的数额。

个体工商户与企业联营而分得的利润，按利息、股息、红利所得项目征收个人所得税。

个体工商户和从事生产、经营的个人取得与生产、经营活动无关的各项应税所得，应按规定分别计算征收个人所得税。

Ⅱ. 扣除项目及标准。

个体工商户实际支付给从业人员的、合理的工资薪金支出，准予扣除。

个体工商户业主的费用扣除标准，确定为60 000元/年。

个体工商户业主的工资薪金支出不得税前扣除。

个体工商户按照国务院有关主管部门或者省级人民政府规定的范围和标准为其业主和从业人员缴纳的基本养老保险费、基本医疗保险费、失业保险费、生育保险费、工伤保险费和住房公积金，准予扣除。

个体工商户为从业人员缴纳的补充养老保险费、补充医疗保险费，分别在不超过从业人员工资总额5%标准内的部分据实扣除；超过部分，不得扣除。

个体工商户业主本人缴纳的补充养老保险费、补充医疗保险费，以当地（地级市）上年度社会平均工资的3倍为计算基数，分别在不超过该计算基数5%标准内的部分据实扣除；超过部分，不得扣除。

除个体工商户依照国家有关规定为特殊工种从业人员支付的人身安全保险费和财政部、国家税务总局规定可以扣除的其他商业保险费外，个体工商户业主本人或者为从业人员支付的商业保险费，不得扣除。

个体工商户在生产经营活动中发生的合理的不需要资本化的借款费用，准予扣除。

个体工商户为购置、建造固定资产、无形资产和经过12个月以上的建造才能达到预定可销售状态的存货发生借款的，在有关资产购置、建造期间发生的合理的借款费用，应当作为资本性支出计入有关资产的成本，并依照本办法的规定扣除。

个体工商户在生产经营活动中发生的下列利息支出，准予扣除：

向金融企业借款的利息支出；向非金融企业和个人借款的利息支出，不超过按照金融企业同期同类贷款利率计算的数额的部分。

个体工商户在货币交易中，以及纳税年度终了时将人民币以外的货币性资产、负债按照期末即期人民币汇率中间价折算为人民币时产生的汇兑损失，除已经计入有关资产成本部分外，准予扣除。

个体工商户向当地工会组织拨缴的工会经费、实际发生的职工福利费支出、职工教育经费支出分别在工资薪金总额2%、14%、8%的标准内据实扣除。

工资薪金总额是指允许在当期税前扣除的工资薪金支出数额。

职工教育经费的实际发生数额超出规定比例当期不能扣除的数额，准予在以后纳税年度结转扣除。

个体工商户业主本人向当地工会组织缴纳的工会经费、实际发生的职工福利费支出、职工教育经费支出，以当地（地级市）上年度社会平均工资的3倍为计算基数，在本条第一款规定比例内据实扣除。

个体工商户发生的与生产经营活动有关的业务招待费，按照实际发生额的60%扣除，但最高不得超过当年销售（营业）收入的5‰。

业主自申请营业执照之日起至开始生产经营之日止发生的业务招待费，按照实际发生额的60%计入个体工商户的开办费。

个体工商户每一纳税年度发生的与其生产经营活动直接相关的广告费和业务宣传费不超过当年销售（营业）收入15%的部分，可以据实扣除；超过部分，准予在以后纳税年度结转扣除。

个体工商户代其从业人员或者他人负担的税款，不得税前扣除。

个体工商户按照规定缴纳的摊位费、行政性收费、协会会费等，按实际发生数额扣除。

个体工商户根据生产经营活动的需要租入固定资产支付的租赁费，按照以下方法扣除：以经营租赁方式租入固定资产发生的租赁费支出，按照租赁期限均匀扣除；以融资租赁方式租入固定资产发生的租赁费支出，按照规定构成融资租入固定资产价值的部分应当提取折旧费用，分期扣除。

个体工商户参加财产保险，按照规定缴纳的保险费，准予扣除。

个体工商户发生的合理的劳动保护支出，准予扣除。

个体工商户自申请营业执照之日起至开始生

产经营之日止所发生的符合本办法规定的费用，除为取得固定资产、无形资产的支出，以及应计入资产价值的汇兑损益、利息支出外，作为开办费，个体工商户可以选择在开始生产经营的当年一次性扣除，也可自生产经营月份起在不短于3年期限内摊销扣除，一经选定，不得变更。

开始生产经营之日为个体工商户取得第一笔销售（营业）收入的日期。

个体工商户通过公益性社会团体或者县级以上人民政府及其部门，依照《中华人民共和国公益事业捐赠法》规定的公益事业的捐赠，捐赠额不超过应纳税所得额30%的部分可以据实扣除。

财政部、国家税务总局规定可以在税前全额扣除的捐赠支出项目，按有关规定执行。

公益性社会团体的认定，按照财政部、国家税务总局、民政部有关规定执行。

本办法所称的赞助支出，是指个体工商户发生的与生产经营活动无关的各种非广告性质的支出。

个体工商户研究开发新产品、新技术、新工艺所发生的开发费用，以及研究开发新产品、新技术而购置单台价值在100 000元以下的测试仪器和试验性装置的购置费准予直接扣除；单台价值在100 000元以上（含100 000元）的测试仪器和试验性装置，按固定资产管理，不得在当期直接扣除。

②经营所得应纳税所得额的计算。

经营所得应纳税所得额的计算公式为：

应纳税所得额=年应纳税所得×适用税率－速算扣除数=（全年收入总额－成本、费用以及损失）×适用税率－速算扣除数

同居民个人综合所得应纳税额的计算一样，利用税法中给出的经营所得税率表，可以换算得到包含速算扣除数在内的经营所得适用税率表，如表3-9所示。

表3-9 经营所得个人所得税税率表（含速算扣除数）

级数	全年应纳税所得额	税率（%）	速算扣除数
1	不超过30 000元的	5	0
2	超过30 000元至90 000元的部分	10	1 500
3	超过90 000元至300 000元的部分	20	10 500
4	超过300 000元至500 000元的部分	30	40 500
5	超过500 000元的部分	35	65 500

续表

【情景3-18】 某运输公司系个体工商户，账证健全，2021年12月取得经营收入为300 000元，准许扣除当月成本、费用（不含业主工资）及相关税金共计220 000元。1～11月累计应纳税所得额90 000元（未扣除业主费用减除标准），1～11月累计已预缴个人所得税15 000元。除经营所得外，业主本人没有其他收入，且2021年全年均享受赡养老人一项专项附加扣除。不考虑专项扣除和符合税法规定的其他扣除，请计算该个体工商户就2021年度汇算清缴时应申请的个人所得税税额。

纳税人取得经营所得，按年计算个人所得税，由纳税人在月度或季度终了后15日内，向经营管理所在地主管税务机关办理预缴纳税申报；在取得所得的次年3月31日前，向经营管理所在地主管税务机关办理汇算清缴。

因此，按照税收法律、法规和文件规定，先计算全年应纳税所得额，再计算全年应纳税额。并根据全年应纳税额和当年已预缴税额计算出当年度应补（退）税额。

全年应纳税所得额=300 000-220 000+90 000-60 000-24 000=86 000（元）

全年应缴纳个人所得税=86 000×10%-1 500=7 100（元）

该个体工商户2021年度应申请的个人所得税退税额=15 000-7 100=7 900（元）

3. 对企事业单位承包经营、承租经营所得应纳税额的计算

（1）应纳税所得额的确定。

对企事业单位的承包经营、承租经营所得，以每一纳税年度的收入总额，减除必要费用后的余额，作为应纳税所得额。这里的每一纳税年度的收入总额，是指纳税义务人按照承包经营、承租经营合同规定分得的经营利润和工资、薪金性质的所得；这里减除必要费用，是指按年减除60 000元。

(2) 应纳税额的计算。

①年终一次取得收入的应纳税额计算：

$$\text{全年应纳税额} = \text{全年应纳税所得额} \times \text{适用税率} - \text{速算扣除数}$$

②纳税年度分次取得收入的应纳税额计算：

对企事业单位承包经营、承租经营所得应纳税款，税法规定按年计算。纳税人在一纳税年度内分次取得承包承租经营所得的，应当在取得每次收入的 7 日内预缴税款，年度终了后 3 个月内汇算清缴，多退少补。

分次取得收入的预交办法可实行按次定额预缴，也可采用个体户分月预缴的办法。

4. 劳务报酬、稿酬、特许权使用费所得应纳税额的计算

（1）应纳税所得额的确定。

就劳务报酬所得来看，从事设计、安装、装潢、制图、化验、测试等劳务，往往是接受客户的委托，按照客户的要求，完成一次劳务后取得的收入。因此，其属于一次性收入，即以每次提供劳务取得的收入为一次。但需要注意的是，如果一次性劳务报酬收入是以分月支付方式取得的，适用同一事项连续取得收入，以 1 个月内取得的收入为一次的规定。

就稿酬来看，以每次出版、发表取得的收入为一次，不论出版单位是预付还是分笔支付稿酬，或者加印该作品后再付稿酬，均应合并其稿酬所得，按一次计征个人所得税。具体又可细分为：同一作品再版取得的所得，应视作另一次稿酬所得计征个人所得税。同一作品先在报刊上连载，然后再出版，或先出版，再在报刊上连载的，应视为两次稿酬所得征税，即连载作为一次，出版作为另一次。同一作品在报刊上连载取得收入的，以连载完成后取得的所有收入合并为一次，计征个人所得税。同一作品在出版和发表时，以预付稿酬或分次支付稿酬等形式取得的稿酬收入，应合并计算为一次。同一作品出版、发表后，因添加印数而追加稿酬的，应与以前出版、发表时取得的稿酬合并计算为一次，计征个人所得税。在两处或两处以上出版、发表或再版同一作品而取得稿酬所得的，则可分别各处取得的所得或再版所得按分次所得计征个人所得税。作者去世后，对取得其遗作稿酬的个人，按稿酬所得征收个人所得税。

就特许权使用费来看，以某项使用权的一次转让所取得的收入为一次。一个非居民个人，可能不仅拥有一项特许权利，每一项特许权的使用权也可能不止一次地向我国境内提供。因此，对特许权使用费所得的"次"的界定，明确为每一项使用权的每次转让所取得的收入为一次。如果该次转让取得的收入是分笔支付的，则应将各笔收入相加为一次的收入，计征个人所得税。

（2）应纳税额的计算。

同居民个人取得的劳务报酬所得、稿酬所得和特许权使用费所得一样，非居民个人取得的这些项目的所得同样适用劳务报酬所得、稿酬所得、特许权使用费所得以收入减除 20% 的费用后的余额为收入额、稿酬所得的收入额减按 70% 计算的规定。

非居民个人的工资、薪金所得，以每月收入额减除费用 5 000 元后的余额为应纳税所得额；劳务报酬所得、稿酬所得、特许权使用费所得，以每次收入额为应纳税所得额。非居民个人从我国境内取得这些所得时，适用的税率如表 3-10 所示。

表 3-10 非居民个人工资、薪金所得，劳务报酬所得，稿酬所得，特许权使用费所得适用税率表

级数	应纳税所得额	税率（%）	速算扣除数
1	不超过 3 000 元的部分	3	0
2	超过 3 000 元至 12 000 元的部分	10	210
3	超过 12 000 元至 25 000 元的部分	20	1 410
4	超过 25 000 元至 35 000 元的部分	25	2 660
5	超过 35 000 元至 55 000 元的部分	30	4 410
6	超过 55 000 元至 80 000 元的部分	35	7 160
7	超过 80 000 元的部分	45	15 160

【情景 3-19】假定在某外商投资企业中工作的美国专家（假设为非居民纳税人）2021 年 6 月取得由该企业发放的含税工资收入 12 000 元人民币，

此外还从别处取得劳务报酬6 200元人民币。请计算当月其应纳个人所得税税额。

该非居民个人当月工资、薪金所得应纳税额=（12 000-6 200）×10%-210=370（元）

该非居民个人当月劳务报酬所得应纳税额=6 200×（1-20%）×10%-210=286（元）

5.财产租赁所得应纳税额的计算

（1）应纳税所得额的确定。

财产租赁所得，以1个月内取得的收入为一次。财产租赁所得一般以个人每次取得的收入，定额或定率减除规定费用后的余额为应纳税所得额。每次收入不超过4 000元，定额减除费用800元；每次收入在4 000元以上的，定率减除20%的费用。

在确定财产租赁的应纳税所得额时，纳税人在出租财产过程中缴纳的税金和教育费附加，可持完税（缴款）凭证，从其财产租赁收入中扣除。准予扣除的项目除了规定费用和有关税费外，还准予扣除能够提供有效准确凭证、证明由纳税人负担的该出租财产实际开支的修缮费用。允许扣除的修缮费用，以每次800元为限。一次扣除不完的，准予在下一次继续扣除，直到扣完为止。

个人出租财产取得的财产租赁收入，在计算缴纳个人所得税时，应依次扣除以下费用：

①财产租赁过程中缴纳的税金和国家能源交通重点建设基金、国家预算调节基金、教育费附加。

②由纳税人负担的该出租财产实际开支的修缮费用。

③税法规定的费用扣除标准。

（2）应纳税额的计算。

①应纳税所得额的计算公式为：

I.每次（月）收入不超过4 000元的：

应纳税所得额=每次（月）收入额-准予扣除项目-修缮费用（800元为限）-800元

II.每次（月）收入超过4 000元的：

应纳税所得额=[每次（月）收入额-准予扣除项目-修缮费用（800元为限）]×（1-20%）

②个人房屋转租应纳税额的计算。

个人将承租房屋转租取得的租金收入属于个人所得税应税所得，应按"财产租赁所得"项目计征个人所得税。具体规定为：

I.取得转租收入的个人向房屋出租方支付的租金，凭房屋租赁合同和合法支付凭据允许在计算个人所得税时，从该项转租收入中扣除。

II.有关财产租赁所得个人所得税前扣除税费的扣除次序调整为：

A.财产租赁过程中缴纳的税费。

B.向出租方支付的租金。

C.由纳税人负担的租赁财产实际开支的修缮费用。

III.税法规定的费用扣除标准。

③应纳税额的计算方法。

财产租赁所得适用20%的比例税率。但对个人按市场价格出租的居民住房取得的所得，自2001年1月1日起暂减按10%的税率征收个人所得税。计算公式为：

应纳税额=应纳税所得额×适用税率

【情景3-20】杨某于2021年1月将其自有的面积为150平方米的公寓按市场价出租给张某。杨某每月取得租金收入6 200元，全年租金收入74 400元。计算杨某全年租金收入应缴纳的个人所得税（不考虑其他税费）。财产租赁收入以每月内取得的收入为一次，按市场价出租给个人居住适用10%的税率，因此，杨某每月及全年应纳税额为：

每月应纳税额=6 200×（1-20%）×10%=496（元）

全年应纳税额=496×12=5 952（元）

6.财产转让所得应纳税额的计算

（1）应纳税所得额的确定。

财产转让所得，以一件财产的所有权一次转让取得的收入为一次。财产转让所得，以转让财产的收入额减除财产原值和合理费用后的余额为应纳税所得额。财产原值是指：

①有价证券，为买入价及买入时按照规定缴纳的有关费用；

②建筑物，为建造费或者购进价格及其他有关费用；

③土地使用权，为取得土地使用权所支付的金额、开发土地的费用及其他有关费用；

④机器设备、车船，为购进价格、运输费和安装费及其他有关费用；

⑤其他财产，参照上述方法确定。

纳税义务人未提供完整准确的财产原值凭证，不能正确计算财产原值的，由主管税务机关核定其财产原值。

合理费用是指卖出财产时，按照规定支付的有关费用。

(2) 应纳税额的计算。

①一般情况下财产转让所得应纳税额的计算

财产转让所得应纳税额的计算公式为：

应纳税额＝应纳税所得额×适用税率＝（收入总额－财产原值－合理税费）×20%

【情景3-21】某个人建房一幢，造价320 000元，支付其他费用45 000元。房屋建成后进行出售，售价600 000元。在售房过程中，按规定支付交易费等相关税费35 000元，其应纳个人所得税额的计算公式为：

应纳税所得额＝财产转让收入－财产原值－合理费用 =600 000－320 000－45 000－35 000=200 000（元）

应纳税额 =200 000×20%=40 000（元）

②个人住房转让所得应纳税额的计算。

自2006年8月1日起，个人转让住房所得应纳个人所得税的计算具体规定如下：

I. 以实际成交价格为转让收入。纳税人申报的住房成交价格明显低于市场价格且无正当理由的，征收机关依法有权根据有关信息核定其转让收入，但必须保证各税种计税价格一致。

II. 纳税人可凭原购房合同、发票等有效凭证，经税务机关审核后，允许从其转让收入中减除房屋原值、转让住房过程中缴纳的税金及有关合理费用。

A. 房屋原值具体为：

商品房：购置该房屋时实际支付的房价款及缴纳的相关税费。

自建住房：实际发生的建造费用及建造和取得产权时实际缴纳的相关税费。

经济适用房（含集资合作建房、安居工程住房）：原购房人实际支付的房价款及相关税费，以及按规定缴纳的土地出让金。

已购公有住房：原购公有住房标准面积按当地经济适用房价格计算的房价款，加上原购公有住房超标准面积实际支付的房价款以及按规定向财政部门（或原产权单位）缴纳的所得收益及相关税费。已购公有住房是指城镇职工根据国家和县级（含县级）以上人民政府有关城镇住房制度改革政策规定，按照成本价（或标准价）购买的公有住房。经济适用房价格按县级（含县级）以上地方人民政府规定的标准确定。

城镇拆迁安置住房，其原值分别为：房屋拆迁取得货币补偿后购置房屋的，为购置该房屋实际支付的房价款及缴纳的相关税费；房屋拆迁采取产权调换方式的，所调换房屋原值为《房屋拆迁补偿安置协议》注明的价款及缴纳的相关税费；房屋拆迁采取产权调换方式，被拆迁人除取得所调换房屋，又取得部分货币补偿的，所调换房屋原值为《房屋拆迁补偿安置协议》注明的价款和缴纳的相关税费，减去货币补偿后的余额；房屋拆迁采取产权调换方式，被拆迁人取得所调换房屋，又支付部分货币的，所调换房屋原值为《房屋拆迁补偿安置协议》注明的价款，加上所支付的货币及缴纳的相关税费。

B. 转让住房过程中缴纳的税金是指纳税人在转让住房时实际缴纳的城市维护建设税、教育费附加、土地增值税、印花税等税金。

C. 合理费用是指纳税人按照规定实际支付的住房装修费用、住房贷款利息、手续费、公证费等费用。

a. 住房装修费用。纳税人能提供实际支付装修费用的税务统一发票，并且发票上所列付款人姓名与转让房屋权人一致的，经税务机关审核，其转让的住房在转让前实际发生的装修费用，可在以下规定比例内扣除：

——已购公有住房、经济适用房：最高扣除限额为房屋原值的1%。

——商品房及其他住房：最高扣除限额为房屋原值的10%。

——纳税人原购房为装修房，即合同注明房价款中含有装修费（铺装了地板、装配了洁具、厨具等）的，不得再重复扣除装修费用。

b. 住房贷款利息。纳税人出售以按揭贷款方式购置的住房，其向贷款银行实际支付的住房贷款利息，凭贷款银行出具的有效证明据实扣除。

c. 纳税人按照有关规定实际支付的手续费、公证费等，凭有关部门出具的有效证明据实扣除。纳税人未提供完整、准确的房屋原值凭证，不能正确计算房屋原值和应纳税额的，税务机关可根据《税收征收管理法》第三十五条的规定，对其实行核定征税，即按纳税人住房转让收入的一定比例核定应纳个人所得税额。具体比例由省级地方税务局或者省级地方税务局授权的地市级地方税务局根据纳税人出售住房的所处区域、地理位置、建造时间、房屋类型、住房平均价格水平等因素，在住房转让收入 1%～3% 的幅度内确定。

Ⅲ. 关于个人转让离婚析产房屋的征税问题。

A. 通过离婚析产的方式分割房屋产权是夫妻双方对共同共有财产的处置，个人因离婚办理房屋产权过户手续，不征收个人所得税。

B. 个人转让离婚析产房屋所取得的收入，允许在扣除其相应的财产原值和合理费用后，余额按照规定的税率缴纳个人所得税；其相应的财产原值为房屋初次购置全部原值和相关税费之和乘以转让者占房屋所有权的比例。

C. 个人转让离婚析产房屋所取得的收入，符合家庭生活自用五年以上唯一住房的，可以申请免征个人所得税，其购置时间按照个人购买住房以取得的房屋产权证或契税完税证明上注明的时间作为其购买房屋的时间。对于纳税人申报时，同时出具房屋产权证和契税完税证明且二者所注明的时间不一致的，按照"孰先"的原则确定购买房屋的时间。即房屋产权证上注明的时间早于契税完税证明上注明的时间的，以房屋产权证注明的时间为购买房屋的时间；契税完税证明上注明的时间早于房屋产权证上注明的时间的，以契税完税证明上注明的时间为购买房屋的时间。

7. 利息、股息、红利所得、偶然所得和其他应纳税额的计算

（1）利息、股息、红利所得应纳税额的计算。

利息、股息、红利所得和偶然所得，以每次收入额为应纳税所得额。

利息、股息、红利所得和偶然所得应纳税额的计算公式为：

$$\text{应纳税额} = \text{应纳税所得额} \times \text{适用税率} = \text{每次收入额} \times 20\%$$

（2）偶然所得应纳税额的计算。

①偶然所得是指个人得奖、中奖、中彩以及其他偶然性质的所得。偶然所得以每次收入额为应纳税所得额，适用 20% 的税率。计算公式为：

应纳个人所得税税额 = 应纳税所得额 ×20%

②按照现行税收政策的规定，对个人购买"福利彩票""体育彩票"其个人所得税征免问题规定如下：凡一次中奖收入不超过 1 万元的，暂免征收个人所得税；超过 1 万元的，应取得的收入额依照 20% 的税率计算缴纳个人所得税。

8. 个人所得税的其他规定

（1）专项附加扣除标准。

专项附加扣除是本次《个人所得税法》修订后引入的新的费用扣除标准，遵循公平合理、利于民生、简便易行的原则。目前包含了子女教育、继续教育、大病医疗、住房贷款利息、住房租金、赡养老人 6 项支出，并将根据教育、医疗、住房、养老等民生支出变化情况，适时调整专项附加扣除的范围和标准。取得综合所得和经营所得的居民个人可以享受专项附加扣除。

①子女教育。

纳税人年满 3 岁的子女接受学前教育和学历教育的相关支出，按照每个子女每月 1 000 元（每年 12 000 元）的标准定额扣除。

学前教育包括年满 3 岁至小学入学前教育；学历教育包括义务教育（小学、初中教育）、高中阶段教育（普通高中、中等职业、技工教育）、高等教育（大学专科、大学本科、硕士研究生、博士研究生教育）。

父母可以选择由其中一方按扣除标准的 100%

扣除，也可以选择由双方分别按扣除标准的50%扣除，具体扣除方式在一个纳税年度内不能变更。

纳税人子女在中国境外接受教育的，纳税人应当留存境外学校录取通知书、留学签证等相关教育的证明资料备查。

②继续教育。

纳税人在中国境内接受学历（学位）继续教育的支出，在学历（学位）教育期间，按照每月400元（每年4 800元）定额扣除。同一学历（学位）继续教育的扣除期限不能超过48个月（4年）。纳税人接受技能人员职业资格继续教育、专业技术人员职业资格继续教育支出，在取得相关证书的当年，按照3 600元定额扣除。

个人接受本科及以下学历（学位）继续教育，符合税法规定扣除条件的，可以选择由其父母扣除，也可以选择由本人扣除。

纳税人接受技能人员职业资格继续教育、专业技术人员职业资格继续教育的，应当留存相关证书等资料备查。

③大病医疗。

在一个纳税年度内，纳税人发生的与基本医保相关的医药费用支出，扣除医保报销后个人负担（指医保目录范围内的自付部分）累计超过15 000元的部分，由纳税人在办理年度汇算清缴时，在80 000元限额内据实扣除。

纳税人发生的医药费用支出可以选择由本人或者其配偶扣除；未成年子女发生的医药费用支出可以选择由其父母一方扣除。纳税人及其配偶、未成年子女发生的医药费用支出，应按前述规定分别计算扣除额。

纳税人应当留存医药服务收费及医保报销相关票据原件（或复印件）等资料备查。医疗保障部门应当向患者提供在医疗保障信息系统记录的本人年度医药费用信息查询服务。

④住房贷款利息。

纳税人本人或配偶单独或共同使用商业银行或住房公积金个人住房贷款为本人或其配偶购买中国境内住房发生的首套住房贷款利息支出，在实际发生贷款利息的年度按照每月1 000元（每年12 000元）的标准定额扣除，扣除期限最长不超过240个月（20年）。纳税人只能享受一次首套住房贷款利息扣除。

这里所称首套住房贷款是指购买住房享受首套住房贷款利率的住房贷款。

经夫妻双方约定，可以选择由其中一方扣除，具体扣除方式确定后，在一个纳税年度内不得变更。

夫妻双方婚前分别购买住房发生的首套住房贷款，对于其贷款利息支出，婚后可以选择其中一套购买的住房由购买方按扣除标准的100%扣除，也可以由夫妻双方对各自购买的住房分别按扣除标准的50%扣除，具体扣除方式在一个纳税年度内不能变更。

纳税人应当留存住房贷款合同、贷款还款支出凭证备查。

⑤住房租金。

纳税人在主要工作城市没有自有住房而发生的住房租金支出，可以按照以下标准定额扣除：

直辖市、省会（首府）城市、计划单列市以及国务院确定的其他城市，扣除标准为每月1 500元（每年18 000元）。除上述所列城市外，市辖区户籍人口超过100万的城市，扣除标准为每月1 100元（每年13 200元）；市辖区户籍人口不超过100万的城市，扣除标准为每月800元（每年9 600元）。

市辖区户籍人口，以国家统计局公布的数据为准。

上述所称主要工作城市是指纳税人任职受雇的直辖市、计划单列市、副省级城市、地级市（地区、州、盟）全部行政区域范围；纳税人无任职受雇单位的，为受理其综合所得汇算清缴的税务机关所在城市。

夫妻双方主要工作城市相同的，只能由一方扣除住房租金支出。

住房租金支出由签订租赁住房合同的承租人扣除。

纳税人及其配偶在一个纳税年度内不得同时分别享受住房贷款利息专项附加扣除和住房租金专项附加扣除。

纳税人应当留存住房租赁合同、协议等有关资料备查。

⑥赡养老人。

纳税人赡养一位及以上被赡养人的赡养支出，统一按以下标准定额扣除：

纳税人为独生子女的，按照每月2 000元（每年24 000元）的标准定额扣除；纳税人为非独生子女的，由其与兄弟姐妹分摊每月2 000元（每年24 000元）的扣除额度，每人分摊的额度最高不得超过每月1 000元（每年12 000元）。可以由赡养人均摊或者约定分摊，也可以由被赡养人指定分摊。约定或者指定分摊的须签订书面分摊协议，指定分摊优于约定分摊。具体分摊方式和额度在一个纳税年度内不得变更。

所称被赡养人是指年满60岁的父母，以及子女均已去世的年满60岁的祖父母、外祖父母。

（2）应纳税所得额的其他规定。

①劳务报酬所得、稿酬所得、特许权使用费所得以收入减除20%的费用后的余额为收入额。稿酬所得的收入额减按70%计算。个人兼有不同劳务报酬所得的，应当分别减除费用，计算缴纳个人所得税。

②个人将其所得对教育、扶贫、济困等公益慈善事业进行捐赠，捐赠额未超过纳税人申报应纳税所得额30%的部分，可以从其应纳税所得额中扣除；国务院规定对公益慈善事业捐赠实行全额税前扣除的，从其规定。

上述所称个人将其所得对教育、扶贫、济困等公益慈善事业进行捐赠，是指个人将其所得通过中国境内的公益性社会组织或国家机关向教育、扶贫、济困等公益慈善事业的捐赠；所称应纳税所得额，是指计算扣除捐赠额之前的应纳税所得额。

③个人所得的形式，包括现金、实物、有价证券和其他形式的经济利益；所得为实物的，应当按照取得的凭证上所注明的价格计算应纳税所得额，无凭证的实物或者凭证上所注明的价格明显偏低的，参照市场价格核定应纳税所得额；所得为有价证券的，根据票面价格和市场价格核定应纳税所得额；所得为其他形式的经济利益的，参照市场价格核定应纳税所得额。

④居民个人从中国境外取得的所得，可以从其应纳税额中抵免已在境外缴纳的个人所得税税额，但抵免额不得超过该纳税人境外所得依照税法规定计算的应纳税额。

⑤所得为人民币以外的货币的，按照办理纳税申报或者扣缴申报的上月最后一日人民币汇率中间价，折合成人民币计算应纳税所得额。年度终了后办理汇算清缴的，对已经按月、按季或按次预缴税款的人民币以外货币所得，不再重新折算；对应当补缴税款的所得部分，按照上一纳税年度最后一日人民币汇率中间价，折合成人民币计算应纳税所得额。

⑥对个人从事技术转让、提供劳务等过程中所支付的中介费，如能提供合法有效凭证的，允许从其所得中扣除。

3.2.3　个人所得税的会计核算

1. 个人所得税的账户设置

对采用自行申报缴纳个人所得税的纳税人，除实行查账征收的个体工商户外（个人独资企业、合伙企业参照个体工商户执行），一般不需要进行会计核算。实行查账征收的个体工商户，应设置"应交税费——应交个人所得税"科目，核算其应缴纳的个人所得税；一般企业涉及代扣代缴个人所得税业务，应设置"应交税费——代扣个人所得税"科目，核算其代扣代缴情况。

2. 会计核算

（1）扣缴义务人代扣代缴个人所得税的会计核算。

现行会计准则并未对代扣代缴税款核算作出规定，但在实际工作中，一般可在"应交税费"总账下设置"代扣个人所得税"明细账进行核算。同时，根据所代扣代缴的具体项目不同，将代扣的税额冲减"应付职工薪酬""应付账款"和"其他应付款"等账户。

① 工资、薪金代扣代缴个人所得税的会计核算。

企业作为个人所得税的扣缴义务人，支付工资、薪金时应按规定扣缴职工应缴纳的个人所得税。代扣个人所得税时，借记"应付职工薪酬"科目，贷记"应交税费——代扣个人所得税"科目；实际扣缴税款时，借记"应交税费——代扣个人所得税"科目，贷记"银行存款"科目。

任职单位在计算代扣代缴的个人所得税时，应按每个职工分别计算，会计处理时可按所有职工代扣税款合计金额编制会计分录。

【情景3-22】北京市惠达股份有限公司给李某发放月工资6 500元，计算企业代扣个人所得税税额及进行的账务处理。

李某应缴个人所得税=（6 500-5 000)×3%=45（元）

借：应付职工薪酬　　　　　　　　　　6 500
　　贷：银行存款　　　　　　　　　　6 455
　　　　应交税费——代扣个人所得税　　45

② 支付劳务报酬、特许权使用费代扣代缴个人所得税的会计核算。

企业扣缴时借记"管理费用""销售费用"等科目，贷记"应交税费——代扣个人所得税""库存现金"等科目；代缴个人所得税时，借记"应交税费——代扣个人所得税"科目，贷记"银行存款"科目。

【情景3-23】北京市惠达股份有限公司支付胡教授一次性工程设计费40 000元。计算北京市惠达股份有限公司应扣缴的个人所得税，并作相关的账务处理。

北京市惠达股份有限公司应按"劳务报酬所得"项目计算代扣代缴的个人所得税税额。

应代扣代缴税额=40 000×（1-20%)×30%-2 000=7 600（元）

（1）公司代扣时：

借：管理费用　　　　　　　　　　　40 000
　　贷：应交税费——代扣个人所得税　7 600
　　　　库存现金（或银行存款）　　　32 400

（2）实际缴纳时：

借：应交税费——代扣个人所得税　　　7 600
　　贷：银行存款　　　　　　　　　　7 600

（2）个体工商户生产、经营所得个人所得税的会计核算。

个体工商户取得生产、经营所得按规定计算应纳所得税，借记"所得税费用"科目，贷记"应交税费——应交个人所得税"科目。实际上缴税款时，借记"应交税费——应交个人所得税"科目，贷记"银行存款"科目。

【情景3-24】某个体工商户2021年全年经营收入600 000元，其中生产经营成本、费用总额为450 000元，计算其全年应缴纳的个人所得税，并进行会计核算。

应纳税所得额=600 000-450 000=150 000（元）

应纳个人所得税额=150 000×35%-14 750=37 750（元）

计算应纳个人所得税时

借：所得税费用　　　　　　　　　　37 750
　　贷：应交税费——应交个人所得税　37 750

实际缴纳税款时

借：应交税费——应交个人所得税　　37 750
　　贷：银行存款　　　　　　　　　37 750

（3）企业支付稿酬代扣代缴个人所得税的会计核算。

出版单位支付个人稿酬时，借记"生产成本"等科目，贷记"应交税费——代扣个人所得税""银行存款"等科目。实际缴纳时，借记"应交税费——代扣个人所得税"科目，贷记"银行存款"科目。

【情景3-25】作家王某于2021年5月出版一部小说，取得稿酬50 000元。计算出版社应扣缴的个人所得税税额，并进行相关的账务处理。

出版社应扣个人所得税税额=50 000×（1-20%)×20%×（1-30%)=5 600（元）

（1）出版社扣缴所得税时：

借：生产成本　　　　　　　　　　　40 000
　　贷：应交税费——代扣个人所得税　5 600
　　　　银行存款　　　　　　　　　34 400

（2）实际缴纳时：

借：应交税费——代扣个人所得税　　　5 600
　　贷：银行存款　　　　　　　　　　5 600

（4）企业支付特许权使用费代扣代缴个人所

得税的会计核算。

企业支付给个人的特许权使用费，代扣个人所得税时，借记"制造费用""管理费用"等科目，贷记"应交税费——代扣个人所得税"科目；代缴个人所得税时，借记"应交税费——代扣个人所得税"科目，贷记"银行存款"科目。

【情景3-26】北京市惠达股份有限公司购入王某的一项非专利技术的使用权。合同约定使用费40 000元，个税由王某承担。计算企业应扣缴的个人所得税并进行相应的账务处理。

根据税法规定，王某转让非专利技术所得的个人所得税应由受让企业在支付款项时代扣代缴。

应扣缴个人所得税=40 000×（1-20%）×20%=6 400（元）

借：制造费用　　　　　　　　　　40 000
　　贷：应交税费——代扣个人所得税 6 400
　　　　银行存款　　　　　　　　　33 600

（5）企业向个人购买财产（财产转让）代扣代缴个人所得税的会计核算。

企业向个人购买属于固定资产或无形资产项目的，支付的税金应作为企业固定资产或无形资产的价值组成部分，借记"固定资产""无形资产"等科目，按应代扣代缴的个人所得税，贷记"应交税费——代扣个人所得税"科目，按实际支付的金额，贷记"银行存款""库存现金"等科目。代缴税款时，借记"应交税费——代扣个人所得税"科目，贷记"银行存款"科目。

（6）企业向股东支付股利代扣代缴个人所得税会计核算。

企业向个人支付利息、股息、红利时，应代扣代缴个人所得税。股份制公司向个人支付现金股利时，借记"应付股利"科目，贷记"应交税费——代扣个人所得税"或"库存现金"等科目；企业发行有价证券向个人支付利息时，借记"财务费用"科目，贷记"应交税费——代扣个人所得税""银行存款"等科目。

3.2.4　个人所得税的纳税申报

我国个人所得税采取自行申报和代扣代缴两种申报形式。

1. 自行申报

自行申报是指由纳税人自行在税法规定的纳税期限内，向税务机关申报取得的应税所得项目和数额，如实填写个人所得税纳税申报表，并按照税法规定计算应纳税额，据此缴纳个人所得税的一种方法。

（1）自行申报的范围。

①取得综合所得需要办理汇算清缴的纳税申报。

取得综合所得且符合下列情形之一的纳税人，应当依法办理汇算清缴：

Ⅰ. 从两处以上取得综合所得，且综合所得年收入额减除专项扣除后的余额超过6万元。

Ⅱ. 取得劳务报酬所得、稿酬所得、特许权使用费所得中一项或者多项所得，且综合所得年收入额减除专项扣除后的余额超过6万元。

Ⅲ. 纳税年度内预缴税额低于应纳税额。

Ⅳ. 纳税人申请退税。

②取得经营所得的纳税申报。

个体工商户业主、个人独资企业投资者、合伙企业个人合伙人、承包承租经营者个人，以及其他从事生产、经营活动的个人取得经营所得，包括以下情形：

Ⅰ. 个体工商户从事生产、经营活动取得的所得，个人独资企业投资人、合伙企业的个人合伙人来源于境内注册的个人独资企业、合伙企业生产、经营的所得。

Ⅱ. 个人依法从事办学、医疗、咨询及其他有偿服务活动取得的所得。

Ⅲ. 个人对企业、事业单位承包经营、承租经营，以及转包、转租取得的所得。

Ⅳ. 个人从事其他生产、经营活动取得的所得。

③取得应税所得，扣缴义务人未扣缴税款的纳税申报。

纳税人取得应税所得，扣缴义务人未扣缴税款的，应当区别以下情形办理纳税申报：

Ⅰ. 居民个人取得综合所得的。

Ⅱ. 非居民个人取得工资、薪金所得,劳务报酬所得,稿酬所得,特许权使用费所得的。

Ⅲ. 纳税人取得利息、股息、红利所得,财产租赁所得,财产转让所得和偶然所得的。

④取得境外所得的纳税申报。

⑤因移居境外注销中国户籍的纳税申报。

纳税人因移居境外注销中国户籍的,应当在申请注销中国户籍前,向户籍所在地主管税务机关办理纳税申报,进行税款清算。

Ⅰ. 纳税人在注销户籍年度取得综合所得的,应当在办理注销前,办理当年综合所得的汇算清缴;尚未办理上一年度综合所得汇算清缴的,应当在办理注销纳税申报时一并办理。

Ⅱ. 纳税人在注销户籍年度取得经营所得的,应当在注销户籍前,办理当年经营所得的汇算清缴;从两处以上取得经营所得的,还应当一并报送"个人所得经营所得纳税申报表"。

Ⅲ. 纳税人在注销户籍当年取得利息、股息、红利所得,财产租赁所得,财产转让所得和偶然所得的,应当在注销户籍前,申报当年上述所得的完税情况,并报送"个人所得税自行纳税申报表(A表)"。

Ⅳ. 纳税人有未缴或者少缴税款的,应当在注销户籍前,结清欠缴或未缴的税款。纳税人存在分期缴税且未缴纳完毕的,应当在注销户籍前,结清尚未缴纳的税款。

Ⅴ. 纳税人办理注销户籍纳税申报时,需要办理专项附加扣除、依法确定的其他扣除的,应当向税务机关报送"个人所得税专项附加扣除信息表""商业健康保险税前扣除情况明细表""个人税收递延型商业养老保险税前扣除情况明细表"等。

⑥非居民个人在中国境内从两处以上取得工资、薪金所得的纳税申报。

非居民个人在中国境内从两处以上取得工资、薪金所得的,应当在取得所得的次月15日内,向其中一处任职、受雇单位所在地主管税务机关办理纳税申报,并报送"个人所得税自行纳税申报表(A表)"。

⑦国务院规定的其他情形。

(2)自行申报的纳税期限。

Ⅰ. 居民个人取得综合所得,按年计算个人所得税;有扣缴义务人的,由扣缴义务人按月或按次预扣预缴税款;需要办理汇算清缴的,应当在取得所得的次年3月1日至6月30日内办理汇算清缴。

Ⅱ. 纳税人取得经营所得,按年计算个人所得税,由纳税人在月度或季度终了后15日内向税务机关报送纳税申报表,并预缴税款;在取得所得的次年3月31日前办理汇算清缴。

Ⅲ. 纳税人取得应税所得没有扣缴义务人的,应当在取得所得的次月15日内向税务机关报送纳税申报表,并缴纳税款。

纳税人取得应税所得,扣缴义务人未扣缴税款的,纳税人应当在取得所得的次年6月30日前缴纳税款;税务机关通知限期缴纳的,纳税人应当按照期限缴纳税款。

居民个人从中国境外取得所得的,应当在取得的次年3月1日至6月30日内申报纳税。

非居民个人在中国境内从两处以上取得工资、薪金所得的,应当在取得所得的次月15日内申报纳税。

Ⅳ. 扣缴义务人每月或者每次预扣、代扣的税款,应当在次月15日内缴入国库,并向税务机关报送扣缴个人所得税申报表。

纳税人办理汇算清缴退税或者扣缴义务人为纳税人办理汇算清缴退税的,税务机关审核后,按照国库管理的有关规定办理退税。

(3)自行申报的纳税地点。

个人所得税纳税人应当向取得所得来源地主管税务机关申报纳税。但要注意以下几点:

Ⅰ. 在中国境内有任职、受雇单位的,向任职、受雇单位所在地主管税务机关申报。

Ⅱ. 在中国境内有两处或者两处以上任职、受雇单位的，选择并固定向其中一处单位所在地主管税务机关申报。

Ⅲ．在中国境内无任职、受雇单位，年所得项目中有个体工商户的生产、经营所得或者对企事业单位的承包经营、承租经营所得的，向其中一处实际经营所在地主管税务机关申报。

Ⅳ．在中国境内无任职、受雇单位，年所得项目中无生产、经营所得的，向户籍所在地主管税务机关申报。在中国境内有户籍，但户籍所在地与中国境内经常居住地不一致的，选择并固定向其中一地主管税务机关申报。在中国境内没有户籍的，向中国境内经常居住地主管税务机关申报。

Ⅴ．个体工商户向实际经营所在地主管税务机关申报。

Ⅵ．个人独资、合伙企业投资者兴办两个或两个以上企业的，区分不同情形确定纳税申报地点。

A．兴办的企业全部是个人独资性质的，分别向各企业的实际经营管理所在地主管税务机关申报。

B．兴办的企业中含有合伙性质的，向经常居住地主管税务机关申报。

C．兴办的企业中含有合伙性质，个人投资者经常居住地与其兴办企业的经营管理所在地不一致的，选择并固定向其参与兴办的某一合伙企业的经营管理所在地主管税务机关申报。

纳税人不得随意变更纳税申报地点，因特殊情况变更纳税申报地点的，须报原主管税务机关备案。

（4）自行申报的方式。

纳税人可以采取数据电文、邮寄等方式申报，也可以直接到主管税务机关申报，或者采取符合主管税务机关规定的其他方式申报。纳税人采取数据电文方式申报的，应当按照税务机关规定的期限和要求保存有关纸质资料；采取邮寄方式申报的，以邮政部门挂号信函收据作为申报凭据，以寄出的邮戳日期为实际申报日期。纳税人也可以委托有税务代理资质的中介机构或他人代为办理纳税申报。

2. 代扣代缴

代扣代缴是指按照税法规定负有扣缴税款义务的单位或者个人，在向个人支付应纳税所得时，应计算其应纳税额，从其所得中扣除并缴入国库，同时向税务机关报送个人所得税扣缴申报表。这种做法的目的是控制税源，防止发生漏税和逃税。

（1）扣缴义务人。

凡是支付个人应纳税所得的企业（公司）、事业单位、机关单位、社团组织、军队、驻华机构、个体户等单位或个人，都是个人所得税的扣缴义务人。扣缴义务人必须依法履行个人所得税全员全额扣缴申报义务。

所谓全员全额扣缴申报，是指扣缴义务人应当在代扣税款的次月15日内，向主管税务机关报送其支付所得的所有个人的有关信息、支付所得数额、扣除事项和数额、扣缴税款的具体数额和总额，以及其他相关涉税信息资料。

（2）应扣缴税款的所得项目。

代扣代缴项目有：扣缴义务人向居民个人支付工资、薪金所得，劳务报酬所得，稿酬所得和特许权使用费所得；向非居民个人支付工资、薪金所得，劳务报酬所得，稿酬所得和特许权使用费所得；以及向纳税人（居民个人和非居民个人）支付利息、股息、红利所得，财产租赁所得，财产转让所得和偶然所得。

（3）扣缴义务人的义务及应承担的责任。

扣缴义务人对纳税人的应扣未扣的税款，其应纳税款仍然由纳税人缴纳，扣缴义务人应承担应扣未扣税款50%以上至3倍的罚款。扣缴义务人已将纳税人拒绝代扣代缴的情况及时报告税务机关的除外。

3. 个人所得税的申报缴纳

个人所得税的扣缴义务人和自行申报纳税人，必须按税法规定的期限向税务机关进行纳税申报和缴纳税款。扣缴义务人每月所扣的税款与自行申报纳税人每月应纳税款，都应当在次月15日内

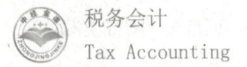

缴入国库,并向税务机关报送纳税申报表。

(1)代扣代缴个人所得税的申报表。

扣缴义务人首次向纳税人支付所得时,应当按照纳税人提供的纳税人识别号等基础信息,填写"个人所得税基础信息表(A表)",如表3-11所示,并于次月扣缴申报时向税务机关报送。扣缴义务人向居民个人支付工资、薪金所得,劳务报酬所得,稿酬所得和特许权使用费所得的个人所得税全员全额预扣预缴申报;向非居民个人支付工资、薪金所得,劳务报酬所得,稿酬所得和特许权使用费所得的个人所得税全员全额扣缴申报;以及向纳税人(居民个人和非居民个人)支付利息、股息、红利所得,财产租赁所得,财产转让所得和偶然所得的个人所得税全员全额扣缴申报。扣缴义务人每月或每次预扣、代扣的税款,应当在次月15日内缴入国库,并向税务机关报送"个人所得税扣缴申报表",如表3-12所示。

表3-11 个人所得税基础信息表(A表)

(适用于扣缴义务人填报)

扣缴义务人名称:
扣缴义务人纳税人识别号(统一社会信用代码):□□□□□□□□□□□□□□□□□□

纳税人基本信息(带*必填)							任职受雇从业信息				联系方式				银行账户		投资信息		其他信息		华侨、港澳台、外籍个人信息(带*必填)					
序号	纳税人识别号	*纳税人姓名	*身份证件类型	*身份证件号码	*出生日期	*国籍/地区	类型	职务	学历	任职受雇从业日期	离职日期	手机号码	户籍所在地	经常居住地址	联系地址	电子邮箱	开户银行	银行账号	投资额(元)	投资比例	是否残疾/孤老/烈属	残疾、烈属证号	*出生地	*性别	*首次入境时间	*预计离境时间	*涉税事由	备注
1	2	3	4	5	6	7	8	9	10	11	12	13	14	15	16	17	18	19	20	21	22	23	24	25	26	27	28	29

谨声明:本表是根据国家税收法律法规及相关规定填报的,是真实的、可靠的、完整的。

扣缴义务人(签章): 年 月 日

经办人签字: 经办人身份证件号码: 代理机构签章: 代理机构统一社会信用代码:	受理人: 受理税务机关(章): 受理日期: 年 月 日

国家税务总局监制

表 3-12　个人所得税扣缴申报表

税款所属期：　年　月　日至　年　月　日

扣缴义务人名称：

扣缴义务人纳税人识别号（统一社会信用代码）：□□□□□□□□□□□□□□□□□□　　　金额单位：元（列至角分）

序号	姓名	身份证件类型	身份证件号码	纳税人识别号	是否为非居民个人	所得项目	本月（次）情况															累计情况								税款计算							备注
							收入额计算			专项扣除				其他扣除						累计收入额	累计减除费用	累计专项扣除	累计专项附加扣除				累计其他扣除	准予扣除的捐赠额	减按计税比例	应纳税所得额	税率/预扣率	速算扣除数	应纳税额	减免税额	已缴税额	应补/退税额	
							收入	费用	免税收入	减除费用	基本养老保险费	基本医疗保险费	失业保险费	住房公积金	年金	商业健康保险	税延养老保险	财产原值	允许扣除的税费	其他				子女教育	赡养老人	住房贷款利息	住房租金	继续教育											
1	2	3	4	5	6	7	8	9	10	11	12	13	14	15	16	17	18	19	20	21	22	23	24	25	26	27	28	29	30	31	32	33	34	35	36	37	38	39	40
合计																																							

谨声明：本表是根据国家税收法律法规及相关规定填报的，是真实的、可靠的、完整的。

扣缴义务人（签章）：　　　　　　　　年　月　日

经办人签字：	受理人：
经办人身份证件号码：	受理税务机关（章）：
代理机构签章：	
代理机构统一社会信用代码：	受理日期：　年　月　日

国家税务总局监制

（2）自行申报的个人所得税纳税申报表。

自然人纳税人初次向税务机关办理相关涉税事项时填报《个人所得税基础信息表（B 表）》（如表 3-13 所示）。初次申报后，以后仅需在信息发生变化时填报。居民个人取得应税所得、扣缴义务人未扣缴税款；非居民个人取得应税所得，扣缴义务人未扣缴税款；非居民个人在中国境内从两处以上取得工资、薪金所得等，在办理自行纳税申报时，向税务机关报送《个人所得税自行纳税申报表（A 表）》（如表 3-14 所示）。居民个人取得工资薪金所得、劳务报酬所得、特许权使用费所得和稿酬所得等境内综合所得，按税法规定进行个人所得税的汇算清缴的，申报《个人所得税年度自行纳税申报表》（如表 3-15 所示），实行查账征收和核定征收的个体工商户业主、个人独资企业投资人、合伙企业个人合伙人、承包承租经营者个人，以及其他从事生产、经营活动的个人在中国境内取得经营所得，办理个人所得税预缴纳税申报时，向税务机关报送《个人所得税经营所得纳税申报表（A 表）》（如表 3-16 所示）。个体工商户业主、个人独资企业投资人、合伙企业个人合伙人、承包承租经营者个人，以及其他从事生产、经营活动的个人在中国境内取得经营所得，且实行查账征收的，在办理个人所得税汇算清缴时，向税务机关报送《个人所得税经营所得纳税申报表（B 表）》（如表 3-17 所示），合伙企业有两个或者两个以上个人合伙人的，应分别填报本表。个体工商户业主、个人独资企业投资人、合伙企业个人合伙人、承包承租经营者个人，以及其他从事生产、经营活动的个人在中国境内两处以上取得经营所得，在办理合并计算个人所 3 得税的年度汇总纳税申报时，向税务机关报送《个人所得税经营所得纳税申报表（C 表）》（如表 3-18 所示）。

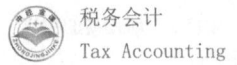

表 3-13 个人所得税基础信息表（B 表）

（适用于自然人填报）

纳税人识别号：□□□□□□□□□□□□□□□□□□

基本信息（带 * 必填）				
基本信息	*纳税人姓名	中文名	英文名	
	*身份证件	证件类型一	证件号码	
		证件类型二	证件号码	
	*国籍/地区		*出生日期	年 月 日
联系方式	户籍所在地	省（区、市） 市	区（县）	街道（乡、镇）_____
	经常居住地	省（区、市） 市	区（县）	街道（乡、镇）_____
	联系地址	省（区、市） 市	区（县）	街道（乡、镇）_____
	*手机号码		电子邮箱	
其他信息	开户银行		银行账号	
	学历	□研究生 □大学本科 □大学本科以下		
	特殊情形	□残疾 残疾证号_____	□烈属 烈属证号_____	□孤老

任职、受雇、从业信息				
任职受雇从业单位一	名称		国家/地区	
	纳税人识别号(统一社会信用代码)		任职受雇从业日期 年 月	离职日期 年 月
	类型	□雇员 □保险营销员 □证券经纪人 □其他	职务	□高层 □其他
任职受雇从业单位二	名称		国家/地区	
	纳税人识别号(统一社会信用代码)		任职受雇从业日期 年 月	离职日期 年 月
	类型	□雇员 □保险营销员 □证券经纪人 □其他	职务	□高层 □其他

该栏仅由投资者纳税人填写			
被投资单位一	名称		国家/地区
	纳税人识别号(统一社会信用代码)	投资额（元）	投资比例
被投资单位二	名称		国家/地区
	纳税人识别号(统一社会信用代码)	投资额（元）	投资比例

该栏仅由华侨、港澳台、外籍个人填写（带 * 必填）			
*出生地		*首次入境时间	年 月 日
*性别		*预计离境时间	年 月 日
*涉税事由	□任职受雇 □提供临时劳务 □转让财产 □从事投资和经营活动 □其他		

谨声明：本表是根据国家税收法律法规及相关规定填报的，是真实的、可靠的、完整的。

纳税人（签字）： 年 月 日

经办人签字：	受理人：
经办人身份证件号码：	
代理机构签章：	受理税务机关（章）：
代理机构统一社会信用代码：	受理日期： 年 月 日

国家税务总局监制

表 3-14　个人所得税自行纳税申报表（A 表）

税款所属期：　　年　月　日至　　年　月　日
纳税人姓名：
纳税人识别号：□□□□□□□□□□□□□□□□□□　　　　　　　金额单位：元（列至角分）

自行申报情形	□居民个人取得应税所得，扣缴义务人未扣缴税款 □非居民个人取得应税所得，扣缴义务人未扣缴税款 □非居民个人在中国境内从两处以上取得工资、薪金所得 □其他 _____				是否为非居民个人	□是 □否	非居民个人本年度境内居住天数	□不超过90天 □超过90天不超过183天
序号	所得项目	收入额计算			减除费用	专项扣除			其他扣除			减按计税比例	准予扣除的捐赠额	税款计算					备注

序号	所得项目	收入	费用	免税收入	减除费用	基本养老保险费	基本医疗保险费	失业保险费	住房公积金	财产原值	允许扣除的税费	其他	减按计税比例	准予扣除的捐赠额	应纳税所得额	税率	速算扣除数	应纳税额	减免税额	已缴税额	应补/退税额	备注
1	2	3	4	5	6	7	8	9	10	11	12	13	14	15	16	17	18	19	20	21	22	23

谨声明：本表是根据国家税收法律法规及相关规定填报的，是真实的、可靠的、完整的。

　　　　　　　　　　　　　　　　　　　　　　　　　纳税人签字：　　　　　　年　月　日

经办人签字：　　　　　　　　　　　　　　　　　　受理人：
经办人身份证件号码：
代理机构签章：　　　　　　　　　　　　　　　　　受理税务机关（章）：
代理机构统一社会信用代码：　　　　　　　　　　　受理日期：　　　　　年　月　日

国家税务总局监制

表 3-15　个人所得税年度自行纳税申报表

税款所属期：　　　　年　月　日　至　　年　月　日
纳税人姓名：
纳税人识别号：□□□□□□□□□□□□□□□□□□　　　金额单位：元（列至角分）

项目	行次	金额
一、收入合计（1=2+3+4+5）	1	
（一）工资、薪金所得	2	
（二）劳务报酬所得	3	
（三）稿酬所得	4	
（四）特许权使用费所得	5	
二、费用合计	6	
三、免税收入合计	7	
四、减除费用	8	
五、专项扣除合计（9=10+11+12+13）	9	
（一）基本养老保险费	10	
（二）基本医疗保险费	11	
（三）失业保险费	12	
（四）住房公积金	13	
六、专项附加扣除合计（14=15+16+17+18+19+20）	14	
（一）子女教育	15	
（二）继续教育	16	
（三）大病医疗	17	
（四）住房贷款利息	18	
（五）住房公积金	19	
（六）赡养老人	20	
七、其他扣除合计（21=22+23+24+25+26）	21	
（一）年金	22	
（二）商业健康保险	23	
（三）税延养老保险	24	
（四）允许扣除的捐赠额	25	
（五）其他	26	
八、准予扣除的捐赠额	27	
九、应纳税所得额（28=1-6-7-8-9-14-21-27）	28	
十、税率（%）	29	
十一、速算扣除数	30	
十二、应纳税额（31=28×29-30）	31	
十三、减免税额	32	
十四、已缴税额	33	
十五、应补／退税额（34=31-32-33）	34	

无住所个人附报信息

在华停留天数		已在华停留年数	

谨声明：本表是根据国家税收法律法规及相关规定填报的，是真实的、可靠的、完整的。

纳税人签字：　　　　　年　月　日

经办人：　　　　　　　　　　　　　　　　受理人：
经办人身份证号：　　　　　　　　　　　　受理机关（章）：
代理机构盖章：
代理机构统一社会信用代码：　　　　　　　受理日期：　　年　月　日

国家税务总局监制

表 3-16 个人所得税经营所得纳税申报表（A 表）

税款所属期：　　年　月　日至　　年　月　日
纳税人姓名：
纳税人识别号：□□□□□□□□□□□□□□□□□□　　　　　金额单位：元（列至角分）

被投资单位信息	名称		纳税人识别号 （统一社会信用代码）	
征收方式	□查账征收（据实预缴）　　□查账征收（按上年应纳税所得额预缴） □核定应税所得率征收　　□核定应纳税所得额征收 □税务机关认可的其他方式＿＿＿＿＿＿＿＿＿＿＿＿			

项目	行次	金额／比例
一、收入总额	1	
二、成本费用	2	
三、利润总额（3=1-2）	3	
四、弥补以前年度亏损	4	
五、应税所得率（%）	5	
六、合伙企业个人合伙人分配比例（%）	6	
七、允许扣除的个人费用及其他扣除（7=8+9+14）	7	
（一）投资者减除费用	8	
（二）专项扣除（9=10+11+12+13）	9	
1. 基本养老保险费	10	
2. 基本医疗保险费	11	
3. 失业保险费	12	
4. 住房公积金	13	
（三）依法确定的其他扣除（14=15+16+17）	14	
1.	15	
2.	16	
3.	17	
八、应纳税所得额	18	
九、税率（%）	19	
十、速算扣除数	20	
十一、应纳税额（21=18×19-20）	21	
十二、减免税额（附报《个人所得税减免税事项报告表》）	22	
十三、已缴税额	23	
十四、应补／退税额（24=21-22-23）	24	

谨声明：本表是根据国家税收法律法规及相关规定填报的，是真实的、可靠的、完整的。

　　　　　　　　　　　　　　　　　　　　　　　纳税人签字：　　　　　　年　月　日

经办人： 经办人身份证件号码： 代理机构签章： 代理机构统一社会信用代码：	受理人： 受理税务机关（章）： 受理日期：　　　年　月　日

国家税务总局监制

表 3-17　个人所得税经营所得纳税申报表（B 表）

税款所属期：　　年　月　日至　　年　月　日

纳税人姓名：

纳税人识别号：□□□□□□□□□□□□□□□□□□　　　　　金额单位：元（列至角分）

被投资单位信息　名称　　　　　纳税人识别号（统一社会信用代码）

项目	行次	金额 / 比例
一、收入总额	1	
其中：国债利息收入	2	
二、成本费用（3=4+5+6+7+8+9+10）	3	
（一）营业成本	4	
（二）营业费用	5	
（三）管理费用	6	
（四）财务费用	7	
（五）税金	8	
（六）损失	9	
（七）其他支出	10	
三、利润总额（11=1-2-3）	11	
四、纳税调整增加额（12=13+27）	12	
（一）超过规定标准的扣除项目金额（13=14+15+16+17+18+19+20+21+22+23+24+25+26）	13	
1. 职工福利费	14	
2. 职工教育经费	15	
3. 工会经费	16	
4. 利息支出	17	
5. 业务招待费	18	
6. 广告费和业务宣传费	19	
7. 教育和公益事业捐赠	20	
8. 住房公积金	21	
9. 社会保险费	22	
10. 折旧费用	23	
11. 无形资产摊销	24	
12. 资产损失	25	
13. 其他	26	
（二）不允许扣除的项目金额（27=28+29+30+31+32+33+34+35+36）	27	
1. 个人所得税税款	28	
2. 税收滞纳金	29	
3. 罚金、罚款和被没收财物的损失	30	
4. 不符合扣除规定的捐赠支出	31	
5. 赞助支出	32	
6. 用于个人和家庭的支出	33	
7. 与取得生产经营收入无关的其他支出	34	

续表

项目	行次	金额／比例
8. 投资者工资薪金支出	35	
9. 其他不允许扣除的支出	36	
五、纳税调整减少额	37	
六、纳税调整后所得（38=11+12-37）	38	
七、弥补以前年度亏损	39	
八、合伙企业个人合伙人分配比例（%）	40	
九、允许扣除的个人费用及其他扣除（41=42+43+48+55）	41	
（一）投资者减除费用	42	
（二）专项扣除（43=44+45+46+47）	43	
1. 基本养老保险费	44	
2. 基本医疗保险费	45	
3. 失业保险费	46	
4. 住房公积金	47	
（三）专项附加扣除（48=49+50+51+52+53+54）	48	
1. 子女教育	49	
2. 继续教育	50	
3. 大病医疗	51	
4. 住房贷款利息	52	
5. 住房租金	53	
6. 赡养老人	54	
（四）依法确定的其他扣除（55=56+57+58+59）	55	
1. 商业健康保险	56	
2. 税延养老保险	57	
3.	58	
4.	59	
十、投资抵扣	60	
十一、准予扣除的个人捐赠支出	61	
十二、应纳税所得额（62=38-39-41-60-61）或［62=（38-39）×40-41-60-61］	62	
十三、税率（%）	63	
十四、速算扣除数	64	
十五、应纳税额（65=62×63-64）	65	
十六、减免税额（附报《个人所得税减免税事项报告表》）	66	
十七、已缴税额	67	
十八、应补／退税额（68=65-66-67）	68	

谨声明：本表是根据国家税收法律法规及相关规定填报的，是真实的、可靠的、完整的。

纳税人签字：　　　　年　月　日

经办人：	受理人：
经办人身份证件号码：	
代理机构签章：	受理税务机关（章）：
代理机构统一社会信用代码：	受理日期：　　年　月　日

国家税务总局监制

表 3-18　个人所得税经营所得纳税申报表（C 表）

税款所属期：　　年　月　日至　　年　月　日

纳税人姓名：

纳税人识别号：☐☐☐☐☐☐☐☐☐☐☐☐☐☐☐☐☐☐　　　　　金额单位：元（列至角分）

被投资单位信息	单位名称		纳税人识别号（统一社会信用代码）	投资者应纳税所得额
	汇总地			
	非汇总地	1		
		2		
		3		
		4		
		5		

项目	行次	金额/比例
一、投资者应纳税所得额合计	1	
二、应调整的个人费用及其他扣除（2=3+4+5+6）	2	
（一）投资者减除费用	3	
（二）专项扣除	4	
（三）专项附加扣除	5	
（四）依法确定的其他扣除	6	
三、应调整的其他项目	7	
四、调整后应纳税所得额（8=1+2+7）	8	
五、税率（%）	9	
六、速算扣除数	10	
七、应纳税额（11=8×9-10）	11	
八、减免税额（附报《个人所得税减免税事项报告表》）	12	
九、已缴税额	13	
十、应补/退税额（14=11-12-13）	14	

谨声明：本表是根据国家税收法律法规及相关规定填报的，是真实的、可靠的、完整的。

纳税人签字：　　　年　月　日

经办人：　　　　　　　　　　　　　　　受理人：
经办人身份证件号码：
代理机构签章：　　　　　　　　　　　　受理税务机关（章）：
代理机构统一社会信用代码：　　　　　　受理日期：　年　月　日

国家税务总局监制

任务 3.3 土地增值税的核算

3.3.1 土地增值税概述

1. 土地增值税的概念及征税范围

（1）土地增值税的概念。

土地增值税是指对转让国有土地使用权、地上建筑物及其附着物（以下简称房地产）并取得收入的单位和个人，就其转让房地产所取得的增值额征收的一种税。

现行土地增值税的基本规范是 1993 年 12 月 13 日国务院颁布，并于 1994 年 1 月 1 日起实施的《中华人民共和国土地增值税暂行条例》和 1995 年 1 月 27 日财政部制定的《中华人民共和国土地增值税暂行条例实施细则》。

（2）土地增值税的特点。

①以转让房地产的增值额为计税依据。增值额为纳税人转让房地产的收入，减除税法规定准予扣除的项目金额后的余额。土地增值税的增值额与增值税的增值额有所不同，土地增值税的增值额以征税对象的全部销售收入额扣除与其相关的成本、费用、税金及其他项目金额后的余额，与会计核算中计算会计利润的方法基本相似。增值税的增值额只扣除与其销售额直接相关的进货成本价格。

②征税面广。凡在我国境内转让房地产并取得收入的单位和个人，除税法规定的免税情形，均应依照土地增值税条例规定缴纳土地增值税。换言之，凡发生应税行为的单位和个人，不论其经济性质，不分内、外资企业或中、外籍人员，也无论专营或兼营房地产业务，均有缴纳土地增值税的义务。

③实行超率累进税率。土地增值税的税率是以转让房地产增值率的高低为依据来确认，按照累进原则设计，实行分级计税。增值率是以收入总额扣除相关项目金额后的余额再除以扣除项目合计金额，增值率高的，税率高，多纳税；增值率低的，税率低，少纳税。

④实行按次征收。土地增值税在房地产发生转让的环节实行按次征收，每发生一次转让行为，就应根据取得的增值额征一次税。

（3）土地增值税的征税范围。

①征税范围。

根据《土地增值税暂行条例》及其实施细则的规定，土地增值税的征税范围包括：

I. 转让国有土地使用权。

这里所说的"国有土地"，是指按国家法律规定属于国家所有的土地。

II. 地上建筑物及其附着物连同国有土地使用权一并转让。

这里所说的"地上建筑物"，是指建于土地上的一切建筑物，包括地上地下的各种附属设施。这里所说的"附着物"，是指附着于土地上的不能移动或一经移动即遭损坏的物品。

②征税范围的界定。

准确界定土地增值税的征税范围十分重要。在实际工作中，可以通过以下标准判定：

I. 土地增值税是对转让国有土地使用权及其地上建筑物和附着物的行为征税。

这里转让的土地使用权是否归国家所有，是判定是否属于土地增值税征税范围的标准之一。

根据《中华人民共和国宪法》和《中华人民共和国土地管理法》（以下简称《土地管理法》）的规定，城市土地属于国家所有；农村和城市郊区的土地除由法律规定属于国家所有之外，均属于集体所有。国家为了公共利益，可以依照法律规定对集体土地实行征用，依法被征用后的土地属于国家所有。对于上述法律规定属于国家所有的土地，其土地使用权在转让时，按照《土地增值税暂行条例》规定，属于土地增值税的征税范围。而农村集体所有的土地，根据《土地管理法》《城市房地产管理法》及国家其他有关规定，是不得自行转让的，只有根据有关法律规定，由国家征用以后变为国家所有时，才能转让。故集体土地的自行转让是一种违法行为，应由有关部门处理。对于目前违法将集体土地转让给其他单位和个人的情况，应在有关部门处理、补办土地征用或出让手续变为国家所有之后，再纳入土地增值税的征税范围。

Ⅱ. 土地增值税是对国有土地使用权及其地上的建筑物和附着物的转让行为征。这里，土地使用权、地上的建筑物及其附着物的产权是否发生转让是判定是否属于土地增值税征税范围的标准之二。该标准有两层含义：

A. 土地增值税的征税范围不包括国有土地使用权出让取得的收入。国有土地使用权出让，是指国家以土地所有者身份将土地使用权在一定年限内让与土地使用者，并由土地使用者向国家支付土地使用权出让金的行为，属于土地买卖的一级市场。土地使用权出让的出让方是国家，国家凭借土地所有权向土地使用者收取租金。出让目的是实行国有土地有偿使用制度，合理开发、利用、经营土地。因此，土地使用权出让行为不属于土地增值税的征税范围。

国有土地使用权的转让是指土地使用者通过出让等形式取得土地使用权后，将土地使用权再予转让的行为，包括出售、交换和赠与等，属于土地买卖的二级市场。土地使用权转让，其地上建筑物、其他附着物的所有权随之转让。土地使用权转让，属于土地增值税的征税范围。

B. 土地增值税的征税范围不包括未转让土地使用权、房产产权的行为。是否发生房地产权属（指土地使用权和房产产权）的变更，是确定是否纳入征税范围的一个标准。凡土地使用权、房产产权未予转让的（如房地产的出租），不征收土地增值税。

Ⅲ. 土地增值税是对转让房地产并取得收入的行为征。这里，是否取得收入是判定是否属于土地增值税征税范围的标准之一。

土地增值税的征税范围不包括房地产的权属虽转让但未取得收入的行为。如房地产的继承，尽管房地产的权属发生了变更，但权属人并没有取得收入，故不征收土地增值税。

需要强调的是，无论是单独转让国有土地使用权，还是房屋产权与国有土地使用权一并转让的，只要取得收入，均属于土地增值税的征税范围，应征收土地增值税。

③若干具体情况的判定。

Ⅰ. 企业改制重组。

A. 按照《中华人民共和国公司法》规定，非公司制企业整体改制为有限责任公司或者股份有限公司，有限责任公司（股份有限公司）整体改制为股份有限公司（有限责任公司），对改制前的企业将国有土地使用权、地上的建筑物及其附着物（简称房地产）转移、变更到改制后的企业，暂不征收土地增值税。

整体改制是指不改变原企业的投资主体，并永继原企业权利、义务的行为。

B. 按照法律规定或者合同约定，两个或两个以上企业合并为一个企业，且原企业投资主体存续的，对原企业将房地产转移、变更到合并后企业的，暂不征收土地增值税。

C. 按照法律规定或者合同约定，企业分设为两个或两个以上与原企业投资主体相同的企业，对原企业将房地产转移、变更到分立后企业的，暂不征收土地增值税。

D. 单位、个人在改制重组时以房地产作价入股进行投资，对其将房地产转移、变更到被投资企业的，暂不征收土地增值税。

E. 上述改制重组中土地增值税政策，不适用于房地产转移任意一方为房地产开发企业的情形。

Ⅱ. 房地产开发企业。

房地产开发企业将开发的部分房地产转为企业自用或用于出租等商业用途时，如果产权未发生转移，不征收土地增值税。

Ⅲ. 房地产的交换。

这种情况是指一方以房地产与另一方的房地产进行交换的行为。由于这种行为既发生了房产产权、土地使用权的转移，交换双方又取得了实物形态的收入,按《土地增值税暂行条例》规定,属于土地增值税的征税范围。但对个人之间互换自有居住用房地产的,经当地税务机关核实,可以免征土地增值税。

Ⅳ. 合作建房。

对于一方出地,另一方出资金,双方合作建房,建成后按比例分房自用的,暂免征收土地增值税;建成后转让的,应予征收土地增值税。

Ⅴ. 房地产的出租。

房地产的出租是指房产的产权所有人、依照法律规定取得土地使用权的土地使用人,将房产、土地使用权租赁给承租人使用,由承租人向出租人支付租金的行为。房地产出租时,出租人虽取得了收入,但没有发生房产产权、土地使用权的转让,因此不属于土地增值税的征税范围。

Ⅵ. 房地产的抵押。

房地产的抵押是指房地产的产权所有人、依法取得土地使用权的土地使用人作为债务人或第三人向债权人提供不动产作为清偿债务的担保而不转移权属的法律行为。这种情况由于房产的产权、土地使用权在抵押期间并没有发生权属的变更,房产的产权所有人、土地使用权人仍能对房地产行使占有、使用、收益等权利,房产的产权所有人、土地使用权人虽然在抵押期间取得了一定的抵押贷款,但实际上这些贷款在抵押期满后是要连本带利偿还给债权人的。因此,对房地产的抵押,在抵押期间不征收土地增值税。待抵押期满后,视该房地产是否转移占有而确定是否征收土地增值税。对于以房地产抵债而发生房地产权属转让的,属于土地增值税的征税范围。

Ⅶ. 房地产开发企业的代建房行为。

这种情况是指房地产开发企业代客户进行房地产的开发,开发完成后向客户收取代建收入的行为。对于房地产开发企业而言,虽然取得了收入,但没有发生房地产权属的转移,其收入属于劳务收入性质,不属于土地增值税的征税范围。

Ⅷ. 房地产的重新评估。

主要是指国有企业在清产核资时对房地产进行重新评估而使其升值的情况。

这种情况下,房地产虽然有增值,但其既没有发生房地产权属的转移,房产产权、土地使用权人也未取得收入,不属于土地增值税的征税范围。

Ⅸ. 土地使用者处置土地使用权。

土地使用者转让、抵押或置换土地,无论是否取得了该土地的使用权属证书,也无论在转让、抵押或置换土地过程中是否与对方当事人办理了土地使用权属证书变更登记手续,只要土地使用者享有占有、使用、收益或处分该土地的权利,且有合同等证据表明其实质转让、抵押或置换了土地并取得了相应的经济利益,土地使用者及其对方当事人都应当依照税法规定缴纳土地增值税。

2. 土地增值税的纳税义务人和税率

(1) 土地增值税的纳税义务人。

土地增值税的纳税义务人为转让国有土地使用权、地上的建筑及其附着物(以下简称转让房地产)并取得收入的单位和个人。单位包括各类企业、事业单位、国家机关和社会团体及其他组织。个人包括个体经营者。

概括起来,《土地增值税暂行条例》对纳税人的规定主要有以下特点:

①不论法人与自然人。即不论是企业、事业单位、国家机关、社会团体及其他组织,还是个人,只要有偿转让房地产,都是土地增值税的纳税人。

②不论经济性质。即不论是全民所有制企业、集体企业、私营企业、个体经营者,还是联营企业、合资企业、合作企业、外商独资企业等,只要有偿转让房地产,都是土地增值税的纳税人。

③不论内资与外资企业、中国公民与外籍个人。根据1993年12月29日第八届全国人大第五次常务委员会通过的《全国人大常委会关于外商投资企业和外国企业适用增值税、消费税等税收暂行条例的决定》和《国务院关于外商投资企业和外国企业适用增值税、消费税等税收暂行条例的有关问题的通知》,以及国税发〔1994〕123号《国家税务总局关于外商投资企业和外国企业及外籍个人适用税种问题的通知》等的规定,土地增值税适用于涉外企业和个人。因此,不论是内资企业还是外商投资企业、外国驻华机构;也不论

是中国公民、港澳台同胞、海外华侨，还是外国公民，只要有偿转让房地产，都是土地增值税的纳税人。

④不论部门。即不论是工业、农业、商业、学校、医院、机关等，只要有偿转让房地产，都是土地增值税的纳税人。

（2）土地增值税的税率。

土地增值税实行四级超率累进税率：

①增值额未超过扣除项目金额50%的部分，税率为30%。

②增值额超过扣除项目金额50%、未超过扣除项目金额100%的部分，税率为40%。

③增值额超过扣除项目金额100%、未超过扣除项目金额200%的部分，税率为50%。

④增值额超过扣除项目金额200%的部分，税率为60%。

上述所列四级超率累进税率，每级"增值额未超过扣除项目金额"的比例，均包括本比例数。超率累进税率如表3-19所示。

表3-19　土地增值税四级超率累进税率

级数	增值额与扣除项目金额的比率	税率（%）	速算扣除系数（%）
1	不超过50%的部分	30	0
2	超过50%～100%的部分	40	5
3	超过100%～200%部分	50	15
4	超过200%的部分	60	35

3.3.2　土地增值税的计算及会计核算

1. 土地增值税的计税依据

（1）应税收入的确定。

根据《土地增值税暂行条例》及其实施细则的规定，纳税人转让房地产取得的应税收入，包括转让房地产的全部价款及有关的经济收益。从收入的形式来看，包括货币收入、实物收入和其他收入。

①货币收入。

货币收入是指纳税人转让房地产而取得的现金、银行存款、支票、银行本票、汇票等各种信用票据和国库券、金融债券、企业债券、股票等有价证券。这些类型的收入其实质都是转让方因转让土地使用权、房屋产权而向取得方收取的价款。货币收入一般比较容易确定。

②实物收入。

实物收入是指纳税人转让房地产而取得的各种实物形态的收入，如钢材、水泥等建材，房屋、土地等不动产等。实物收入的价值不太容易确定，一般按照公允价值确定应税收入。

③其他收入。

其他收入是指纳税人转让房地产而取得的无形资产收入或具有财产价值的权利，如专利权、商标权、著作权、专有技术使用权、土地使用权、商誉权等。这种类型的收入比较少见，其价值需要进行专门的评估。

（2）扣除项目的确定。

计算土地增值税应纳税额，并不是直接对转让房地产所取得的收入征税，而是要对收入额减除国家规定的各项扣除项目金额后的余额计算征税（这个余额就是纳税人在转让房地产中获取的增值额）。因此，要计算增值额，首先必须确定扣除项目。税法准予纳税人从转让收入额中减除的扣除项目包括以下项目：

①取得土地使用权所支付的金额。其包括两方面内容：

Ⅰ. 纳税人为取得土地使用权所支付的地价款。如果是以协议、招标、拍卖等出让方式取得土地使用权的，地价款为纳税人所支付的土地出让金；如果是以行政划拨方式取得土地使用权的，地价款为按照国家有关规定补交的土地出让金；如果是以转让方式取得土地使用权的，地价款为向原土地使用权人实际支付的地价款。

Ⅱ. 纳税人在取得土地使用权时按国家统一规定缴纳的有关费用。这是指纳税人在取得土地使用权过程中为办理有关手续，按国家统一规定缴纳的有关登记、过户手续费和契税等。

②房地产开发成本。房地产开发成本是指纳税人房地产开发项目实际发生的成本，包括土地的征用及拆迁补偿费、前期工程费、建筑安装工程费、基础设施费、公共配套设施费、开发间接费用等。

I. 土地征用及拆迁补偿费。包括土地征用费、耕地占用税、劳动力安置费及有关地上、地下附着物拆迁补偿的净支出、安置动迁用房支出等。

II. 前期工程费。包括规划、设计、项目可行性研究和水文、地质、勘察、测绘、"三通一平"（即通电、通水、通路和场地平整）等支出。

III. 建筑安装工程费。指以出包方式支付给承包单位的建筑安装工程费，以自营方式发生的建筑安装工程费。

IV. 基础设施费。包括开发小区内道路、供水、供电、供气、排污、排洪、通信、照明、环卫、绿化等工程发生的支出。

V. 公共配套设施费。包括不能有偿转让的开发小区内公共配套设施发生的支出。

VI. 开发间接费用。指直接组织、管理开发项目发生的费用，包括工资、职工福利费、折旧费、修理费、办公费、水电费、劳动保护费、周转房摊销等。

③房地产开发费用。房地产开发费用是指与房地产开发项目有关的销售费用、管理费用和财务费用。根据现行财务会计制度的规定，这三项费用作为期间费用，直接计入当期损益，不按成本核算对象进行分摊。故作为土地增值税扣除项目的房地产开发费用，不按纳税人房地产开发项目实际发生的费用进行扣除，而按《实施细则》的标准进行扣除。

《实施细则》规定，财务费用中的利息支出，凡能够按转让房地产项目计算分摊并提供金融机构证明的，允许据实扣除，但最高不能超过按商业银行同类同期贷款利率计算的金额。其他房地产开发费用，按《实施细则》第七条（一）、（二）项规定（即取得土地使用权所支付的金额和房地产开发成本，下同）计算的金额之和的5%以内计算扣除。

财务费用中的利息支出，凡不能按转让房地产项目计算分摊利息支出或不能提供金融机构证明的，房地产开发费用按《实施细则》第七条（一）、（二）项规定计算的金额之和的10%以内计算扣除。计算扣除的具体比例，由各省、自治区、直辖市人民政府确定。

上述规定的具体含义是：

I. 纳税人能够按转让房地产项目计算分摊利息支出，并能提供金融机构的贷款证明的，允许扣除的房地产开发费用为"利息+（取得土地使用权所支付的金额+房地产开发成本）×5%"以内（注：利息最高不能超过按商业银行同类同期贷款利率计算的金额）。

II. 纳税人不能按转让房地产项目计算分摊利息支出或不能提供金融机构贷款证明的，允许扣除的房地产开发费用为"（取得土地使用权所支付的金额+房地产开发成本）×10%"以内。

此外，财政部、国家税务总局还对扣除项目金额中利息支出的计算问题做了两点专门规定：一是利息的上浮幅度按国家的有关规定执行，超过上浮幅度的部分不允许扣除；二是对于超过贷款期限的利息部分和加罚的利息不允许扣除。

④与转让房地产有关的税金。与转让房地产有关的税金是指在转让房地产时缴纳的城市维护建设税、印花税。因转让房地产缴纳的教育费附加，也可视同税金予以扣除。

需要明确的是，房地产开发企业按照《施工、房地产开发企业财务制度》有关规定，在转让时缴纳的印花税因列入管理费用，故此处不允许再单独扣除。其他纳税人缴纳的印花税（按产权转移书据所载金额的5‰贴花）允许扣除。

⑤其他扣除项目。对从事房地产开发的纳税人可按《实施细则》第七条（一）、（二）项规定计

算的金额之和，加计 20% 的扣除。

应特别指出的是，此条优惠只适用于从事房地产开发的纳税人，除此之外的其他纳税人不适用。这样规定，目的是抑制炒买炒卖房地产的投机行为，保护正常开发投资者的积极性。

⑥旧房及建筑物的评估价格。旧房及建筑物的评估价格是指在转让已使用的房屋及建筑物时，由政府批准设立的房地产评估机构评定的重置成本价乘以成新度折扣率后的价格。评估价格须经当地税务机关确认。

重置成本价的含义是：对旧房及建筑物，按转让时的建材价格及人工费用计算，建造同样面积、同样层次、同样结构、同样建设标准的新房及建筑物所需花费的成本费用。

成新度折扣率的含义是：按旧房的新旧程度作一定比例的折扣。例如，一幢房屋已使用近 10 年，建造时的造价为 1 000 万元，按转让时的建材及人工费用计算，建同样的新房需花费 4 000 万元，该房有六成新，则该房的评估价格为：4 000×60%=2 400（万元）。

此外，转让旧房的，应按房屋及建筑物的评估价格、取得土地使用权所支付的地价款和按国家统一规定缴纳的有关费用及在转让环节缴纳的税金作为扣除项目金额计征土地增值税。对取得土地使用权时未支付地价款或不能提供已支付的地价款凭据的，在计征土地增值税时不允许扣除。

2. 土地增值税应纳税额的计算

（1）一般定义法。

土地增值税，按照纳税人转让房地产取得的增值额和规定的税率计算征收。计算公式是：

应纳税额 = Σ（每级距的土地增值额 × 适用税率）

（2）速算扣除法。

在实际工作中，分步计算比较烦琐，一般可以采用速算扣除法计算。即：计算土地增值税税额，可按增值额乘以适用的税率减去扣除项目金额乘以速算扣除系数的简便方法计算，具体公式如下：

①增值额未超过扣除项目金额 50% 的：

土地增值税税额 = 增值额 × 30%

②增值额超过扣除项目金额 50%，未超过 100% 的：

土地增值税税额 = 增值额 × 40% - 扣除项目金额 × 5%

③增值额超过扣除项目金额 100%，未超过 200% 的：

土地增值税税额 = 增值额 × 50% - 扣除项目金额 × 15%

④增值额超过扣除项目金额 200% 的：

土地增值税税额 = 增值额 × 60% - 扣除项目金额 × 35%

公式中的 5%、15%、35% 分别为二级、三级、四级的速算扣除系数。

下面，我们举例说明：

应纳土地增值税额 = 增值额 × 适用税率 - 扣除项目金额 × 速算扣除系数

【情景 3-27】假定某房地产开发公司转让商品房一栋，取得收入总额为 12 000 000 元，应扣除的购买土地的金额、开发成本的金额、开发费用的金额、相关税金的金额、其他扣除金额合计为 4 500 000 元。请计算该房地产开发公司应缴纳的土地增值税。

（1）首先，计算增值额：

增值额 = 12 000 000 - 4 500 000 = 7 500 000（元）

（2）然后，计算增值额与扣除项目金额的比率：

增值额与扣除项目金额的比率 = 7 500 000 ÷ 4 500 000 × 100% ≈ 166.67%

根据上述计算方法，增值额超过扣除项目金额 100%，未超过 200% 时，其适用的计算公式为：

土地增值税税额 = 增值额 × 50% - 扣除项目金额 × 15%

（3）最后，计算该房地产开发公司应缴纳的土地增值税：

应缴纳土地增值税 =7 500 000×50%-4 500 000×15%=3 075 000（元）

3. 土地增值税的会计核算

（1）土地增值税的账户设置。

企业核算土地增值税应设置"应交税费——应交土地增值税"科目。土地增值税的具体会计核算，根据企业从事业务性质不同而有所区别。

（2）土地增值税的账务处理。

①房地产企业土地增值税的会计核算。

房地产企业销售的房地产属于企业的商品经营业务。因此，转让房地产过程中应缴纳的土地增值税，借记"税金及附加"科目，贷记"应交税费——应交土地增值税"科目。

【情景3-28】某房地产开发公司销售居民住宅，取得转让收入10 000 000元；按规定缴纳增值税500 000元，城市维护建设税35 000元，教育费附加15 000元；为取得该住宅用地的土地使用权支付地价款和有关费用1 000 000元；投入开发成本为3 750 000元；支付银行贷款利息费用为106 000元（不能按转让房地产项目计算分摊），实际发生的其他房地产开发费用为500 000元。该公司所在地人民政府规定房地产开发费用的计算扣除比例为10%。计算应纳土地增值税税额，并作会计处理。

转让收入 =10 000 000元

实际发生开发费用606 000元（500 000+106 000），超过前支付地价款和开发成本之和的10%（即475 000元）。

扣除项目金额 =1 000 000+3 750 000+（1 000 000+3 750 000）×10%+500 000+35 000+15 000+（1 000 000+3 750 000）×20%=6 725 000（元）

增值额 =10 000 000-6 725 000=3 275 000（元）

增值率 =3 275 000÷6 725 000×100%=48.7%

适用税率为30%，速算扣除系数为0。

应交土地增值税税额 =3 275 000×30%=982 500（元）

借：税金及附加　　　　　　　1 532 500
　　贷：应交税费——应交增值税　500 000
　　　　　　　　——应交城市维护
　　　　　　　　　建设税　　　35 000
　　　　　　　　——应交教育费
　　　　　　　　　附加　　　　15 000
　　　　　　　　——应交土地
　　　　　　　　　增值税　　　982 500

②其他企业销售旧房及建筑物土地增值税的会计核算。

其他企业转让房地产应缴纳的土地增值税，借记"固定资产清理"科目，贷记"应交税费——应交土地增值税"科目。

【情景3-29】北京市惠达股份有限公司以12 000 000元购进一项房产。5年后转让，取得转让收入16 000 000元。按规定支付有关税费850 000元。转让时此项建筑物已提折旧1 250 000元。计算应缴纳的土地增值税税额，并编制会计分录。

转让收入 =16 000 000元

扣除项目金额 =12 000 000+850 000=12 850 000（元）

增值额 =16 000 000-12 850 000=3 150 000（元）

增值率 =3 150 000÷12 850 000≈24.5%

适用税率为30%，速算扣除系数为0。

应纳土地增值税税额 =3 150 000×30%=945 000（元）

计提应交有关税费时。

借：固定资产清理　　　　　　1 795 000
　　贷：应交税费——应交增值税　945 000
　　　　　　　　——应交土地
　　　　　　　　　增值税　　　850 000

3.3.3　土地增值税的纳税申报

1. 预征管理

由于房地产开发与转让周期较长，造成土地增值税征管难度大，根据《土地增值税暂行条例实施细则》的规定，对纳税人在项目全部竣工结算前转让房地产取得的收入，可以预征土地增值税，具体办法由各省、自治区、直辖市税务局根据当地情况制定。为了发挥土地增值税在预征阶段的调节作用，对已经实行预征办法的地区，可根据不同类型房地产的实际情况，确定适当的预征率。除保障性住房外，东部地区省份预征率不得低于2%，中部和东北地区省份不得低于1.5%，西部地区省份不得低于1%。

对于纳税人预售房地产所取得的收入，凡当地税务机关规定预征土地增值税的，纳税人应当到主管税务机关办理纳税申报，并按规定比例预交税款，待办理决算后，多退少补；凡当地税务机关规定不预征土地增值税的，也应在取得收入时先到税务机关登记或备案。

2. 纳税地点

土地增值税的纳税人应向房地产所在地主管税务机关办理纳税申报，并在税务机关核定的期限内缴纳土地增值税。房地产所在地，是指房地产的坐落地。纳税人转让的房地产坐落在两个或两个以上地区的，应按房地产所在地分别申报纳税。

在实际工作中，纳税地点的确定又可分为以下两种情况：

（1）纳税人是法人的。当转让的房地产坐落地与其机构所在地或经营所在地一致时，则在办理税务登记的原管辖税务机关申报纳税即可；如果转让的房地产坐落地与其机构所在地或经营所在地不一致时，则应在房地产坐落地所管辖的税务机关申报纳税。

（2）纳税人是自然人的。当转让的房地产坐落地与其居住所在地一致时，则在住所所在地税务机关申报纳税；当转让的房地产坐落地与其居住所在地不一致时，则在房地产坐落地的税务机关申报纳税。

3. 纳税申报

土地增值税的纳税人应在转让房地产合同签订后的7日内，到房地产所在地主管税务机关办理纳税申报，并向税务机关提交房屋及建筑物产权、土地使用权证书，土地转让、房产买卖合同，房地产评估报告及其他与转让房地产有关的资料。

纳税人因经常发生房地产转让而难以在每次转让后申报的，经税务机关审核同意后，可以定期进行纳税申报，具体期限由税务机关根据相关规定确定。

上述"纳税人因经常发生房地产转让而难以在每次转让后申报"，是指房地产开发企业开发建造的房地产因分次转让而频繁发生纳税义务，难以在每次转让后申报纳税的情况，土地增值税可按月或按各省、自治区、直辖市和计划单列市税务局规定的期限申报缴纳。纳税人选择定期申报方式的，应向纳税所在地的税务机关备案。定期申报方式确定后，一年之内不得变更。

自2021年6月1日起，纳税人申报缴纳城镇土地使用税、房产税、车船税、印花税、耕地占用税、资源税、土地增值税、契税、环境保护税、烟叶税中一个或多个税种时，使用《财产和行为税纳税申报表》（如表3-20所示）。纳税人新增税源或税源变化时，需先填报《财产和行为税税源明细表》（如表3-21所示）。

表 3-20 财产和行为税纳税申报表

纳税人识别号（统一社会信用代码）□□□□□□□□□□□□□□□□□□

纳税人名称：　　　　　　　　　　　　　　　　　　　　　金额单位：人民币元（列至角分）

序号	税种	税目	税款所属期起	税款所属期止	计税依据	税率	应纳税额	减免税额	已缴税额	应补（退税额）
1										
2										
3										
4										
5										
6										
7										
8										
9										
10										
11	合计	—	—	—	—	—				

声明：此表是根据国家税收法律法规及相关规定填写的，本人（单位）对填报内容（及附带资料）的真实性、可靠性、完整性负责。

　　　　　　　　　　　　　　　　　　　纳税人（签章）：　　　　　　年　　月　　日

经办人：	受理人：
经办人身份证号：	
代理机构签章：	受理税务机关（章）：
代理机构统一社会信用代码：	受理日期：　年　月　日

填表说明：

（1）本表适用于申报城镇土地使用税、房产税、契税、耕地占用税、土地增值税、印花税、车船税、烟叶税、环境保护税、资源税。

（2）本表根据各税种税源明细表自动生成，申报前需填写税源明细表。

（3）本表包含一张附表《财产和行为税减免税明细申报附表》。

（4）纳税人识别号（统一社会信用代码）：填写税务机关核发的纳税人识别号或有关部门核发的统一社会信用代码。纳税人名称：填写营业执照、税务登记证等证件载明的纳税人名称。

（5）税种：税种名称，多个税种的，可增加行次。

（6）税目：税目名称，多个税目的，可增加行次。

（7）税款所属期起：纳税人申报相应税种所属期的起始时间，填写具体的年、月、日。

（8）税款所属期止：纳税人申报相应税种所属期的终止时间，填写具体的年、月、日。

（9）计税依据：计算税款的依据。

（10）税率：适用的税率。

（11）应纳税额：纳税人本期应当缴纳的税额。

（12）减免税额：纳税人本期享受的减免税金额，等于减免税附表中该税种的减免税额小计。

（13）已缴税额：纳税人本期应纳税额中已经缴纳的部分。

（14）应补（退）税额：纳税人本期实际需要缴纳的税额。应补（退）税额 = 应纳税额 − 减免税额 − 已缴税额。

附表

表 3-21 财产和行为税减免税明细申报附表

纳税人识别号（统一社会信用代码）□□□□□□□□□□□□□□□□□□□

纳税人名称： 金额单位：人民币元（列至角分）

本期是否适用增值税小规模纳税人减征政策	□是 □否	本期适用增值税小规模纳税人减征政策起始时间	年　　月
		本期适用增值税小规模纳税人减征政策终止时间	年　　月

合计减免税额		

城镇土地使用税

序号	土地编号	税款所属期起	税款所属期止	减免性质代码和项目名称	减免税额
1					
2					
小计	—			—	

房产税

序号	房产编号	税款所属期起	税款所属期止	减免性质代码和项目名称	减免税额
1					
2					
小计	—			—	

车船税

序号	车辆识别代码/船舶识别码	税款所属期起	税款所属期止	减免性质代码和项目名称	减免税额
1					
2					
小计	—			—	

印花税

序号	税目	税款所属期起	税款所属期止	减免性质代码和项目名称	减免税额
1					
2					
小计	—			—	

资源税

序号	税目	子目	税款所属期起	税款所属期止	减免性质代码和项目名称	减免税额
1						
2						
小计	—	—			—	

耕地占用税

序号	税源编号	税款所属期起	税款所属期止	减免性质代码和项目名称	减免税额
1					
2					
小计	—			—	

契税

序号	税源编号	税款所属期起	税款所属期止	减免性质代码和项目名称	减免税额
1					
2					
小计	—			—	

土地增值税

序号	项目编号	税款所属期起	税款所属期止	减免性质代码和项目名称	减免税额
1					
2					
小计	—			—	

续表

环境保护税

序号	税源编号	污染物类别	污染物名称	税款所属期起	税款所属期止	减免性质代码和项目名称	减免税额
1							
2							
小计	—					—	

声明：此表是根据国家税收法律法规及相关规定填写的，本人（单位）对填报内容（及附带资料）的真实性、可靠性、完整性负责。

纳税人（签章）： 年 月 日

经办人：	受理人：
经办人身份证号：	
代理机构签章：	受理税务机关（章）：
代理机构统一社会信用代码：	受理日期： 年 月 日

填表说明：

（1）本表为《财产和行为税纳税申报表》的附表，适用于申报城镇土地使用税、房产税、契税、耕地占用税、土地增值税、印花税、车船税、环境保护税、资源税的减免税。

（2）纳税人识别号（统一社会信用代码）：填写税务机关核发的纳税人识别号或有关部门核发的统一社会信用代码。纳税人名称：填写营业执照、税务登记证等证件载明的纳税人名称。

（3）适用增值税小规模纳税人减征政策的，需填写"本期是否适用增值税小规模纳税人减征政策""本期适用增值税小规模纳税人减征政策起始时间""本期适用增值税小规模纳税人减征政策终止时间"。其余项目根据各税种税源明细表自动生成，减免税申报前需填写税源明细表。

（4）本期是否适用增值税小规模纳税人减征政策：适用增值税小规模纳税人减征政策的，填写本项。纳税人在税款所属期内适用增值税小规模纳税人减征政策的，勾选"是"；否则，勾选"否"。纳税人自增值税一般纳税人按规定转登记为小规模纳税人的，自成为小规模纳税人的当月起适用减征优惠。增值税小规模纳税人按规定登记为一般纳税人的，自一般纳税人生效之日起不再适用减征优惠；增值税年应税销售额超过小规模纳税人标准应当登记为一般纳税人而未登记，经税务机关通知，逾期仍不办理登记的，自逾期次月起不再适用减征优惠。

（5）本期适用增值税小规模纳税人减征政策起始时间：适用增值税小规模纳税人减征政策的，填写本项。如果税款所属期内纳税人一直为增值税小规模纳税人，填写税款所属期起始月份；如果税款所属期内纳税人由增值税一般纳税人转登记为增值税小规模纳税人，填写成为增值税小规模纳税人的月份。

（6）本期适用增值税小规模纳税人减征政策终止时间：适用增值税小规模纳税人减征政策的，填写本项。如果税款所属期内纳税人一直为增值税小规模纳税人，填写税款所属期终止月份，如同时存在多个税款所属期，则填写最晚的税款所属期终止月份；如果税款所属期内纳税人由增值税小规模纳税人登记为增值税一般纳税人，填写增值税一般纳税人生效之日上月；经税务机关通知，逾期仍不办理增值税一般纳税人登记的，自逾期次月起不再适用减征优惠，填写逾期当月所在的月份。

（7）税款所属期起：指纳税人申报相应税种所属期的起始时间，具体到年、月、日。

（8）税款所属期止：指纳税人申报相应税种所属期的终止时间，具体到年、月、日。

（9）减免性质代码和项目名称：按照税务机关最新制发的减免税政策代码表中最细项减免项目名称填写。

（10）减免税额：减免税项目对应的减免税金额。

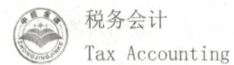

项目小结

本项目主要介绍了企业所得税会计核算、个人所得税会计核算及土地增值税会计核算,通过学习熟悉我国企业所得税法和个人所得税法的基本法律规定,了解土地增值税的征税范围与纳税义务人。能够正确计算企业所得税、个人所得税及土地增值税的应纳税额,掌握三者的会计核算。

思考与练习

一、单项选择题

1. 根据企业所得税法律制度的规定,下列各项中,属于不征税收入的是( )。
   A. 接受捐赠收入　　B. 国债利息收入
   C. 销售货物收入　　D. 财政拨款

2. 根据企业所得税法律制度的规定,企业以货币形式取得的收入,应当按照( )确定收入额。
   A. 账面价值　　B. 公允价值
   C. 账面原值　　D. 历史成本

3. 根据企业所得税法律制度的规定,下列关于企业所得税税前扣除的表述中,不正确的是( )。
   A. 企业发生的合理的工资薪金的支出,准予扣除
   B. 企业发生的职工福利费支出超过工资薪金总额的14%的部分,准予在以后纳税年度结转扣除
   C. 企业发生的合理的劳动保护支出,准予扣除
   D. 企业参加财产保险,按照规定缴纳的保险费,准予扣除

4. 下列人员属于个人所得税中居民纳税人的是( )。
   A. 2013年在中国境内居住时间为156天的台湾同胞
   B. 自2013年3月12日至2014年3月11日,在中国境内工作的外籍专家
   C. 在中国境内无住所且不居住的华侨人员
   D. 在北京开设小卖部的个体工商户王某

5. 《个人所得税法》是由( )制定的。
   A. 全国人民代表大会　　B. 财政部
   C. 国务院　　D. 国家税务总局

二、多项选择题

1. 下列选项,属于个人所得税纳税义务人的有( )。
   A. 中国公民　　B. 个体工商户
   C. 合伙企业投资者　　D. 个人独资企业

2. 根据企业所得税法律制度的规定,下列关于确定所得来源地的表述,正确的有( )。
   A. 提供劳务所得,按照劳务发生地确定
   B. 销售货物所得,按照交易活动发生地确定

C. 不动产转让所得，按照转让不动产企业所在地确定

D. 股息所得，按照分配股息的企业所在地确定

3. 下列各项中，属于企业所得税征税对象的有（　）。

A. 居民企业来源于中国境内的所得

B. 居民企业来源于中国境外的所得

C. 非居民企业来源于中国境内的所得

D. 非居民企业来源于中国境外且与境内所设机构、场所无实际联系的所得

4. 下列各项所得适用超额累进税率形式的有（　）。

A. 工资薪金所得　　B. 股息所得

C. 财产转让所得　　D. 经营所得

5. 下列属于个人所得税的税率形式的有（　）。

A. 超额累进税率　　B. 超率累进税率

C. 比例税率　　　　D. 定额税率

三、判断题

1. 居民企业无须就其来源于中国境外的所得缴纳企业所得税。（　）

2. 在中国境内设立机构、场所的非居民企业取得的发生在中国境外但与其所设机构、场所有实际联系的所得，无须缴纳企业所得税。（　）

3. 在计算企业所得税应纳税所得额时，企业财务、会计处理办法与税收法律法规的规定不一致的，应当依照税收法律法规的规定计算。（　）

4. 对于享受"三免三减半"税收优惠的项目，在减免税期限内转让的，受让方可以就该项目重新享受"三免三减半"的税收优惠。（　）

5. 根据《个人所得税法》规定，居民个人是指在中国境内有住所，或者无住所而一个纳税年度在中国境内居住累计满 365 天的个人。（　）

四、简答题

1. 如何理解个人所得税的居民纳税人和非居民纳税人？

2. 我国企业所得税优惠的基本内容有哪些？

3. 个人所得税的征税对象有哪些？

项目 4　财产税的核算

知识目标

◎ 理解房产税和车船税的概念、纳税义务人和征收范围；

◎ 掌握房产税和车船税的税率和税收优惠。

技能目标

◎ 掌握房产税和车船税应纳税额的计算；

◎ 掌握房产税和车船税的会计处理。

案例导入

某市联运公司系交通局下属的集体企业，注册资本 368 万元，现有职工 274 人，经营公路铁路联运，国内、国际集装箱和汽车客货运输。2020 年度，公司账面实现主营业务收入 430 万元。主营利润 22 万元，其他业务利润 13 万元，营业外收入 42 万元，利润总额 53 万元。

在 2021 年的日常税务稽查中，稽查人员发现该公司房租收入数额较大，但未及时申报缴纳房产税，且房租收入归类混乱，有些收入反映在"其他业务收入"账户，有些则反映在"营业外收入"账户。税务人员经查询得知，收入归类混乱是年度中间会计更换频繁所致。经核实，该公司 2021 年 1 月至 9 月期间共取得房租收入 26 万元，未申报房产税。

案例思考

根据这一案例，分析该联运公司存在哪些税务问题。

本章导语

财产税作为现代国家三大税收体系之一，是调节收入分配的政府"有形之手"，是二次分配的重要工具，同时也是促进社会财富再生产的重要手段，在世界各国的税收体系中都占有重要地位。

任务 4.1　房产税的核算

4.1.1　房产税概述

1. 房产税的概念、纳税义务人和征收范围

（1）房产税的概念。

房产税是以房产为征税对象，按照房产的计税价值或房产租金收入，向房产所有人或经营管理人征收的一种财产税。

（2）房产税的纳税义务人。

房产税以在征税范围内的房屋产权所有人为纳税义务人。其中：

①产权属国家所有的，由经营管理单位纳税；产权属集体和个人所有的，由集体单位和个人纳税。

这里所称单位，包括国有企业、集体企业、私营企业、股份制企业、外商投资企业、外国企业以及其他企事业单位、社会团体、国家机关、军队以及其他单位；所称个人，包括个体工商户及其他个人。

②产权出典的，由承典人依照房产余值缴纳房产税。所谓产权出典，是指产权所有人将房屋、生产资料等的产权，在一定期限内典当给他人使用而取得资金的一种融资业务。这种业务大多发生于出典人急需用款，但又想保留产权回赎权的情况。承典人向出典人交付一定的典价之后，在质典期内即获抵押物品的支配权，并可转典。产权的典价一般要低于卖价。出典人在规定期间内须归还典价的本金和利息，方可赎回出典房屋等的产权。在房屋出典期间，由于产权所有人已无权支配房屋，因此，税法规定由对房屋具有支配权的承典人为纳税人。

③产权所有人、承典人不在房屋所在地的，由房产代管人或者使用人纳税。

④产权未确定及租典纠纷未解决的，亦由房产代管人或者使用人纳税。所谓租典纠纷，是指产权所有人在房产出典和租赁关系上，与承典人、租赁人发生各种争议，特别是权利和义务的争议悬而未决的。此外，还有一些产权归属不清的问题，也都属于租典纠纷。对租典纠纷尚未解决的房产，规定由代管人或使用人为纳税人，主要目的在于加强征收管理，保证房产税及时入库。

⑤无租使用其他单位房产的问题。无租使用其他单位房产的应税单位和个人，依照房产余值代缴纳房产税。

（3）房产税的征收范围。

房产税以房产为征税对象。所谓房产，是指有屋面和围护结构（有墙或两边有柱），能够遮风避雨，可供人们在其中生产、学习、工作、娱乐、居住或储藏物资的场所。房地产开发企业建造的商品房，在出售前不征收房产税；但在出售前已由房地产开发企业使用或出租、出借的商品房，应按规定计征房产税。

房产税的征税范围为：城市、县城、建制镇和工矿区。具体规定如下：

①城市是指国务院批准设立的市。

②县城是指县人民政府所在地的地区。

③建制镇是指经省、自治区、直辖市人民政府批准设立的建制镇。

④工矿区是指工商业比较发达、人口比较集中、符合国务院规定的建制镇标准，但尚未设立建制镇的大中型工矿企业所在地。开征房产税的工矿区须经省、自治区、直辖市人民政府批准。

房产税的征税范围不包括农村，这主要是为了减轻农民的负担。因为农村的房屋，除农副业生产用房外，大部分是农民居住用房。对农村房屋不纳入房产税征税范围，有利于农业发展，繁荣农村经济，有利于社会稳定。

2. 房产税的税率和税收优惠

（1）房产税的税率。

我国现行房产税采用的是比例税率。由于房产税的计税依据分为从价计征和从租计征两种形式，所以房产税的税率也有两种：一种是按房产原值一次减除10%～30%后的余值计征的，税率为1.2%；另一种是按房产出租的租金收入计征的，税率为12%。从2001年1月1日起，对个人按市场价格出租的居民住房用于居住的，可暂减按4%的税率征收房产税。

（2）房产税的税收优惠。

①国家机关、人民团体、军队自用的房产，免征房产税。但上述免税单位的出租房产以及非自身业务使用的生产、营业用房，不属于免税范围。

自用房产是指这些单位本身的办公用房和公务用房。

②由国家财政部门拨付事业经费（全额或差额预算管理）的单位所有的，本身业务范围内使用的房产，免征房产税。

③宗教寺庙、公园、名胜古迹自用的房产，免征房产税。

④个人所有非营业用的房产免征房产税；对个人拥有的营业用房或者出租的房产，应照章纳税（个人出租住房按照4%的税率缴纳房产税）。

⑤经财政部批准免税的其他房产：

Ⅰ. 对非营利性医疗机构、疾病控制机构和妇幼保健机构等卫生机构自用的房产，免征房产税。

Ⅱ. 对按政府规定价格出租的公有住房和廉租住房，暂免征收房产税。

Ⅲ. 经营公租房的租金收入，免征房产税。公共租赁住房经营管理单位应单独核算公共租赁住房租金收入，未单独核算的，不得享受免征房产税优惠政策。

⑥自2018年10月1日至2020年12月31日，对按照去产能和调结构政策要求停产停业、关闭的企业，自停产停业次月起，免征房产税和城镇土地使用税。企业享受免税政策的期限累计不得超过2年。

⑦自2019年1月1日至2021年12月31日，对国家级、省级科技企业孵化器、大学科技园和国家备案众创空间自用以及无偿或通过出租等方式提供给在孵对象使用的房产，免征房产税。

⑧自2019年1月1日至2021年12月31日，对高校学生公寓免征房产税。

⑨自2019年1月1日至2021年12月31日，对农产品批发市场、农贸市场（包括自有和承租，下同）专门用于经营农产品的房产、土地，暂免征收房产税。对同时经营其他产品的农产品批发市场和农贸市场使用的房产、土地，按其他产品与农产品交易场地面积的比例确定免征房产税和城镇土地使用税。

享受上述税收优惠的房产、土地，是指农产品批发市场、农贸市场直接为农产品交易提供服务的房产、土地。农产品批发市场、农贸市场的行政办公区、生活区，以及商业餐饮娱乐等非直接为农产品交易提供服务的房产、土地，不属于规定的优惠范围，应按规定计征房产税。

⑩自2019年1月1日至2020年12月31日，对向居民供热收取采暖费的供热企业，为居民供热所使用的厂房及土地免征房产税；对供热企业其他厂房及土地，应当按照规定计征房产税。

4.1.2　房产税的计算

1. 计税依据

房产税的计税依据是房产的计税价值或房产的租金收入。按照房产计税价值征税的，称为从价计征；按照房产租金收入计征的，称为从租计征。

（1）从价计征。

《房产税暂行条例》规定，房产税依照房产原值一次减除10%～30%后的余值计算缴纳。各地扣除比例由当地省、自治区、直辖市人民政府确定。

①房产原值是指纳税人按照会计制度规定，在账簿"固定资产"科目中记载的房屋原价。因此，凡按会计制度规定在账簿中记载有房屋原价的，应以房屋原价按规定减除一定比例后作为房产余值计征房产税；没有记载房屋原价的，按照上述原则，参照同类房屋确定房产原值，按规定计征房产税。

②房产原值应包括与房屋不可分割的各种附属设备或一般不单独计算价值的配套设施。主要有：暖气、卫生、通风、照明、煤气等设备；各种管线，如蒸汽、压缩空气、石油、给水排水等管道及电力、电信、电缆导线；电梯、升降机、过道、晒台等。属于房屋附属设备的水管、下水道、暖气管、煤气管等应从最近的探视井或三通管起，计算原值；电灯网、照明线从进线盒连接管起，计算原值。

③纳税人对原有房屋进行改建、扩建的，要相应增加房屋的原值。房产余值是房产的原值减除规定比例后的剩余价值。此外，还应注意以下几点：

Ⅰ. 对投资联营的房产，在计征房产税时应予以区别对待。对于以房产投资联营，投资者参与投资利润分红，共担风险的，按房产余值作为计税依据计征房产税；对以房产投资，收取固定收入，不承担联营风险的，实际是以联营名义取得房产租金，应根据《房产税暂行条例》的有关规定由出租方按租金收入缴纳房产税。

Ⅱ. 对融资租赁房屋的情况，由于租赁费包括购进房屋的价款、手续费、借款利息等，与一般房屋出租的"租金"内涵不同，且租赁期满后，当承租方偿还最后一笔租赁费时，房屋产权要转移到承租方。这实际是一种变相的分期付款购买固定资产的形式，所以在计征房产税时应以房产余值计算征收。根据财税〔2009〕128号文件的规定，融资租赁的房产，由承租人自融资租赁合同约定开始日的次月起依照房产余值缴纳房产税。合同未约定开始日的，由承租人自合同签订的次月起依照房产余值缴纳房产税。

Ⅲ. 居民住宅区内业主共有的经营性房产缴纳房产税。从2007年1月1日起，对居民住宅区内业主共有的经营性房产，由实际经营（包括自营和出租）的代管人或使用人缴纳房产税。其中自营的，依照房产原值减除10%～30%后的余值计征，没有房产原值或不能将业主共有房产与其他房产的原值准确划分开的，由房产所在地地方税务机关参照同类房产核定房产原值；出租的，依照租金收入计征。

④凡在房产税征收范围内的具备房屋功能的地下建筑，包括与地上房屋相连的地下建筑以及完全建在地面以下的建筑、地下人防设施等，均应当依照有关规定征收房产税。上述具备房屋功能的地下建筑是指有屋面和维护结构，能够遮风避雨，可供人们在其中生产、经营、工作、学习、娱乐、居住或储藏物资的场所。自用的地下建筑，按以下方式计税：

Ⅰ. 工业用途房产，以房屋原价的50%～60%作为应税房产原值：

应纳房产税的税额＝应税房产原值×[1-（10%～30%）]×1.2%

Ⅱ. 商业和其他用途房产，以房屋原价的70%～80%作为应税房产原值。

应纳房产税的税额＝应税房产原值×[1-（10%～30%）]×1.2%

（2）从租计征。

《房产税暂行条例》规定，房产出租的，以房产租金收入为房产税的计税依据。

所谓房产的租金收入，是房屋产权所有人出租房产使用权所得的报酬，包括货币收入和实物收入。

如果是以劳务或者其他形式为报酬抵付房租收入的，应根据当地同类房产的租金水平，确定一个标准租金额从租计征。

纳税人对个人出租房屋的租金收入申报不实或申报数与同一地段同类房屋的租金收入相比明显不合理的，税务部门可以按照《中华人民共和国税收征收管理法》的有关规定，采取科学合理的方法核定其应纳税款。具体办法由各省、自治区、直辖市地方税务机关结合当地实际情况制定。

2. 应纳税额的计算

房产税的计税依据有两种，与之相适应的应纳税额计算也分为两种：一是从价计征的计算；二是从租计征的计算。

（1）从价计征。

从价计征是指以房产的原值减除一定比例后的余值为计税依据，计算公式为：

（年）应纳税额 = 应税房产原值 ×（1- 扣除比例）×1.2%

上述房产原值，是指纳税人按国家统一的会计制度规定，在"固定资产"科目中记载的房屋的原值，包括与房屋不可分割的各种附属设备或一般不单独计算价值的配套设施。凡以房屋为载体，不可随意移动的附属设备和配套设施，无论在会计核算中是否单独记账与核算，都应计入房产原值。

【情景4-1】北京市惠达股份有限公司的经营用房原值为10 000 000元，按照当地规定允许减除30%后按余值计税，适用税率为1.2%。请计算其应纳房产税税额。

应纳税额 =10 000 000×（1-30%）×1.2%=84 000（元）

（2）从租计征。

房产税从租计征是指以房产的租金收入为计税依据，计算公式为：

应纳税额 = 租金收入 ×12%（或4%）

房产的租金收入是房屋产权所有人出租房产使用权所得的报酬，包括货币收入和实物收入。如果以劳务或其他形式为报酬抵付房租收入的，应根据当地同类房产的租金水平，确定一个标准租金从租计征。

【情景4-2】北京市惠达股份有限公司出租房屋10间，年租金收入为300 000元，适用税率为12%。请计算其应纳房产税税额。

应纳税额 =300 000×12%=36 000（元）

4.1.3　房产税的核算

企业核算房产税应设置"应交税费——应交房产税"科目。企业按规定计提应纳房产税时，借记"税金及附加"科目，贷记"应交税费——应交房产税"科目；缴纳房产税时，借记"应交税费——应交房产税"科目，贷记"银行存款"科目。

【情景4-3】张丽自有一幢楼房共18间，其中3间（房屋原值为60 000元）用于个人生活居住，4间（房屋原值100 000元）用于个人开餐馆。2021年1月1日，张丽将剩余的11间房屋中的4间出典给李某，取得出典价款收入100 000元；将其余的7间出租给某公司，每月收取租金5 000元，期限均为1年。该地区规定房产税从价计征的扣除比例为20%。计算张丽2021年应缴纳的房产税税额。

根据税法规定，个人所有的非营业用房免征房产税。房屋出典的，承典人为房产税纳税人。因此，张丽应就其个人营业用房和出租用房缴纳房产税。

应纳税额 =100 000×（1-20%）×1.2%+5 000×12×12%=8 160（元）

【情景4-4】2021年初，北京市惠达股份有限公司"固定资产"明细账资料显示房屋原始价值为8 000 000元。2月，公司将其中的900 000元房产出租给大伟公司使用，年收取租金200 000元。当地政府规定房产税从价计征的扣除比例为20%，房产税按年计算、分季缴纳。计算北京市惠达股份有限公司第一季度各月应缴纳的房产税税额，并作会计处理。

该公司2021年度第一季度各月应缴纳的房产税税额为：

（1）1月份，该公司的房产全部自用，房产税应从价计征。

年应纳税额 =8 000 000×（1-20%）×1.2%= 76 800（元）

1月份应纳税额 =76 800÷12=6 400（元）

借：税金及附加　　　　　　　　　6 400

　　贷：应交税费——应交房产税　　　6 400

(2) 2月份，该公司的房产既有自用又有出租，其房产税应按照从价计征和从租计征两种方式分别处理。

自用房产，从价计征：

年应纳税额 =（8 000 000–900 000）×（1-20%）× 1.2%=68 160（元）

月应纳税额 =68 160÷12=5 680（元）

出租房产，从租计征：

年应纳税额 =200 000×12%=24 000（元）

月应纳税额 =24 000÷12=2 000（元）

2月份应纳税额 =5 680+2 000=7 680（元）

借：税金及附加　　　　　　　　　　7 680

　　贷：应交税费——应交房产税　　　7 680

（3）3月份的会计处理与2月份相同。

（4）4月初缴纳第一季度房产税时，编制会计分录：

第一季度房产税 =6 400+7 680+7 680=21 760（元）

借：应交税费——应交房产税　　　　21 760

　　贷：银行存款　　　　　　　　　　21 760

4.1.4　房产税的纳税申报

1. 纳税义务发生时间

（1）纳税人将原有房产用于生产经营，从生产经营之月起，缴纳房产税。

（2）纳税人自行新建房屋用于生产经营，从建成之次月起，缴纳房产税。

（3）纳税人委托施工企业建设的房屋，从办理验收手续的次月起，缴纳房产税。

（4）纳税人购置新建商品房，自房屋交付使用之次月起，缴纳房产税。

（5）纳税人购置存量房，自办理房屋权属转移、变更登记手续，房地产权属登记机关签发房屋权属证书之次月起，缴纳房产税。

（6）纳税人出租、出借房产，自交付出租、出借房产之次月起，缴纳房产税。

（7）房地产开发企业自用、出租、出借本企业建造的商品房，自房屋使用或交付之次月起，缴纳房产税。

（8）纳税人因房产的实物或权利状态发生变化，而依法终止房产税纳税义务的，其应纳税款的计算应截止到房产的实物或权利状态发生变化的当月末。

2. 纳税期限

房产税实行按年计算、分期缴纳的征收办法，具体纳税期限由各省、自治区、直辖市人民政府确定。

3. 纳税地点

房产税在房产所在地缴纳。对房产不在同一地方的纳税人，应按房产的坐落地点分别向房产所在地的税务机关纳税。

4. 房产税纳税申报

自2021年6月1日起，纳税人申报缴纳房产税时使用《财产和行为税纳税申报表》（如表3-20所示，详见本书第133页）。纳税人新增税源或税源变化时，需先填报《财产和行为税税源明细表》（如表3-21所示，详见本书第134～135页）。

任务 4.2 车船税的核算

4.2.1 车船税概述

1. 车船税的概念

车船税是以车船为征税对象,向拥有车船的单位和个人征收的一种税。我国对车船课税历史悠久。早在公元前 129 年(汉武帝元光六年),我国就开征了"初算商车"。1945 年 6 月,国民党政府公布了《使用牌照税法》,在全国统一开征车船使用牌照。中华人民共和国成立后,中央人民政府政务院于 1951 年 9 月颁布了《车船使用牌照税暂行条例》,在全国部分地区开征。1973 年简化税制、合并税种时,把对国营企业和集体企业征收的车船使用牌照税并入工商税。从那时起,车船使用牌照税只对不缴纳工商税的单位、个人及外侨征收,征税范围大大缩小。1984 年 10 月,国务院决定恢复对车船征税,因原税名"车船使用牌照税"不太确定,实际工作中往往误认为是对牌照征税,因此,改名为车船使用税。1986 年 9 月 15 日,国务院发布了《中华人民共和国车船使用税暂行条例》,决定从 1986 年 10 月 1 日起在全国施行。各省、自治区、直辖市人民政府根据《车船使用税暂行条例》规定,先后制定了施行细则。2006 年 12 月 29 日国务院颁布了《中华人民共和国车船税暂行条例》(以下简称《车船税暂行条例》),并于 2007 年 1 月 1 日实施。《中华人民共和国车船税法实施条例》(以下简称《车船税法》)于 2011 年 11 月 23 日经国务院常务会议审议通过,自 2012 年 1 月 1 日起施行。

2. 车船税纳税义务人

所谓车船税,是指在中华人民共和国境内的车辆、船舶的所有人或者管理人按照《中华人民共和国车船税暂行条例》应缴纳的一种税。

车船税的纳税义务人,是指在中华人民共和国境内,车辆、船舶(以下简称车船)的所有人或者管理人,应当依照《中华人民共和国车船税暂行条例》的规定缴纳车船税。

3. 车船税的征收范围

车船税的征收范围,是指依法应当在我国车船管理部门登记的车船(除规定减免的车船外)。

(1)车辆。

车辆,包括机动车辆和非机动车辆。机动车辆,指依靠燃油、电力等能源作为动力运行的车辆,如汽车、拖拉机、无轨电车等;非机动车辆,指依靠人力、畜力运行的车辆,如三轮车、自行车、畜力驾驶车等。

(2)船舶。

船舶,包括机动船舶和非机动船舶。机动船舶,指依靠燃料等能源作为动力运行的船舶,如客轮、货船、气垫船等;非机动船舶,指依靠人力或者其他力量运行的船舶,如木船、帆船、舢板等。

境内单位和个人租入外籍船舶的,不征收车船税。境内单位和个人将船舶出租到境外的,依法征收车船税。

4. 车船税的税目及税率

车船税实行定额税率。定额税率,也称固定税额,是税率的一种特殊形式。定额税率计算简便,是适宜从量计征的税种。车船税的适用税额,依照《车船税法》所附的《车船税税目税额表》执行。

车辆的具体适用税额由各省、自治区、直辖

市人民政府依照《车船税法》所附《车船税税目税额表》规定的税额幅度和国务院的规定确定。

船舶的具体适用税额由国务院在《车船税法》所附《车船税税目税额表》规定的税额幅度内确定，《车船税税目税额表》如表4-1所示。

表4-1 车船税税目税额表

税目		计税单位	车辆税税额标准（元）	备注
乘用车（按发动机气缸容量（排气量）分档）	1.0升（含）以下	每辆	60～360	核定载客人数9人（含）以下
	1.0升以上至1.6升（含）		300～540	
	1.6升以上至2.0升（含）		360～660	
	2.0升以上至2.5升		660～1 200	
	2.5升以上至3.0升		1 200～2 400	
	3.0升以上至4.0升		2 400～3 600	
	4.0升以上		3 600～5400	
商用车	客车	每辆	480～1440	核定载客人数9人（包括电车）以上
	货车	整备质量每吨	16～120	(1)包括半挂牵引车、挂车、客货两用汽车、三轮汽车和低速载货汽车等 (2)挂车按照货车税额的50%计算
其他车辆	专用作业车	整备质量每吨	16～120	不包括拖拉机
	轮式专用机械车	整备质量每吨	16～120	
摩托车		每辆	36～180	
船舶	机动船舶	净吨位每吨	3～6	拖船、非机动驳船分别按照机动船舶税额的50%计算；游艇的税额另行规定
	游艇	艇身长度每米	600～2 000	

车船税采用定额税率，即对征税的车船规定单位固定税额。车船税确定税额的总原则是：非机动车船的税负轻于机动车船；人力车的税负轻于畜力车；小吨位船舶的税负轻于大船舶。由于车辆与船舶的行驶情况不同，车船税的税额也有所不同。

(1)机动船舶，具体适用税额为：

①净吨位不超过200吨的，每吨3元。

②净吨位超过200吨但不超过2 000吨的，每吨4元。

③净吨位超过2 000吨但不超过10 000吨的，每吨5元。

④净吨位超过10 000吨的，每吨6元。

拖船按照发动机功率每1千瓦折合净吨位0.67吨计算征收车船税。

(2)游艇，具体适用税额为：

①艇身长度不超过10米的游艇，每米600元。

②艇身长度超过10米但不超过18米的游艇，每米900元。

③艇身长度超过18米但不超过30米的游艇，每米1 300元。

④艇身长度超过30米的游艇，每米2 000元。

⑤辅助动力帆艇，每米600元。

游艇艇身长度是指游艇的总长。

(3)《车船税法》及其实施条例所涉及的整备质量、净吨位、艇身长度等计税单位，有尾数的一律按照含尾数的计税单位据实计算车船税应纳税额。计算得出的应纳税额小数点后超过两位的，可四舍五入保留两位小数。

(4)乘用车以车辆登记管理部门核发的机动车登记证书或者行驶证书所载的排气量毫升数确定税额区间。

(5)《车船税法》及其实施条例所涉及的排气量、整备质量、核定载客人数、净吨位、功率（千瓦或马力）、艇身长度，以车船登记管理部门核发的车船登记证书或者行驶证相应项目所载数据为准。

依法不需要办理登记、依法应当登记而未办理登记或者不能提供车船登记证书、行驶证的，以车船出厂合格证明或者进口凭证相应项目标注的技术参数、所载数据为准；不能提供车船出厂合格证明或者进口凭证的，由主管税务机关参照国家相关标准核定；没有国家相关标准的，参照同类车船核定。

5. 车船税的税收优惠

（1）法定减免。

①捕捞、养殖渔船。

②军队、武装警察部队专用的车船。

③警用车船。

④依照法律规定应当予以免税的外国驻华使领馆、国际组织驻华代表机构及其有关人员的车船。

⑤对节能汽车，减半征收车船税；对新能源车船，免征车船税。减半征收车船税的节能乘用车和商用车、免征车船税的使用新能源汽车和船舶，均应符合规定的标准。

⑥各省、自治区、直辖市人民政府根据当地实际情况，可以对公共交通车船、农村居民拥有并主要在农村地区使用的摩托车、三轮汽车和低速载货汽车定期减征或者免征车船税。

⑦国家综合性消防救援车辆由部队号牌改挂应急救援专用号牌的，一次性免征改挂当年车船税。

（2）特定减免。

①经批准临时入境的外国车船和香港特别行政区、澳门特别行政区、台湾地区的车船，不征收车船税。

②按照规定缴纳船舶吨税的机动船舶，自《车船税法》实施之日起5年内免征车船税。

③依法不需要在车船登记管理部门登记的机场、港口、铁路站场内部行驶或者作业的车船，自《车船税法》实施之日起5年内免征车船税。

4.2.2 车船税的计算

纳税人按照纳税地点所在的各省、自治区、直辖市人民政府确定的具体适用税额缴纳车船税。车船税由地方税务机关负责征收。

（1）购置的新车船，购置当年的应纳税额自纳税义务发生的当月起按月计算。计算公式为：

$$应纳税额 = \frac{年应纳税额}{12} \times 应纳税月份数$$

$$应纳税月份数 = 12 - 纳税义务发生时间（取月份）+ 1$$

（2）在一个纳税年度内，已完税的车船被盗抢、报废、灭失的，纳税人可以凭有关管理机关出具的证明和完税证明，向纳税所在地的主管税务机关申请退还自被盗抢、报废、灭失月份起至该纳税年度终了期间的税款。

（3）已办理退税的被盗抢车船，失而复得的，纳税人应当从公安机关出具相关证明的当月起计算缴纳车船税。

（4）在一个纳税年度内，纳税人在非车辆登记地由保险机构代收代缴机动车车船税，且能够提供合法有效完税证明的，纳税人不再向车辆登记地的地方税务机关缴纳车辆车船税。

（5）已缴纳车船税的车船在同一纳税年度内办理转让过户的，不再另行纳税，也不退税。

【情景4-5】北京市惠达股份有限公司拥有载货汽车30辆（货车整备质量全部为10吨）；乘人大客车20辆；小客车10辆。计算该公司应纳的车船税，并进行会计处理。

（注：载货汽车每吨年税额80元，乘人大客车每辆年税额800元，小客车每辆年税额700元）

载货汽车应纳税额 =30×10×80=24 000（元）

乘人汽车应纳税额 =20×800+10×700=23 000（元）

全年应纳车船税额 =24 000+23 000=47 000（元）

借：应交税费——应交车船税　　47 000

　　贷：银行存款　　　　　　　　47 000

4.2.3 车船税的纳税申报

1. 纳税义务发生时间

车船税的纳税义务发生时间为车船管理部门核发的车船登记证书或行驶证书所记载日期的当月。纳税人未按照规定到车船管理部门办理应税车船登记手续的,以车船购置发票所载开具时间的当月作为车船税的纳税义务发生时间;对未办理车船登记手续日无法提供车船购置发票的,由主管地方税务机关核定纳税义务发生的时间。

2. 纳税地点

车船税由纳税人所在地税务机关负责征收。纳税人所在地是指自然人的居住地,国家机关、社会团体、企业事业单位的税务登记地或机构所在地。跨省、自治区、直辖市使用的车辆,纳税地点为车船的登记地。

在一个纳税年度内,纳税人在非车辆登记地由保险机构代收代缴机动车车船税,且能够提供合法有效的完税证明的,纳税人不再向车辆登记地的地方税务机关缴纳机动车车船税。

3. 纳税申报

车船税按年征收,具体期限由省、自治区、直辖市人民政府确定,其具体规定如下:

(1) 车船的所有人或者管理人未缴纳车船税的,使用人应当代为缴纳车船税。

(2) 从事机动车交通事故责任强制保险业务的保险机构为机动车车船税的扣缴义务人,应当依法代收代缴车船税。

(3) 由扣缴义务人代收代缴机动车车船税的,纳税人应当在购买机动车交通事故责任强制保险的同时缴纳车船税。

(4) 纳税人对扣缴义务人代收代缴税款有异议的,可以向纳税所在地的主管地方税务机关提出。

(5) 纳税人在购买机动车交通事故责任强制保险时缴纳车船税的,不再向地方税务机关申报纳税。

(6) 在一个纳税年度内,已完税的车船被盗抢、报废、灭失的,纳税人可以凭有关管理机关出具的证明和完税凭证,向纳税所在地的主管税务机关申请退还自被盗抢、报废、灭失月份起至该纳税年度终了期间的税款。

已办理退税的被盗抢车船失而复得的,纳税人应当从公安机关出具相关证明的当月起计算缴纳车船税。

(7) 扣缴义务人应当及时解缴代收代缴的税款,并向地方税务机关申报。机动车车船税的扣缴义务人依法代收代缴车船税时,纳税人不得拒绝。扣缴义务人在代收车船税时,应当在机动车交通事故责任强制保险的保险单上注明已收税款的信息,将其作为纳税人的完税证明。

项目小结

本项目主要介绍了财产税的税制要素及其会计核算。通过学习，可熟悉财产税的基本法律规定，了解相关的纳税义务人和征收范围，能够正确地计算房产税和车船税的应纳税额，掌握房产税和车船税的会计核算方法。

思考与练习

一、单项选择题

1. 根据房产税法律制度的规定，下列各项中，应征收房产税的是（　　）。
   A. 国家机关自用的房产
   B. 高等学校的学生公寓
   C. 个人出租的住房
   D. 老年服务机构自用的房产

2. 根据房产税法律制度的规定，下列各项中，不予免征房产税的是（　　）。
   A. 名胜古迹中附设的经营性茶社
   B. 公园自用的办公用房
   C. 个人所有的唯一普通居住用房
   D. 国家机关的职工食堂

3. 我国车船税的税率形式是（　　）。
   A. 地区差别比例税
   B. 有幅度的比例税率
   C. 有幅度的定额税率
   D. 全国统一的定额税率

4. 根据车船税法律制度的规定，下列车船中，应缴纳车船税的是（　　）。
   A. 商用客车　　　　B. 捕捞渔船
   C. 警用车船　　　　D. 养殖渔船

5. 根据车船税法律制度的规定，下列车辆中，免征车船税的是（　　）。
   A. 建筑公司专用作业车　B. 人民法院警务用车
   C. 商场管理部门用车　　D. 物流公司货车

二、多项选择题

1. 根据房产税法律制度的规定，下列各项中，应当计入房产原值计征房产税的有（　　）。
   A. 独立于房屋之外的烟囱　　B. 中央空调
   C. 房屋的给水排水管道　　　D. 室外游泳池

2. 下列有关房产税减免税的规定中，表述正确的有（　　）。
   A. 国家机关自用的办公楼，免征房产税
   B. 公园附设的照相馆占用的房产，免征房产税
   C. 某公立高校教室用房，免征房产税
   D. 个人所有居住用房，免征房产税

3. 根据车船税法律制度的规定，以下属于车船税征税范围的有（　　）。

A. 用于耕地的拖拉机
B. 用于接送员工的客车
C. 用于休闲娱乐的游艇
D. 供企业经理使用的小汽车

4. 根据车船税法律制度的规定，下列车船中，以"辆数"为计税依据的有（　　）。

A. 商用货车　　B. 机动船舶

C. 摩托车　　D. 商用客车

5. 根据车船税法律制度的规定，下列车船（汽油动力）中，免征车船税的有（　　）。

A. 警用车船
B. 养殖渔船
C. 物流公司营运用货车
D. 汽车租赁公司出租用乘用车

三、判断题

1. 产权未确定以及租典纠纷未解决的，暂不征收房产税。（　　）
2. 房地产开发企业建造的商品房，出售前已使用的，不征收房产税。（　　）
3. 房产产权未确定以及租典纠纷未解决的，不征收房产税。（　　）
4. 以房屋为载体、不可随意移动的附属设备和配套设施，如果单独记账，价值没有计入房产原值，可以不计算缴纳房产税。（　　）
5. 对新能源车船、节约能源车船，免征车船税。（　　）

四、简答题

1. 简述房产税基本征税范围。
2. 简述车船税的纳税义务人。
3. 简述车船税的税收优惠政策。

项目 5 行为税的核算

知识目标

◎ 理解印花税和契税的概念及纳税义务人；

◎ 掌握印花税和契税的税率和征税范围；

◎ 掌握印花税和契税的税收优惠。

技能目标

◎ 掌握印花税和契税的应纳税额的计算；

◎ 掌握印花税和契税的会计核算。

案例导入

由于经营规模扩大，甲商贸公司急需 5000 万元资金支持。为此，甲商贸公司拟采取以下筹资方式并签订借款合同。

（1）向中国建设银行借款 2000 万元；

（2）向乙公司借款 1000 万元；

（3）向自然人丁借款 1000 万元；

（4）向小额贷款公司丙借款 1000 万元。

案例思考

甲商贸公司需要缴纳的印花税是多少？

本章导语

行为税指的是国家为了对某些特定行为进行限制或开辟某些财源而课征的一类税收，按照国家实行的标准来看，行为税一般作为地方政府筹集地方财政资金的一种手段，对行为课税的最大特点是征纳行为的发生具有偶然性或一次性。

任务 5.1 印花税的核算

5.1.1 印花税概述

1. 印花税的概念

印花税是在经济活动和经济交往中,以书立和领受应税凭证的行为为征收对象征收的一种税。印花税因其采用在应税凭证上粘贴印花税票的方法缴纳税款而得名。

2. 印花税的纳税义务人

印花税的纳税义务人,是在我国境内书立、使用、领受属于征税范围内所列凭证的单位和个人,包括各类企业、事业、机关、团体、部队,以及中外合资经营企业、合作经营企业、外资企业、外国公司企业和其他经济组织及其在华机构等单位和个人。

根据书立、使用、领受凭证的不同,印花税的纳税人分别称为立合同人、立据人、立账簿人、领受人和使用人。

（1）立合同人。

立合同人指合同的当事人。所谓当事人,是指对凭证有直接权利义务关系的单位和个人,但不包括合同的担保人、证人、鉴定人。各类合同的纳税人是立合同人。各类合同,包括购销、加工承揽、建设工程承包、财产租赁、货物运输、仓储保管、借款、财产保险、技术合同或者具有合同性质的凭证。

《中华人民共和国民法典》第四百六十四条规定:合同,是民事主体之间设立、变更、终止民事法律关系的协议。

当事人的代理人有代理纳税的义务,他与纳税人负有同等的税收法律义务和责任。

（2）立据人。

产权转移书据的纳税人是立据人。所谓立据人,是指土地、房屋权属转移过程中买卖双方的当事人。

（3）立账簿人。

营业账簿的纳税人是立账簿人。所谓立账簿人,是指设立并使用营业账簿的单位和个人。例如,企业单位因生产、经营需要,设立了营业账簿,该企业即为纳税人。

（4）领受人。

权利、许可证照的纳税人是领受人。所谓领受人,是指领取或接受并持有该项凭证的单位和个人。例如,某人因其发明创造,经申请依法取得国家专利机关颁发的专利证书,该人即为纳税人。

（5）使用人。

在国外书立、领受,但在国内使用的应税凭证,其纳税人是使用人。

> **注意**
>
> 对于同一凭证,凡是由两方或者两方以上当事人共同书立的,各方均为印花税的纳税人,应当由各方就所持凭证的计税金额履行纳税义务。

3. 印花税的征税范围

我国经济活动中发生的经济凭证种类繁多、数量巨大,现行印花税采取正列举形式,只对法律规定中列举的凭证征收,没有列举的凭证不征税。列举的凭证分为四类,即合同类、产权转移书据类、营业账簿类和证券交易类。

（1）合同。

在税目税率表中,列举了如下 11 大类合同。

①买卖合同,包括供应、预购、采购、购销结合及协作、调剂、补偿、易货等合同;还包括各出版单位与发行单位（不包括订阅单位和个人）之间订立的图书、报刊、音像征订凭证。

对于工业、商业、物资、外贸等部门经销和调拨商品、物资供应的调拨单（或其他名称的单、卡、书、表等），应当区分其性质和用途，即看其是作为部门内执行计划使用的，还是代替合同使用的，以确定是否贴花。凡属于明确双方供需关系，据以供货和结算，具有合同性质的凭证，应按规定缴纳印花税。

对纳税人以电子形式签订的各类应税凭证，按规定征收印花税。

对发电厂与电网之间、电网与电网之间（国家电网公司系统、南方电网公司系统内部各级电网互供电量除外）签订的购售电合同，按购销合同征收印花税。电网与用户之间签订的供用电合同不征印花税。

②借款合同，包括银行及其他金融组织和借款人（不包括银行同业拆借）所签订的借款合同。

③融资租赁合同。

④租赁合同，包括租赁房屋、船舶、飞机、机动车辆、机械、器具、设备等合同；还包括企业、个人出租门店、柜台等所签订的合同，但不包括企业与主管部门签订的租赁承包合同。

⑤承揽合同，包括加工、定做、修缮、修理、印刷、广告、测绘、测试等合同。

⑥建设工程合同，包括勘察、设计、建筑、安装工程合同的总包合同、分包合同和转包合同。

⑦运输合同，包括民用航空运输、铁路运输、海上运输、内河运输、公路运输和联运合同。

⑧技术合同，包括技术开发、转让、咨询、服务等合同。

技术转让合同包括专利申请转让、非专利技术转让所书立的合同，但不包括专利权转让、专利实施许可所书立的合同。后者适用于"产权转移书据"合同。

技术咨询合同是合同当事人就有关项目的分析、论证、评价、预测和调查订立的技术合同，而一般的法律、会计、审计等方面的咨询不属于技术咨询，其所立合同不贴印花。

技术服务合同的征税范围包括技术服务合同、技术培训合同和技术中介合同。

⑨保管合同，包括保管合同或作为合同使用的仓单、栈单（或称入库单）。对某些使用不规范的凭证不便计税的，可就其结算单据作为计税贴花的凭证。

⑩仓储合同。

⑪财产保险合同，包括财产、责任、保证、信用等保险合同。

（2）产权转移书据。

产权转移即财产权利关系的变更行为，表现为产权主体发生变更。产权转移书据是在产权的买卖、交换、继承、赠与、分割等产权主体变更过程中，由产权出让人与受让人之间所订立的民事法律文书。

我国印花税税目中的产权转移书据包括土地使用权出让和转让书据；房屋等建筑物、构筑物所有权、股权（不包括上市和挂牌公司股票）、商标专用权、著作权、专利权、专有技术使用权转让书据。

（3）营业账簿。

印花税税目中的营业账簿归属于财务会计账簿，是按照财务会计制度的要求设置的，反映生产经营活动的账册。按照营业账簿反映内容的不同，在税目中分为记载资金的账簿（以下简称"资金账簿"）和其他营业账簿两类，对记载资金的营业账簿征收印花税，对其他营业账簿不征收印花税。

①资金账簿，是反映生产经营单位"实收资本"和"资本公积"金额增减变化的账簿。

②其他营业账簿，是反映除资金资产以外的其他生产经营活动内容的账簿，即除资金账簿以外的，归属于财务会计体系的其他生产经营用账册。

（4）证券交易。

证券交易是指在依法设立的证券交易所上市交易或者在国务院批准的其他证券交易场所转让公司股票和以股票为基础发行的存托凭证。

4. 印花税的税率

适用于各类经济合同、产权转移书据、营业账簿及证券交易中记载资金的账簿。税率共分五个档次，分别是0.05‰、0.25‰、0.3‰、0.5‰、1‰。印花税税目税率如表5-1所示。

表 5-1 印花税税目税率

税目		税率	备注
合同 （指书面合同）	借款合同	借款金额的万分之零点五	指银行业金融机构、经国务院银行业监督管理机构批准设立的其他金融机构与借款人（不包括同业拆借）的借款合同
	融资租赁合同	租金的万分之零点五	
	买卖合同	价款的万分之三	指动产买卖合同（不包括个人书立的动产买卖合同）
	承揽合同	报酬的万分之三	
	建筑工程合同	价款的万分之三	
	运输合同	运输费用的万分之三	指货运合同和多式联运合同（不包括管道运输合同）
	技术合同	价款、报酬或者使用费的万分之三	不包括专利权、专有技术使用权转让书据
	租赁合同	租金的千分之一	
	保管合同	保管费的千分之一	
	仓储合同	仓储费的千分之一	
	财产保险合同	保险费的千分之一	不包括再保险合同
产权转移书据	土地使用权出让书据	价款的万分之五	转让包括买卖（出售）、继承、赠与、互换、分割
	土地使用权、房屋等建筑物和构筑物所有权转让书据（不包括土地承包经营权和土地经营权转移）	价款的万分之五	
	股权转让书据（不包括应缴纳证券交易印花税的）	价款的万分之五	
	商标专用权、著作权、专利权、专有技术使用权转让书据	价款的万分之三	
营业账簿		实收资本（股本）、资本公积合计金额的万分之二点五	
证券交易		成交金额的千分之一	

（注：本表选自《中华人民共和国印花税法》，2022 年 7 月 1 日起实施）

①适用 0.05‰税率的有"借款合同"和"融资合同"；

②适用 0.25‰税率的有经济合同中的"营业账簿"；

③适用 0.3‰税率的有经济合同中的"承揽合同""建筑工程合同""货物运输合同""买卖合同""技术合同"中记载资金的账簿；

④适用 0.5‰税率的有土地使用权出让和转移书据；房屋等建筑物、构筑物所有权、股权（不包括上市和挂牌公司股票）。

⑤适用 1‰税率的有经济合同中的"租赁合同""保管合同""仓储合同""财产保险合同"和"证券交易"。

证券交易，是指转让在依法设立的证券交易所、国务院批准的其他全国性证券交易场所交易的股票和以股票为基础的存托凭证。

证券交易印花税对证券交易的出让方征收，不对受让方征收。

5. 印花税的税收优惠

应税合同、产权转移书据未列明金额的，印花税的计税依据按照实际结算的金额确定。

计税依据按照前款规定仍不能确定的，按照书立合同、产权转移书据时的市场价格确定；依法应当执行政府定价或者政府指导价的，按照国家有关规定确定。

证券交易无转让价格的，按照办理过户登记手续时该证券前一个交易日的收盘价计算确定计税依据；无收盘价的，按照证券面值计算确定计税依据。

同一应税凭证载有两个以上税目事项并分别列明金额的，按照各自适用的税目税率分别计算应纳税额；未分别列明金额的，从高适用税率。

已缴纳印花税的营业账簿，以后年度记载的实收资本（股本）、资本公积合计金额比已缴纳印花税的实收资本（股本）、资本公积合计金额增加的，按照增加部分计算应纳税额。

下列凭证免征印花税：

（1）应税凭证的副本或者抄本。

（2）依照法律规定应当予以免税的外国驻华使馆、领事馆和国际组织驻华代表机构为获得馆舍书立的应税凭证。

（3）中国人民解放军、中国人民武装警察部队书立的应税凭证。

（4）农民、家庭农场、农民专业合作社、农村集体经济组织、村民委员会购买农业生产资料或者销售农产品书立的买卖合同和农业保险合同。

（5）无息或者贴息借款合同、国际金融组织向中国提供优惠贷款书立的借款合同。

（6）财产所有权人将财产赠与政府、学校、社会福利机构、慈善组织书立的产权转移书据。

（7）非营利性医疗卫生机构采购药品或者卫生材料书立的买卖合同。

（8）个人与电子商务经营者订立的电子订单。

根据国民经济和社会发展的需要，国务院对居民住房需求保障、企业重组改制、破产，支持小型微型企业发展等情形可以按规定减征或者免征印花税，存在上述情形的，需报全国人大常委会备案。

5.1.2　印花税的计算

1. 计税依据的一般规定

印花税的计税依据为各种应税凭证上所记载的计税金额。具体规定为：

（1）购销合同的计税依据为合同记载的购销金额。

（2）加工承揽合同的计税依据是加工或承揽收入的金额。具体包括：

①对于由受托方提供原材料的加工、定做合同，凡在合同中分别记载加工费金额和原材料金额的，应分别按"加工承揽合同""购销合同"计税，两项税额相加数，即为合同应贴印花；若合同中未分别记载的，应就全部金额依照加工承揽合同计税贴花。

②对于由委托方提供主要材料或原料，受托方只提供辅助材料的加工合同，无论加工费和辅助材料金额是否分别记载，均以辅助材料与加工费的合计数，依照加工承揽合同计税贴花。对委托方提供的主要材料或原料金额不计税贴花。

（3）建设工程勘察设计合同的计税依据为收取的费用。

（4）建筑安装工程承包合同的计税依据为承包金额。

（5）财产租赁合同的计税依据为租赁金额；经计算，税额不足1元的，按1元贴花。

（6）货物运输合同的计税依据为取得的运输费金额（即运费收入），不包括所运货物的金额、装卸费和保险费等。

（7）仓储保管合同的计税依据为收取的仓储保管费用。

（8）借款合同的计税依据为借款金额。针对实际借贷活动中不同的借款形式，税法规定了不同的计税方法。

①凡是一项信贷业务既签订借款合同，又一次或分次填开借据的，只以借款合同所载金额为计税依据计税贴花；凡是只填开借据并作为合同使用的，应以借据所载金额为计税依据计税贴花。

②借贷双方签订的流动资金周转性借款合同，一般按年（期）签订，规定最高限额，借款人在规定期限和最高限额内随借随还。为避免加重借贷双方的负担，对这类合同只以规定的最高限额为计税依据，在签订时贴花一次，在限额内随借随还不签订新合同的，不再另贴印花。

③对借款方以财产作抵押，从贷款方取得一定数量抵押贷款的合同，应按借款合同贴花；在借款方因无力偿还借款而将抵押财产转移给贷款方时，应再就双方书立的产权书据，按产权转移书据的有关规定计税贴花。

④对银行及其他金融组织的融资租赁业务签订的融资租赁合同，应按合同所载租金总额，暂按借款合同计税。

⑤在贷款业务中，如果贷方系由若干银行组成的银团，银团各方均承担一定的贷款数额，则借款合同由借款方与银团各方共同书立，各执一份合同正本。对这类合同，借款方与贷款银团各方应分别在所执的合同正本上按各自的借款金额计税贴花。

⑥在基本建设贷款中，如果按年度用款计划分年签订借款合同，在最后一年按总概算签订借款总合同，且总合同的借款金额包括各个分合同的借款金额的，对这类基建借款合同，应按分合同分别贴花，最后签订的总合同只就借款总额扣除分合同借款金额后的余额计税贴花。

（9）财产保险合同的计税依据为支付（收取）的保险费，不包括所保财产的金额。

（10）技术合同的计税依据为合同所载的价款、报酬或使用费。为鼓励技术研究开发，对技术开发合同只就合同所载的报酬金额计税，研究开发经费不作为计税依据。单对合同约定按研究开发经费一定比例作为报酬的，应按一定比例的报酬金额贴花。

（11）产权转移书据的计税依据为所载金额。

（12）营业账簿税目中记载资金的账簿的计税依据为"实收资本"与"资本公积"两项的合计金额。实收资本包括现金、实物、无形资产和材料物资。现金按实际收到或存入纳税人开户银行的金额确定。实物，指房屋、机器等，按评估确认的价值或者合同、协议约定的价格确定。无形资产和材料物资，按评估确认的价值确定。

资本公积，包括接受捐赠、法定财产重估增值、资本折算差额、资本溢价等。如果是实物捐赠，则按同类资产的市场价格或有关凭据确定。

其他账簿的计税依据为应税凭证件数。

（13）权利、许可证照的计税依据为应税凭证件数。

2. 计税依据的特殊规定

（1）上述凭证以"金额""收入""费用"作为计税依据的，应当全额计税，不得作任何扣除。

（2）同一凭证，载有两个或两个以上经济事项而适用不同税目税率的，如分别记载金额，应分别计算应纳税额，相加后按合计税额贴花；如未分别记载金额，按税率高的计税贴花。

（3）按金额比例贴花的应税凭证，未标明金额的，应按照凭证所载数量及国家牌价计算金额；没有国家牌价的，按市场价格计算金额，再按规定税率计算应纳税额。

（4）应税凭证所载金额为外国货币的，应按照凭证书立当日国家外汇管理局公布的外汇牌价折合成人民币，再计算应纳税额。

（5）应纳税额不足1角的，免纳印花税；1角以上的，其税额尾数不满5分的不计，满5分的按1角计算。

（6）有些合同，在签订时无法确定计税金额，如技术转让合同中的转让收入是按销售收入的一定比例收取或是按实现利润分成的；财产租赁合同只是规定了月（天）租金标准，而无租赁期限的。对这类合同，可在签订时先按定额5元贴花，以后结算时再按实际金额计税，补贴印花。

（7）应税合同在签订时，纳税义务即已产生，应计算应纳税额并贴花。所以，不论合同是否兑现或是否按期兑现，均应贴花。

对已履行并贴花的合同，所载金额与合同履

行后实际结算金额不一致的,只要双方未修改合同金额,一般不再办理完税手续。

(8) 对有经营收入的事业单位,凡属由国家财政拨付事业经费,实行差额预算管理的单位,其记载经营业务的账簿,按其他账簿定额贴花,不记载经营业务的账簿不贴花;凡属经费来源实行自收自支的单位,其营业账簿应对记载资金的账簿和其他账簿分别计算应纳税额。

跨地区经营的分支机构使用的营业账簿,应由各分支机构于其所在地计算贴花。对上级单位核拨资金的分支机构,其记载资金的账簿按核拨的账面资金额计税贴花,其他账簿按定额贴花;对上级单位不核拨资金的分支机构,只就其他账簿按件定额贴花。为避免对同一资金重复计税贴花,上级单位记载资金的账簿应按扣除拨给下属机构资金数额后的其余部分计税贴花。

(9) 商品购销活动中,采用以货换货方式进行商品交易签订的合同是反映既购又销双重经济行为的合同。对此,应按合同所载的购、销合计金额计税贴花。合同未列明金额的,应按合同所载购、销数量依照国家牌价或者市场价格计算应纳税额。

(10) 施工单位将自己承包的建设项目分包或者转包给其他施工单位所签订的分包合同或者转包合同,应按新的分包合同或转包合同所载金额计算应纳税额。这是因为印花税是一种具有行为税性质的凭证税,尽管总承包合同已依法计税贴花,但新的分包或转包合同是一种新的凭证,又发生了新的纳税义务。

(11) 自 2008 年 9 月 19 日起,对证券交易印花税政策进行调整,由双边征收改为单边征收,即只对卖出方(或继承、赠与 A 股、B 股股权的出让方)征收证券(股票)交易印花税,对买入方(受让方)不再征税。税率仍为 1‰。

(12) 对国内各种形式的货物联运,凡在起运地统一结算全程运费的,应以全程运费作为计税依据,由起运地运费结算双方缴纳印花税;凡分程结算运费的,应以分程的运费作为计税依据,分别由办理运费结算的各方缴纳印花税。

对国际货运,凡由我国运输企业运输的,不论在我国境内、境外起运还是中转分程运输,我国运输企业所持的一份运费结算凭证,均按本程运费计算应纳税额;托运方所持的一份运费结算凭证,按全程运费计算应纳税额。由外国运输企业运输进出口货物的,外国运输企业所持的一份运费结算凭证免纳印花税;托运方所持的一份运费结算凭证应缴纳印花税。国际货运运费结算凭证在国外办理的,应在凭证转回我国境内时按规定缴纳印花税。

需要明确的是,印花税票为有价证券,其票面金额以人民币为单位,分为 1 角、2 角、5 角、1 元、2 元、5 元、10 元、50 元、100 元 9 种。

5.1.3 印花税的会计核算

纳税人的应纳税额,根据应税凭证的性质,分别按比例税率或者定额税率计算,计算公式为:

$$\text{应纳税额} = \text{应税凭证计税金额(或应税凭证件数)} \times \text{适用税率}$$

【情景 5-1】北京市惠达股份有限公司 2021 年 5 月承包建筑工程一项,承包金额 1 800 000 元,按合同法订立建筑承包工程合同。计算公司此项业务应纳印花税税额,并作会计处理。

应纳税额 = 1 800 000 × 0.3‰ = 540(元)
借:管理费用　　　　　　　　　　540
　　贷:银行存款　　　　　　　　　　540

5.1.4 印花税的纳税申报

1. 纳税义务发生时间

印花税的纳税义务发生时间为纳税人书立应税凭证或者完成证券交易的当日。证券交易印花税扣缴义务发生时间为证券交易完成的当日。

2. 纳税地点

（1）纳税人为单位的，应当向其机构所在地的主管税务机关申报缴纳印花税；纳税人为个人的，应当向应税凭证书立地或者纳税人居住地的主管税务机关申报缴纳印花税。

（2）不动产产权发生转移的，纳税人应当向不动产所在地的主管税务机关申报缴纳印花税。

（3）纳税人为境外单位或者个人，在境内有代理人的，以其境内代理人为扣缴义务人；在境内没有代理人的，由纳税人自行申报缴纳印花税，具体办法由国务院税务主管部门规定。

（4）证券登记结算机构为证券交易印花税的扣缴义务人，应当向其机构所在地的主管税务机关申报解缴税款以及银行结算的利息。

3. 纳税期限

印花税按季、按年或者按次计征。实行按季、按年计征的，纳税人应当自季度、年度终了之日起十五日内申报缴纳税款；实行按次计征的，纳税人应当自纳税义务发生之日起十五日内申报缴纳税款。

证券交易印花税按周解缴。证券交易印花税扣缴义务人应当自每周终了之日起五日内申报解缴税款以及银行结算的利息。

任务 5.2　契税的核算

5.2.1　契税概述

1. 契税的概念

契税是以在中华人民共和国境内转移土地、房屋权属为征税对象，向产权承受人征收的一种财产税。征收契税有利于增加地方财政收入，有利于保护合法产权，避免产权纠纷。

2. 契税的纳税义务人

契税的纳税义务人是境内转移土地、房屋权属中的承受单位和个人。境内是指中华人民共和国实际税收行政管辖范围内的区域。土地、房屋权属是指土地使用权和房屋所有权。单位是指企事业单位、国家机关、军事单位和社会团体以及其他组织。个人是指个体经营者及其他个人，包括中国公民和外籍人员。

3. 契税的征收范围

契税是以在中华人民共和国境内转移土地、房屋权属为征税对象，向产权承受人征收的一种财产税。具体征税范围包括以下内容：

（1）国有土地使用权出让。

国有土地使用权出让是指土地使用者向国家交付土地使用权出让费用，国家将国有土地使用权在一定年限内让与土地使用者的行为。

（2）土地使用权的转让。

土地使用权的转让是指土地使用者以出售、赠与、互换方式将土地使用权转移给其他单位和个人的行为。土地使用权的转让不包括土地承包经营权和土地经营权的转移。

（3）房屋买卖。

即以货币为媒介，出卖者向购买者过渡房产所有权的交易行为。

（4）房屋赠与。

房屋赠与是指房屋产权所有人将房屋无偿转让给他人所有的行为。

（5）房屋互换。

房屋互换是指房屋所有者之间互相交换房屋的行为。

以作价投资（入股）、偿还债务、划转、奖励等方式转移土地、房屋权属的，应当依照规定计征契税。

4. 契税的税率

契税实行3%～5%的幅度税率。具体执行税率，由各省、自治区、直辖市人民政府在3%～5%的幅度内提出，报同级人民代表大会常务委员会决定，并报全国人民代表大会常务委员会和国务院备案。

省、自治区、直辖市可以依照上述规定的程序对不同主体、不同地区、不同类型的住房的权属转移确定差别税率。

自2010年10月1日起，对个人购买90平方米及以下且属家庭唯一住房的普通住房，减按1%的税率征收契税。

5. 契税的税收优惠

（1）存在下列情形之一的，免征契税：

①国家机关、事业单位、社会团体、军事单位承受土地、房屋用于办公、教学、医疗、科研和军事设施的。

②非营利性的学校、医疗机构、社会福利机构承受土地、房屋权属用于办公、教学、医疗、科研、养老、救助的。

③承受荒山、荒地、荒滩土地使用权，并用于农、林、牧、渔业生产的。

④婚姻关系存续期间，夫妻之间变更土地、房屋权属的。

⑤法定继承人通过继承承受土地、房屋权属的。

⑥依照法律规定应当予以免税的外国驻华使馆、领事馆和国际组织驻华代表机构承受土地、房屋权属的。

根据国民经济和社会发展需要，国务院对居民住房需求保障、企业改制重组、灾后重建等情形可以规定免征或者减征契税，报全国人大常委会备案。

（2）省、自治区、直辖市可以决定对下列情形免征或者减征契税：

①因土地、房屋被县级以上人民政府征收、征用，重新承受土地、房屋权属的。

②因不可抗力灭失住房，重新承受住房权属的。

免征或者减征契税的具体办法，由省、自治区、直辖市人民政府提出，报同级人大常委会决定，并报全国人民代表大会常务委员会和国务院备案。

5.2.2 契税的计算

1. 计税依据

契税的计税依据为不动产的价格。由于土地、房屋权属转移方式不同，定价方法不同，因而具体计税依据区分不同情况。

（1）国有土地使用权出让、土地使用权出售、房屋买卖，以成交价格为计税依据。成交价格是指土地、房屋权属转移合同确定的价格，包括承受者应交付的货币、实物、无形资产或者其他经济利益。

（2）土地使用权赠与、房屋赠与，由征收机关参照土地使用权出售、房屋买卖的市场价格核定。

（3）土地使用权交换、房屋交换计税依据为所交换的土地使用权、房屋的价格差额。也就是说，交换价格相等时，免征契税；交换价格不等时，由多交付货币、实物、无形资产或者其他经济利益的一方缴纳契税。

（4）以划拨方式取得土地使用权的，经批准转让房地产时，由房地产转让者补交契税。计税依据为补交的土地使用权出让费用或者土地收益。

（5）房屋附属设施征收契税的依据。

①采取分期付款方式购买房屋附属设施土地使用权、房屋所有权的，按合同规定的总价款计征契税。

②承受的房屋附属设施权属如为单独计价的，按照当地确定的适用税率征收契税；如与房屋统一计价的，适用与房屋相同的契税税率。

（6）个人无偿赠与不动产行为（法定继承人除外），对受赠人全额征收契税。缴纳契税时，纳税人须提交经税务机关审核并签字盖章的《个人无偿赠与不动产登记表》，税务机关（或其他征收机关）应在纳税人的契税完税凭证上加盖"个人无偿赠与"印章，在《个人无偿赠与不动产登记表》中签字并将该表格留存。

（7）出让国有土地使用权，契税计税价格为承受人为取得该土地使用权而支付的全部经济利益。对通过"招、拍、挂"程序承受国有土地使用权的，按照土地成交总价款计征契税，其中的土地前期开发成本不得扣除。

5.2.3 契税的会计核算

契税采用比例税率。当计税依据确定后，应纳税额的计算比较简单。计算公式为：

应纳税额 = 计税依据 × 税率

【情景5-2】2021年10月，北京市惠达股份有限公司通过拍卖方式取得国有土地一块，支付地价款 800 000 元，当地政府规定契税税率为3%。计算该房地产开发公司应缴纳的契税。

应纳税额 = 800 000 × 3% = 24 000（元）

计提契税时，编制会计分录：

借：无形资产　　　　　　　　　　24 000
　　贷：应交税费——应交契税　　　　24 000

缴纳税款时，编制会计分录：

借：应交税费——应交契税　　　　24 000
　　贷：银行存款　　　　　　　　　　24 000

5.2.4 契税的纳税申报

1. 纳税义务发生时间

契税的纳税义务发生时间为纳税人签订土地、房屋权属转移合同的当天，或者纳税人取得其他具有土地、房屋权属转移合同性质凭证的当天。

2. 纳税地点

契税实行属地征收管理。纳税人应当在依法办理土地、房屋权属登记手续前申报缴纳契税。

3. 纳税期限

纳税人应当自纳税义务发生之日起10日内，向土地、房屋所在地的契税征收机关办理纳税申报，并在契税征收机关核定的期限内缴纳税款。

4. 征收管理的其他规定

纳税人办理纳税事宜后，税务机关应向纳税人开具契税完税凭证。纳税人办理有关土地、房屋的权属登记，不动产登记机构应当查验契税完税、减免税凭证或者相关信息。未按照规定缴纳契税的，不动产登记机构不予办理土地、房屋权属登记。

在依法办理土地、房屋权属登记前，权属转移合同、权属转移合同性质凭证不生效、无效、被撤销或者被解除的，纳税人可以向税务机关申

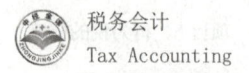

请退还已缴纳的税款，税务机关应当依法办理。

税务机关应当与相关部门建立契税涉税信息共享和工作配合机制。自然资源、住房城乡建设、民政、公安等相关部门应当及时向税务机关提供与转移土地、房屋权属有关的信息，协助税务机关加强契税征收管理。

税务机关及其工作人员对税收征收管理过程中知悉的纳税人的个人信息，应当依法予以保密，不得泄露或者非法向他人提供。

项目小结

本项目主要介绍了行为税的税制要素及其会计核算，通过学习熟悉行为税的概念和纳税义务人，了解相关的税收优惠，能够正确地计算印花税和契税的应纳税额，掌握印花税和契税的会计核算方法。

思考与练习

一、单项选择题

1. 根据印花税法律制度的规定，下列表述中，不正确的是（　　）。

A. 对纳税人以电子形式签订的各类应税凭证，不缴纳印花税

B. 应税凭证的副本或者抄本，免征印花税

C. 专利权转让合同，要按照产权转移书据缴纳印花税

D. 法律、会计方面的咨询合同不属于技术咨询合同，不缴纳印花税

2. 根据印花税法律制度的规定，下列各项中，应缴纳印花税的是（　　）。

A. 报刊发行单位和订阅单位之间书立的凭证

B. 建设工程

C. 门市部零星修理业务开具的修理单

D. 农业保险合同

3. 根据契税法律制度的规定，下列行为中，属于契税征税范围的是（　　）。

A. 房屋抵押　　B. 房屋交换

C. 房屋继承　　D. 房屋出租

4. 根据契税法律制度的规定，下列行为中，应征收契税的是（　　）。

A. 甲公司出租地下停车场

B. 丁公司购买办公楼

C. 乙公司将房屋抵押给银行

D. 丙公司承租仓库

5. 根据契税法律制度的规定，下列各项中，属于契税纳税人的是（　　）。

A. 获得住房奖励的个人
B. 转让土地使用权的企业
C. 继承父母汽车的子女
D. 出售房屋的个体工商户

二、多项选择题

1. 下列属于印花税纳税义务人的有（　　）。

A. 因其发明创造，经申请依法取得国家专利机关颁发的专利证书的某人
B. 在国外领受但在国内使用应税凭证的某人
C. 以电子形式签订买卖合同的当事人
D. 与银行签订借款合同的外商投资企业

2. 根据印花税法律制度的规定，下列各项中，需要征收印花税的有（　　）。

A. 营业执照　　　　B. 不动产权证书
C. 安全生产许可证　D. 卫生许可证

3. 下列各税种中，采用比例税率和定额税率两种税率形式的有（　　）。

A. 印花税　　　　B. 车船税
C. 资源税　　　　D. 房产税

4. 根据契税法律制度的规定，下列各项中，属于契税征税范围的有（　　）。

A. 国有土地使用权出让
B. 房屋交换
C. 农村集体土地承包经营权转移
D. 土地使用权赠与

5. 下列各项中，减征或免征契税的有（　　）。

A. 城镇职工按规定第一次购买公有住房的
B. 因不可抗力灭失住房而重新购买住房的
C. 国家机关承受房屋用于办公
D. 纳税人承受荒山用于工业园的开发建设

三、判断题

1. 纳税人以电子形式签订的印花税各类应税凭证，因为没有纸质合同，不需要缴纳印花税。（　　）

2. 技术转让合同包括专利申请转让、非专利技术转让所书立的合同。（　　）

3. 以房屋权属设定抵押，抵押期间无须缴纳契税；以房屋权属抵债，债务人应当申报缴纳契税。（　　）

4. 契税采用有地区差异的幅度定额税率。（　　）

5. 纳税人缴纳契税的纳税期限为纳税义务发生之日起7日内。（　　）

四、简答题

1. 简述印花税的纳税义务人的内容。
2. 契税的征收范围有哪些？
3. 契税的缴纳与征收有什么特征？

项目 6　特定目的税的核算

知识目标

◎ 理解城市维护建设税、车辆购置税、耕地占用税、船舶吨税和烟叶税的概念与纳税义务人；

◎ 理解城市维护建设税、车辆购置税、耕地占用税、船舶吨税和烟叶税的征税范围与税率；

◎ 掌握城市维护建设税、车辆购置税、耕地占用税、船舶吨税和烟叶税的税收优惠。

技能目标

◎ 掌握城市维护建设税、车辆购置税、耕地占用税、船舶吨税和烟叶税应纳税额的计算。

案例导入

2021 年 11 月 30 日，宁波北区东海酿酒厂计算出当月应交增值税 70 000 元，应缴消费税 600 000 元。该厂营业地点在城乡接合部，根据当地行政区别，被确定为市区。

案例思考

该酿酒厂生产的酒精应按 5% 还是按 7% 计算城市维护建设税？具体应纳多少税款？如何进行惠及处理？

本章导语

特定目的税，是为了达到特定的目的，对特定对象和行为发挥调节作用而征收的税种，如城市维护建设税、车辆购置税、船舶吨税、耕地占用税等。特定目的税类，是对特定对象和行为发挥调节作用而征收的税。

任务 6.1 城市维护建设税的核算

6.1.1 城市维护建设税概述

1. 城市维护建设税的概念

城市维护建设税是对从事工商经营，缴纳增值税、消费税的单位和个人征收的一种附加税。

中华人民共和国成立以来，我国城市建设和维护在不同时期都取得了较大成绩，但国家在城市建设方面一直资金不足。1979年以前，我国用于城市维护建设的资金来源由当时的工商税附加、城市公用事业附加和国家下拨城市维护费组成。1979年，国家开始在部分大中城市试行从上年工商利润中提取5%用于城市维护和建设的办法，但未能从根本上解决问题。1981年，国务院在批转财政部关于改革工商税制的设想中提出："根据城市建设的需要，开征城市维护建设税，作为县以上城市和工矿区市政建设的专项资金。"1985年2月8日，国务院颁布了《中华人民共和国城市维护建设税暂行条例》，并于1985年1月1日在全国范围内实施。为了加快税收立法进程、进一步贯彻落实税收法定原则，2020年8月11日，第十三届全国人大常委会第二十一次会议表决通过《中华人民共和国城市维护建设税法》，并于2021年9月1日起实施。

2. 城市维护建设税的纳税义务人

在中华人民共和国境内缴纳增值税、消费税的单位和个人，为城市维护建设税的纳税人，应当依照规定缴纳城市维护建设税。

上述单位和个人，包括国有企业、集体企业、私营企业、股份制企业、其他企业和行政单位、事业单位、军事单位、社会团体、其他单位，以及个体工商户及其他个人。

城市维护建设税的扣缴义务人为负有增值税、消费税扣缴义务的单位和个人，在扣缴增值税、消费税的同时扣缴城市维护建设税。

3. 城市维护建设税的征税范围

城市维护建设税的征收范围较广，具体包括市区、县城、建制镇，以及税法规定的其他地区。

对进口货物或者境外单位和个人向境内销售劳务、服务、无形资产缴纳的增值税、消费税额税额，不征收城市维护建设税。

4. 城市维护建设税的税率

城市维护建设税的税率，是指纳税人应缴纳的城市维护建设税税额与纳税人实际缴纳的增值税、消费税税额之间的比率。城市维护建设税按纳税人所在地的不同，设置了三档地区差别比例税率，即：

（1）纳税人所在地在市区的，税率为7%。

（2）纳税人所在地在县城、镇的，税率为5%。

（3）纳税人所在地不在市区、县城或者镇的，税率为1%。

上述所称"纳税人所在地，是指纳税纳税人住所地或者与纳税人生产经营活动相关的其他地点，具体地点由省、自治区、直辖市确定。

5. 城市维护建设税的税收优惠

根据国民经济和社会发展的需要，国务院对重大公共基础设施建设、特殊产业和群体以及重大突发事件应对等情形可以规定减征或者免征城市维护建设税，报全国人民代表大会常务委员会备案。

6.1.2 城市维护建设税的计算

1. 计税依据

城市维护建设税的计税依据，是指纳税人依法实际缴纳的增值税、消费税税额。城市维护建设税的计税依据应当按照规定扣除期末留抵退税退还的增值税税额。

纳税人违反增值税、消费税有关税法而加收的滞纳金和罚款，是税务机关对纳税人违法行为的经济制裁，不作为城市维护建设税的计税依据；但纳税人在被查补增值税消费税并被处以罚款时，应同时对其偷漏的城市维护建设税进行补税、征收滞纳金、并处罚款。

城市维护建设税以增值税、消费税税额为计税依据并同时征收，如果要免征或者减征增值税、消费税，也就要同时免征或者减征城市维护建设税。

但对出口产品退还增值税、消费税的，不退还已缴纳的城市维护建设税。

城市维护建设税计税依据的具体确定办法，由国务院依据《中华人民共和国城市维护建设税法》和有关税收法律、行政法规规定，报全国人民代表大会常务委员会备案。

2. 应纳税额的计算

城市维护建设税纳税人的应纳税额大小是由纳税人实际缴纳的增值税、消费税税额决定的。计算公式为：

$$应纳税额 = 纳税人实际缴纳的增值税、消费税税额 \times 适用税率$$

【情景 6-1】位于某市区的一家企业于 2021 年 9 月实际缴纳增值税 500 000 元、消费税 400 000 元。计算该企业应纳的城市维护建设税税额，并进行会计处理。

应纳城市维护建设税税额＝（实际缴纳的增值税＋实际缴纳的消费税）×适用税率＝（500 000+400 000）×7%＝63 000（元）

计提城建税时：

借：税金及附加　　　　　　　　63 000
　　贷：应交税费——应交城建税　　63 000

缴纳城建税时：

借：应交税费——应交城建税　　63 000
　　贷：银行存款　　　　　　　　63 000

6.1.3 城市维护建设税的纳税申报

1. 纳税环节

城市维护建设税的纳税环节，实际就是纳税人缴纳增值税、消费税的环节。纳税人只要发生增值税、消费税的纳税义务，就要在同样的环节分别计算缴纳城市维护建设税。

2. 纳税地点

城市维护建设税以纳税人实际缴纳的增值税、消费税税额为计税依据，分别与增值税、消费税同时缴纳。所以，一般而言，纳税人缴纳增值税、消费税的地点，就是该纳税人缴纳城市维护建设税的地点。

3. 纳税义务发生时间和纳税期限

城市维护建设税的纳税义务发生时间与增值税、消费税的纳税义务发生时间一致，与增值税、消费税同时缴纳。

由于城市维护建设税是由纳税人在缴纳增值税、消费税时同时缴纳的，所以其纳税期限分别与增值税、消费税的纳税期限一致。根据增值税法和消费税法的规定，增值税、消费税的纳税期限分别为 1 日、3 日、5 日、10 日、15 日或者 1 个月。增值税、消费税的纳税人的具体纳税期限，由主管税务机关根据纳税人应纳税额大小分别核定；不能按照固定期限纳税的，可以按次纳税。

4. 纳税申报

自 2021 年 8 月 1 日起，增值税、消费税分别与城市维护建设税、教育费附加、地方教育附加申报表整合，启用《增值税及附加税费申报表（一般纳税人适用）》（详见本书第33～34页）、《增值税及附加税费申报表（小规模纳税人适用）》（详见本书第38～39页）、《增值税及附加税费预缴表》及其附列资料和《消费税及附加税费申报表》（详见本书第34～37页）。

任务6.2　车辆购置税的核算

6.2.1　车辆购置税概述

1. 车辆购置税的概念

车辆购置税是以在中国境内购置规定车辆为课税对象、在特定环节向车辆购置税者征收的一种税。就其性质而言，属于直接税的范畴。

现行车辆购置税法的基本规范，是2018年12月29日第十三届全国人大常委会第七次会议通过，并于2019年7月1日起施行的《中华人民共和国车辆购置税法》（以下简称《车辆购置税法》）。征收车辆购置税有利于合理筹集财政资金，规范政府行为，调节收入差距，也有利于配合打击车辆走私，维护国家权益。

2. 车辆购置税的纳税义务人

车辆购置税的纳税义务人是指在中华人民共和国境内购置汽车、有轨电车、汽车挂车、排气量超过150毫升的摩托车（以下统称应税车辆）的单位和个人。其中购置是指以购买、进口、自产、受赠、获奖或者其他方式取得并自用应税车辆的行为。车辆购置税实行一次性征收。购置已征车辆购置税的车辆，不再征收车辆购置税。

上述所称单位，包括国有企业、集体企业、私营企业、股份制企业、外商投资企业、外国企业以及其他企事业单位、社会团体、国家机关、部队以及其他单位。

个人，包括个体工商户及其他个人，既包括中国公民又包括外国公民。

3. 车辆购置税的征税范围

车辆购置税以列举的车辆作为征税对象，未列举的车辆不纳税。其征税范围包括汽车、摩托车、电车、挂车、农用运输车，具体规定如下：

（1）汽车。

汽车：包括各类汽车。

（2）摩托车。

①轻便摩托车：最高设计时速不大于50千米/小时，发动机气缸总排量不大于50立方厘米的两个或三个车轮的机动车。

②二轮摩托车：最高设计车速大于50千米/小时，或发动机气缸总排量大于50立方厘米的两个车轮的机动车。

③三轮摩托车：最高设计车速大于50千米/小时，发动机气缸总排量大于50立方厘米，空车质量不大于400千克的三个车轮的机动车。

（3）电车。

①无轨电车：以电能为动力，由专用输电电缆供电的轮式公共车辆。

②有轨电车：以电能为动力，在轨道上行驶的公共车辆。

（4）挂车。

①全挂车：无动力设备，独立承载，由牵引

车辆牵引行驶的车辆。

②半挂车：无动力设备，与牵引车共同承载，由牵引车辆牵引行驶的车辆。

(5) 农用运输车。

①三轮农用运输车：柴油发动机，功率不大于7.4千瓦，载重量不大于500千克，最高车速不大于40千米/小时的三个车轮的机动车（三轮农用运输车，自2004年10月1日起免征车辆购置税）。

②四轮农用运输车：柴油发动机，功率不大于28千瓦，载重量不大于1500千克，最高车速不大于50千米/小时的四个车轮的机动车。

为了体现税法的统一性、固定性、强制性和法律的严肃性特征，车辆购置税征收范围的调整由国务院决定，其他任何部门、单位和个人无权擅自扩大或缩小车辆购置税的征税范围。

4. 车辆购置税的税率

车辆购置税实行统一比例税率，税率为10%。

5. 车辆购置税的税收优惠

我国车辆购置税实行法定减免，减免税范围的具体规定是：

(1) 外国驻华使馆、领事馆和国际组织驻华机构及其外交人员自用车辆免税。

(2) 中国人民解放军和中国人民武装警察部队列入军队武器装备订货计划的车辆免税。

(3) 设有固定装置的非运输车辆免税。

(4) 由国务规定予以免税或者减税的其他情形的，按照规定免税或者减税。

根据现行政策规定，上述其他情形的车辆，目前主要有以下几种：

①防汛部门和森林消防部门用于指挥、检查、调度、报汛（警）、联络的设有固定装置的指定型号车辆。

②回国服务的留学人员用现汇购买1辆自用的国产小汽车。

③长期来华定居专家1辆自用的小汽车。

(5) 农用三轮运输车免征车辆购置税。农用三轮车是指：柴油发动机，功率不大于7.4千瓦，载重量不大于500千克，最高车速不大于40千米/小时的三个车轮的机动车。

(6) 自2016年1月18日起至2019年12月31日止，对城市公交企业购置的公共汽电车辆免征车辆购置税。

上述城市公交企业是指由县级以上（含县级）人民政府交通运输主管部门认定的，依法取得城市公交经营资格，为公众提供公交出行服务的企业。

上述公共汽电车辆是指由县级以上（含县级）人民政府交通运输主管部门按照车辆实际经营范围和用途等界定的，在城市中按规定的线路、站点、票价和时刻表营运，供公众乘坐的经营性客运汽车和无轨电车。

(7) 自2018年1月1日至2019年12月31日，对购置的新能源汽车免征车辆购置税。对免征车辆购置税的新能源汽车，通过发布《免征车辆购置税的新能源汽车车型目录》实施管理。

(8) 纳税人在办理车辆购置税免（减）税手续时，应如实填写纳税申报表和《车辆购置税免（减）税申报表》（以下简称免税申报表），除提供规定的资料外，还应根据不同情况，分别提供下列资料：

①外国驻华使馆、领事馆和国际组织驻华机构及其外交人员自用的车辆，分别提供机构证明和外交部门出具的身份证明。

②中国人民解放军和中国人民武装警察部队列入军队武器装备订货计划的车辆，提供订货计划证明。

③设有固定装置的非运输车辆，提供车辆内、外观彩色5寸照片。

④其他车辆，提供国务院或者国务院授权的主管部门的批准文件。

(9) 纳税人在办理设有固定装置的非运输车辆免税申报时，主管税务机关应当根据免税图册对车辆固定装置进行核实无误后，办理免税手续。

(10) 自2018年7月1日至2021年6月30日，对购置挂车减半征收车辆购置税。购置日期按照《机动车销售统一发票》《海关关税专用缴款书》或者其他有效凭证的开具日期确定。

上述所称挂车，是指由汽车牵引才能正常使用且用于载运货物的无动力车辆。

6.2.2 车辆购置税的计算

1. 计税依据

车辆购置税以应税车辆为课税对象。考虑到我国车辆市场供求的矛盾、价格差异变化、计量单位不规范以及征收车辆购置附加费的做法，实行从价定率、价外征收的方法计算应纳税额，应税车辆的价格即计税价格就成为车辆购置税的计税依据。但是，由于应税车辆购置的来源不同，应税行为的发生不同，计税价格的组成也就不一样。车辆购置税的计税依据存在以下情况：

（1）购买自用应税车辆计税依据的确定。

纳税人购买自用的应税车辆的计税依据为纳税人购买应税车辆而支付给销售方的全部价款和价外费用（不含增值税）。

购买的应税自用车辆，包括购买自用的国产应税车辆和购买自用的进口应税车辆。如从国内汽车市场、汽车贸易公司购买自用的进口应税车辆。

价外费用是指销售方价外向购买方收取的手续费、基金、违约金、包装费、运输费、保管费、代垫款项、代收款项和其他各种性质的价外收费，但不包括增值税税款。

（2）进口自用应税车辆计税依据的确定。

纳税人进口自用的应税车辆以组成计税价格为计税依据。计算公式为：

组成计税价格 = 关税完税价格 + 关税 + 消费税

进口自用的应税车辆是指纳税人直接从境外进口或委托代理进口自用的应税车辆，即非贸易方式进口自用的应税车辆。进口自用的应税车辆的计税依据，应根据纳税人提供的、经海关审查确认的有关完税证明资料确定。

（3）其他自用应税车辆计税依据的确定。

纳税人自产、受赠、获奖和以其他方式取得并自用的应税车辆的计税依据为车辆价格。按现行政策规定，对凡不能或不能准确提供车辆价格的，由主管税务机关依据国家税务总局核定的相应类型应税车辆的最低计税价格确定。因此，纳税人自产自用、受赠使用、获奖使用和以其他方式取得并自用的应税车辆一般以国家税务总局核定的最低计税价格为计税依据。

（4）最低计税价格作为计税依据的确定。

《车辆购置税条例规定》："纳税人购买自用或者进口自用应税车辆，申报的计税价格低于同类型应税车辆的最低计税价格，又无正当理由的，按照最低计税价格征收车辆购置税。"也就是说，纳税人购买和自用的应税车辆，首先应分别按前述计税价格、组成计税价格来确定计税依据。当申报的计税价格偏低，又无正当理由的，应以最低计税价格作为计税依据。

实际工作中，通常是当纳税人申报的计税价格等于或高于最低计税价格时，按申报的价格计税；当纳税人申报的计税价格低于最低计税价格时，按最低计税价格计税。

2. 应纳税额的计算

车辆购置税实行从价定率的方法计算应纳税额。计算公式为：

应纳税额 = 计税依据 × 税率

由于应税车辆的来源、应税行为的发生以及计税依据组成的不同，车辆购置税应纳税额的计算方法也有区别。

（1）购买自用应税车辆应纳税额的计算。

在应纳税额的计算中，应注意以下费用的计税规定：

①购买者随购买车辆支付的工具件和零部件价款应作为购车价款的一部分，并入计税依据中征收车辆购置税。

②支付的车辆装饰费应作为价外费用并入计税依据中计税。

③代收款项应区别征税。凡使用代收单位（受托方）票据收取的款项，应视作代收单位价外收费，购买者支付的价费款应并入计税依据中一并征税；凡使用委托方票据收取，受托方只履行代收义务和收取代收手续费的款项，应按其他税收政策规定征税。

④销售单位开给购买者的各种发票金额中含增值税税款。因此，计算车辆购置税时，应换

算为不含增值税的计税价格。

⑤购买者支付的控购费是政府部门的行政性收费，不属于销售者的价外费用范围，不应并入计税价格计税。

⑥销售单位开展优质销售活动所开票收取的有关费用，应属于经营性收入，企业在代理过程中按规定支付给有关部门的费用，企业已作经营性支出列支核算，其收取的各项费用并在一张发票上难以划分的，应作为价外收入计算征税。

【情景6-2】2021年4月，王媛购入北京市惠达股份有限公司销售的X2型小汽车一辆供自己使用，支付含增值税价款226 000元，另支付代收保险费4 746元，支付购买工具件和零配件价款3 390元，发生车辆装饰费2 260元。所支付的款项均由汽车销售公司开具"机动车销售统一发票"和有关票据。计算王媛应缴纳的车辆购置税税额。

由于王媛所支付的款项均由汽车销售公司开具"机动车销售统一发票"和有关票据，因此除增值税外的所有款项均应作为计税依据。

计税依据＝（200 000+4 746+3 390+2 260）÷（1+13%）=209 200（元）

应纳税额=209 200×10%=20 920（元）

（2）进口自用应税车辆应纳税额计算。

进口自用应税车辆以组成计税价格为计税依据。计算公式为：

应纳税额＝（关税完税价格＋关税＋消费税）× 税率

【情景6-3】2021年9月，北京市惠达股份有限公司从国外进口宝马公司生产的某型号小轿车8辆。该批进口轿车经报关地海关审查核定，关税完税价格为每辆180 000元，海关按规定征收关税每辆120 000元，并按规定代征了轿车的进口环节消费税每辆100 000元和增值税每辆80 000元。该公司将其中一辆留给本企业自用。计算该公司应纳车辆购置税税额。

根据法规规定，购入自用的车辆应缴纳车辆购置税，用于销售的不征税。

计税依据=180 000+120 000+100 000=400 000（元）

应纳税额=400 000×10%=46 000（元）

（3）其他自用应税车辆应纳税额的计算。

纳税人自产自用、受赠使用、获奖使用和以其他方式取得并自用应税车辆的，凡不能取得该型车辆的购置价格，或者低于最低计税价格的，以国家税务总局核定的最低计税价格作为计税依据计算征收车辆购置税：

应纳税额＝最低计税价格 × 税率

（4）特殊情形下自用应税车辆应纳税额的计算。

①减税、免税条件消失的车辆应纳税额的计算。对减税、免税条件消失的车辆，纳税人应按现行规定，在办理车辆过户手续前或者办理变更车辆登记注册手续前向税务机关缴纳车辆购置税。

应纳税额＝同类型新车最低计税价格 × [1－（已使用年限 ÷ 规定使用年限）]×100%× 税率

②未按规定纳税车辆应补税额的计算。纳税人未按规定纳税的，应按现行政策规定的计税价格，区分情况分别确定征税。

不能提供购车发票和有关购车证明资料的，检查地税务机关应按同类型应税车辆的最低计税价格征税；如果纳税人回落籍地后提供的购车发票金额与支付的价外费用之和高于核定的最低计税价格的，落籍地主管税务机关还应对其差额计算补税。

应纳税额＝最低计税价格 × 税率

6.2.3 车辆购置税的纳税申报

车辆购置税的纳税义务发生时间为纳税人购置应税车辆的当日,以纳税人购置应税车辆所取得的车辆相关凭证上注明的时间为准。纳税人应当自纳税义务发生之日起 60 日内申报缴纳车辆购置税。纳税人应当在向公安机关交通管理部门办理车辆注册登记前,缴纳车辆购置税。

1. 申报地点

(1)需要办理车辆登记注册手续的纳税人,向车辆登记地的主管税务机关申报纳税。

(2)不需要办理车辆登记注册手续的纳税人,单位纳税人向其机构所在地的主管税务机关申报纳税,个人纳税人向其户籍所在地或者经常居住地的主管税务机关申报纳税。

2. 申报时间

车辆购置税的纳税义务发生时间以纳税人购置应税车辆所取得的车辆相关凭证上注明的时间为准。

(1)购买自用应税车辆的为购买之日,即车辆相关价格凭证的开具日期。

(2)进口自用应税车辆的为进口之日,即《海关进口增值税专用缴款书》或者其他有效凭证的开具日期。

(3)自产、受赠、获奖或者以其他方式取得并自用应税车辆的为取得之日,即合同、法律文书或者其他有效凭证的生效或者开具日期。

3. 申报内容

纳税人办理纳税申报时应当如实填报《车辆购置税纳税申报表》,同时提供车辆合格证明和车辆相关价格凭证。

所称车辆合格证明,是指整车出厂合格证或者《车辆电子信息单》;所称车辆相关价格凭证是指:境内购置车辆为机动车销售统一发票或者其他有效凭证;进口自用车辆为《海关进口关税专用缴款书》或者海关进出口货物征免税证明,属于应征消费税车辆的还包括《海关进口消费税专用缴款书》。

任务 6.3 耕地占用税的核算

6.3.1 耕地占用税概述

1. 耕地占用税的概念

耕地占用税是对占用耕地建房或从事其他非农业建设的单位和个人,就其实际占用的耕地面积征收的一种税,它属于对特定土地资源占用课税。

耕地是土地资源中最重要的组成部分,是农业生产最基本的生产资料。由于我国人口众多,耕地资源相对较少,人多地少的矛盾十分突出。为了遏制并逐步改变这种状况,政府决定开征耕地占用税,运用税收经济杠杆与法律、行政等手段相配合,有效保护耕地。通过开征耕地占用税,使那些占用耕地建房及从事其他非农业建设的单位和个人承担必要的经济责任,有利于政府运用税收经济杠杆调节他们的经济利益,引导他们节约、合理地使用耕地资源。这对于保护国土资源，促进农业可持续发展，以及强化耕地管理，保护农民的切身利益等，都具有十分重要的意义。

2. 耕地占用税纳税义务人

耕地占用税的纳税义务人是占用耕地建房或者从事非农业建设的单位或者个人。包括各类性质的企事业单位、社会团体、国家机关、部队以及其他单位；也包括个体工商户以及其他个人。

经批准占用耕地的，纳税人为农用地转用审批文件中标明的建设用地人；农用地转用审批文件中未标明建设用地人的，纳税人为用地申请人，其中用地申请人为各级人民政府的，由同级土地储备中心、自然资源主管部门或政府委托的其他部门、单位履行耕地占用税申报纳税义务。

未经批准占用耕地的，纳税人为实际用地人。

3. 耕地占用税的征税范围

耕地占用税的征税范围包括用于建房或从事其他非农业建设征（占）用的国家和集体所有的耕地。

上述所称耕地，是指用于种植农作物的土地，包括菜地、园地。对于占用已从事种植、养殖的滩涂、草场、水面和林地从事非农业建设，由各省、自治区、直辖市确定是否征收耕地占用税，具体如下：

（1）园地，包括果园、茶园、橡胶园、其他园地。

（2）林地，包括乔木林地、竹林地、红树林地、森林沼泽、灌木林地、灌丛沼泽、其他林地，不包括城镇村庄范围内的绿化林木用地，铁路、公路征地范围内的林木用地，以及河流、沟渠的护堤林用地。

（3）草地，包括天然牧草地、沼泽草地、人工牧草地，以及用于农业生产并已由相关行政主管部门发放使用权证的草地。

（4）农田水利用地，包括农田排灌沟渠及相应附属设施用地。

（5）养殖水面，包括人工开挖或者天然形成的用于水产养殖的河流水面、湖泊水面、水库水面、坑塘水面及相应附属设施用地。

（6）渔业水域滩涂，包括专门用于种植或者养殖水生动植物的海水潮浸地带和滩地，以及用于种植芦苇并定期进行人工养护管理的苇田。

（7）建设直接为农业生产服务的生产设施占用上述农用地的，不征收耕地占用税。直接为农业生产服务的生产设施，是指直接为农业生产服务而建设的建筑物和构筑物。具体包括：储存农用机具和种子、苗木、木材等农业产品的仓储设施；培育、生产种子、种苗的设施；畜禽养殖设施；木材集材道、运材道；农业科研、试验、示范基地；野生动植物保护、护林、森林病虫害防治、森林防火、木材检疫的设施；专为农业生产服务的灌溉排水、供水、供电、供热、供气、通信基础设施；农业生产者从事农业生产必需的食宿和管理设施；其他直接为农业生产服务的生产设施。

4. 耕地占用税的税率

中国的不同地区之间人口和耕地资源的分布极不均衡，有些地区人烟稠密，耕地资源相对匮乏；而有些地区则人烟稀少，耕地资源比较丰富。各地区之间的经济发展水平也有很大差异。考虑到不同地区之间客观条件的差别以及与此相关的税收调节力度和纳税人负担能力方面的差别，耕地占用税在税率设计上采用了地区差别定额税率。税率规定如下：

（1）人均耕地不超过1亩的地区（以县级行政区域为单位，下同），每平方米为10～50元。

（2）人均耕地超过1亩但不超过2亩的地区，每平方米为8～40元。

（3）人均耕地超过2亩但不超过3亩的地区，每平方米6～30元。

（4）人均耕地超过3亩以上的地区，每平方米5～25元。

经济特区、经济技术开发区和经济发达、人均耕地特别少的地区，适用税额可以适当提高，但最多不得超过上述规定税额的50%。

各地区耕地占用税的适用税额，由各省、自治区、直辖市人民政府根据人均耕地面积和经济发展等情况，在规定的税额幅度内提出，报同级人大常委会决定,并报全国人大常委会和国务院备案。各省、自治区、直辖市耕地占用税适用税额的平均水平,不得低于《各省、自治区、直辖市耕地占用税平均税额表》规定的平均税额,如表6-1所示。

表6-1 各省、自治区、直辖市耕地占用税平均税额表

单位:元

省、自治区、直辖市	每平方米平均税额
上海	45
北京	40
天津	35
江苏、浙江、福建、广东	30
辽宁、湖北、湖南	25
河北、安徽、江西、山东、河南、重庆、四川	22.5
广西、海南、贵州、云南、陕西	20
山西、吉林、黑龙江	17.5
内蒙古、西藏、甘肃、青海、宁夏、新疆	12.5

在人均耕地低于0.5亩的地区,各省、自治区、直辖市可以根据当地经济发展情况,适当提高耕地占用税的适用税额,但提高的部分不得超过确定的适用税额的50%。具体适用税额按照规定程序确定。

占用基本农田的,应当按照当地适用税额加征150%。

5. 耕地占用税的税收优惠

耕地占用税对占用耕地实行一次性征收,对生产经营单位和个人不设立减免税,仅对公益性单位和需照顾群体设立减免税。

纳税人改变原占地用途,不再属于免征或减征情形的,应自改变用途之日起30日内申报补缴税款,补缴税款按改变用途的实际占用耕地面积和改变用途时当地适用税额计算。

(1) 免征耕地占用税。

①军事设施占用耕地。

免税的军事设施,是指《中华人民共和国军事设施保护法》第二条所列建筑物、场地和设备。具体包括:指挥机关,地面和地下的指挥工程、作战工程;军用机场、港口、码头;营区、训练场、试验场;军用洞库、仓库;军用通信、侦察、导航、观测台站,测量、导航、助航标志;军用公路、铁路专用线,军用通信、输电线路,军用输油、输水管道;边防、海防管控设施;国务院和中央军事委员会规定的其他军事设施。

②学校、幼儿园、社会福利机构、医疗机构占用耕地。

免税的学校,具体范围包括县级以上人民政府教育行政部门批准成立的大学、中学、小学、学历性职业教育学校和特殊教育学校,以及经省级人民政府或其人力资源社会保障行政部门批准成立的技工院校。学校内经营性场所和教职工住房占用耕地的,按照当地适用税额缴纳耕地占用税。

免税的幼儿园,具体范围限于县级以上人民政府教育行政部门批准成立的幼儿园内专门用于幼儿保育、教育的场所。

免税的社会福利机构,是指依法登记的养老服务机构、残疾人服务机构、儿童福利机构及救助管理机构、未成年人救助保护机构内专门为老年人、残疾人、未成年人及生活无着落的流浪乞讨人员提供养护、康复、托管等服务的场所。

免税的医疗机构,是指县级以上人民政府卫生健康行政部门批准设立的医疗机构内专门从事疾病诊断、治疗活动的场所及其配套设施。

③农村烈士遗属、因公牺牲军人遗属、残疾军人以及符合农村最低生活保障条件的农村居民,在规定用地标准以内新建自用住宅,免征耕地占用税。

(2) 减征耕地占用税。

①铁路线路、公路线路、飞机场跑道、停机坪、港口、航道、水利工程占用耕地,减按每平方米2元的税额征收耕地占用税。

减税的铁路线路,具体范围限于铁路路基、桥梁、涵洞、隧道及其按照规定两侧留地、防火隔离带。专用铁路和铁路专用线占用耕地的,按照当地适用税额缴纳耕地占用税。

减税的公路线路,具体范围限于经批准建设的国道、省道、县道、乡道和属于农村公路的村道的主体工程以及两侧边沟或者截水沟。专用公路和城区内机动车道占用耕地的,按照当地适用

税额缴纳耕地占用税。

减税的飞机场跑道、停机坪，具体范围限于经批准建设的民用机场专门用于民用航空器起降、滑行、停放的场所。

减税的港口，具体范围限于经批准建设的港口内供船舶进出、停靠以及旅客上下、货物装卸的场所。

减税的航道，具体范围限于在江、河、湖泊、港湾等水域内供船舶安全航行的通道。

减税的水利工程，具体范围限于经县级以上人民政府水利行政主管部门批准建设的防洪、排涝、灌溉、引（供）水、滩涂治理、水土保持、水资源保护等各类工程及其配套和附属工程的建筑物、构筑物占压地和经批准的管理范围用地。

②农村居民在规定用地标准以内占用耕地新建自用住宅，按照当地适用税额减半征收耕地占用税；其中农村居民经批准搬迁，新建自用住宅占用耕地不超过原宅基地面积的部分，免征耕地占用税。

免征或者减征耕地占用税后，纳税人改变原占地用途，不再属于免征或者减征耕地占用税情形的，应当按照当地适用税额补缴耕地占用税。

6.3.2 耕地占用税的计算

1. 计税依据

耕地占用税以纳税人实际占用的属于耕地占用税征税范围的土地（以下简称应税土地）面积为计税依据，按应税土地当地适用税额计税，实行一次性征收。

实际占用的耕地面积，包括经批准占用的耕地面积和未经批准占用的耕地面积。

临时占用耕地，应当依照规定缴纳耕地占用税。纳税人在批准临时占用耕地的期限内恢复所占用耕地原状的，全额退还已经缴纳的耕地占用税。

纳税人临时占用耕地，是指经自然资源主管部门批准，在一般不超过 2 年内临时使用耕地并且没有修建永久性建筑物的行为。依法复垦应由自然资源主管部门会同有关行业管理部门认定并出具验收合格确认书。

2. 应纳税额的计算

耕地占用税以纳税人实际占用的耕地面积为计税依据，以每平方米土地为计税单位，按适用的定额税率计税。计算公式为：

$$\text{应纳税额} = \text{实际占用耕地面积（平方米）} \times \text{适用定额税率}$$

加按 150% 征收耕地占用税的计算公式为：

应纳税额 = 应税土地面积 × 适用税额 × 150%

应税土地面积包括经批准占用面积和未经批准占用面积，以平方米为单位。适用税额是指各省、自治区、直辖市人大常委会决定的应税土地所在地县级行政区的现行适用税额。

【情景 6-4】假设某市一家企业占用 30 000 平方米耕地用于工业建设，所占耕地适用的定额税率为 15 元 / 平方米。计算该企业应纳的耕地占用税

应纳税额 = 30 000 × 15 = 450 000（元）

6.3.3 耕地占用税的纳税申报

（1）纳税人占用耕地，应当在耕地所在地申报纳税。

（2）纳税人的纳税申报数据资料异常或者纳税人未按照规定期限申报纳税的，包括下列情形：

①纳税人改变原占地用途，不再属于免征或者减征耕地占用税情形，未按照规定进行申报的。

②纳税人已申请用地但尚未获得批准先行占地开工，未按照规定进行申报的。

③纳税人实际占用耕地面积大于批准占用耕地面积，未按照规定进行申报的。

④纳税人未履行报批程序擅自占用耕地，未

按照规定进行申报的。

⑤其他应提请相关部门复核的情形。

(3) 纳税人因建设项目施工或者地质勘查临时占用耕地,应当依照规定缴纳耕地占用税。纳税人在批准临时占用耕地期满之日起1年内依法复垦,恢复种植条件的,全额退还已经缴纳的耕地占用税。

(4) 县级以上地方人民政府自然资源农业农村水利、生态环境等相关部门向税务机关提供的农用地转用、临时占地等信息,包括农用地转用信息、城市和村庄集镇按批次建设用地转而未供信息、经批准临时占地信息、改变原占地用途信息、未批先占农用地查处信息、土地损毁信息、土壤污染信息、土地复垦信息、草场使用和渔业养殖权证发放信息等。

各省、自治区、直辖市人民政府应当建立健全本地区跨部门耕地占用税部门协作和信息交换工作机制。

(5) 耕地占用税的征收管理,依照《耕地占用税法》和《税收征收管理法》的规定执行。

纳税人、税务机关及其工作人员违反规定的,应依照《税收征收管理法》和有关法律法规的规定追究法律责任。

任务 6.4 船舶吨税的核算

6.4.1 船舶吨税概述

1. 船舶吨税的概念

船舶吨税是海关对自中华人民共和国境外港口进入境内港口的船舶征收的一种税。

鸦片战争后,海关对出入中国口岸的商船按船舶吨位计征税款,故称船舶吨税。除海关外,内地常关(亦称钞关)也对过往船只征收船料,直到1931年常关撤销时,船料废止。现行船舶吨税的基本规范是2017年12月27日第十二届全国人大常委会第三十一次会议通过的《中华人民共和国船舶吨税法》(简称《船舶吨税法》),于2018年7月1日起施行,经2018年10月26日第十三届全国人大常委会第六次会议修改,于同日以《中华人民共和国主席令第十六号》公布。

2. 船舶吨税的征税范围

自中华人民共和国境外港口进入境内港口的船舶(以下称应税船舶),应当依法缴纳船舶吨税。

3. 船舶吨税的税率

船舶吨税设置优惠税率和普通税率。

(1) 优惠税率。

中华人民共和国籍的应税船舶,船籍国(地区)与中华人民共和国签订含有相互给予船舶税费最惠国待遇条款的条约或者协定的应税船舶,适用优惠税率。

(2) 普通税率。

其他应税船舶。《吨税税目、税率表》如表6-2所示。

表 6-2　吨税税目、税率表

税目 (按船舶净吨位划分)	税率（元/净吨）						备注
	普通税率（按执照期限划分）			优惠税率（按执照期限划分）			
	1年	90日	30日	1年	90日	30日	
不超过2 000净吨	12.6	4.2	2.1	9.0	3.0	1.5	（1）拖船按照发动机功率每千瓦折合净吨位0.67吨。 （2）无法提供净吨位证明文件的游艇，按照发动机功率每千瓦折合净吨位0.05吨。 （3）拖船和非机动驳船分别按照相同净吨位船舶税率的50%计征税款
超过2 000净吨，但不超过10 000净吨	24.0	8.0	4.0	17.4	5.8	2.9	
超过10 000净吨，但不超过50 000净吨	27.6	9.2	4.6	19.8	6.6	3.3	
超过50 000净吨	31.8	10.6	5.3	22.8	7.6	3.8	

注：①净吨位，是指由船籍国（地区）政府签发或授权签发的船舶吨位证明书上标明的吨位。
②非机动船舶，是指自身没有动力装置，依靠外力驱动的船舶。
③非机动驳船，是指在船舶登记机关登记为驳船的非机动船舶。
④捕捞、养殖渔船，是指在中华人民共和国渔业船舶管理部门登记为捕捞船或者养殖船的船舶。
⑤拖船，是指专门用于拖（推）动运输船舶的专业作业船舶。
⑥吨税执照期限，是指按照公历年、日计算的期间。

4. 船舶税的税收优惠

（1）直接优惠。
①应纳税额在人民币50元以下的船舶。
②自境外以购买、受赠、继承等方式取得船舶所有权的初次进口到港的空载船舶。
③吨税执照期满后24小时内不上下客货的船舶。
④非机动船舶（不包括非机动驳船）。
⑤捕捞、养殖渔船。
⑥避难、防疫隔离、修理、终止运营或者拆解，并不上下客货的船舶。
⑦军队、武装警察部队专用或者征用的船舶。
⑧警用船舶。
⑨依照法律规定应当予以免税的外国驻华使领馆、国际组织驻华代表机构及其有关人员的船舶。
⑩国务院规定的其他船舶。

（2）延期优惠。
在吨税执照期限内，应税船舶发生下列情形之一的，海关按照实际发生的天数批注延长吨税执照期限：
①避难、防疫隔离、修理、改造，并不上下客货。
②军队、武装警察部队征用。
符合直接优惠第⑤项至第⑨项以及延期优惠政策的船舶，应当提供海事部门、渔业船舶管理等部门、机构出具的具有法律效力的证明文件或者使用关系证明文件，申明免税或者延长吨税执照期限的依据和理由。

6.4.2　船舶吨税的计算

船舶吨税按照船舶净吨位和吨税执照期限征收。净吨位，是指由船籍国（地区）政府授权签发的船舶吨位证明书上标明的净吨位；吨税执照期限，是指按照公历年、日计算的期间。应税船舶负责人在每次申报纳税时，可以按照《吨税税目、税率表》选择申领一种期限的吨税执照。吨税的应纳税额按照船舶净吨位乘以适用税率计算，计算公式为：

应纳税额 = 船舶净吨位 × 定额税率

吨税由海关负责征收。海关征收吨税应当制发缴款凭证。应税船舶负责人缴纳吨税或者提供担保后，海关按照其申领的执照期限填发吨税执照。

应税船舶在进入港口办理入境手续时,应当向海关申报纳税领取吨税执照,或者交验吨税执照(或者申请核验吨税执照电子信息)。应税船舶在离开港口办理出境手续时,应当交验吨税执照(或者申请核验吨税执照电子信息)。

应税船舶负责人申领吨税执照时,应当向海关提供下列文件:

(1)船舶国籍证书或者海事部门签发的船舶国籍证书收存证明。

(2)船舶吨位证明。

应税船舶因不可抗力在未设立海关地点停泊的,船舶负责人应当立即向附近海关报告,并在不可抗力原因消除后,依照规定向海关申报纳税。

【情景6-5】A国某运输公司一艘货轮驶入我国某港口,该货轮净吨位为28 000吨,货轮负责人已向我国海关领取了吨税执照,在港口停留期限为30天,A国已与我国签订有相互给予船舶税费最惠国待遇条款。请计算该货轮负责人应向我国海关缴纳的吨税。

根据吨税的相关规定,该货轮应享受优惠税率,每净吨位为3.3元。

应缴纳的吨税=28 000×3.3=92 400(元)。

6.4.3 船舶吨税的纳税申报

(1)吨税纳税义务发生时间为应税船舶进入港口的当日。

应税船舶在吨税执照期满后尚未离开港口的,应当申领新的吨税执照,自上一次执照期满的次日起续缴吨税。

(2)应税船舶负责人应当自海关填发吨税缴款凭证之日起15日内缴清税款。未按期缴清税款的,自滞纳税款之日起至缴清税款之日止,按日加收滞纳税款5‰的税款滞纳金。

(3)应税船舶到达港口前,经海关核准先行申报并办结出入境手续的,应税船舶负责人应当向海关提供与其依法履行吨税缴纳义务相适应的担保;应税船舶到达港口后,依照规定向海关申报纳税。

下列财产、权利可以用于担保:

①人民币、可自由兑换货币。

②汇票、本票、支票、债券、存单。

③银行、非银行金融机构的保函。

④海关依法认可的其他财产、权利。

(4)应税船舶在吨税执照期限内,因修理、改造导致净吨位变化的,吨税执照继续有效。应税船舶办理出入境手续时,应当提供船舶经过修理、改造的证明文件。

(5)应税船舶在吨税执照期限内,因税目税率调整或者船籍改变而导致适用税率变化的,吨税执照继续有效。

因船籍改变而导致适用税率变化的,应税船舶在办理出入境手续时,应当提供船籍改变的证明文件。

(6)吨税执照在期满前毁损或者遗失的,应当向原发照海关书面申请核发吨税执照副本,不再补税。

(7)海关发现少征或者漏征税款的,应当自应税船舶应当缴纳税款之日起1年内补征税款。但因应税船舶违反规定造成少征或者漏征税款的,海关可以自应当缴纳税款之日起3年内追征税款,并自应当缴纳税款之日起按日加征少征或者漏征税款5‰的税款滞纳金。

海关发现多征税款的,应当在24小时内通知应税船舶办理退还手续,并加算银行同期活期存款利息。

应税船舶发现多缴税款的,可以自缴纳税款之日起3年内以书面形式要求海关退还多缴的税款并加算银行同期活期存款利息;海关应当自受理退税申请之日起30日内查实并通知应税船舶办理退还手续。

应税船舶应当自收到退税通知之日起3个月内办理有关退还手续。

(8)应税船舶有下列行为之一的,由海关责令限期改正,处2 000元以上30 000元以下的罚款；不缴或者少缴应纳税款的，处不缴或者少缴税款50%以上5倍以下的罚款，但罚款不得低于2 000元。

①未按照规定申报纳税、领取吨税执照。

②未按照规定交验吨税执照（或者申请核验吨税执照电子信息）以及提供其他证明文件。

（9）吨税税款、税款滞纳金、罚款以人民币计算。

吨税的征收，若《船舶吨税法》未作规定的，依照有关税收征收管理的法律、行政法规的规定执行。

任务 6.5 烟叶税的核算

6.5.1 烟叶税概述

1. 烟叶税的概念

烟叶税是以纳税人收购烟叶的收购金额为计税依据征收的一种税。2006年4月28日，《中华人民共和国烟叶税暂行条例》并自公布之日起施行。2017年12月27日，第十二届全国人民代表大会常务委员会第三十一次会议通过了《中华人民共和国烟叶税法》（以下简称《烟叶税法》），自2018年7月1日起施行。

2. 烟叶税纳税义务人

在中华人民共和国境内，依照《中华人民共和国烟草专卖法》的规定收购烟叶的单位为烟叶税的纳税人。

3. 烟叶税的征税范围

烟叶税的征税范围包括烤烟叶、晾晒烟叶。晾晒烟叶包括列入晾晒烟名录的晾晒烟叶和未列入晾晒烟名录的其他晾晒烟叶。

4. 烟叶税的税率

烟叶税实行比例税率，税率为20%。烟叶税实行全国统一的税率，主要是考虑烟叶属于特殊的专卖品，其税率不宜存在地区间的差异，否则会形成各地之间的不公平竞争，不利于烟叶种植的统一规划和烟叶市场、烟叶收购价格的统一。

6.5.2 烟叶税的计算

1. 计税依据

烟叶税的计税依据是纳税人收购烟叶实际支付的价款总额。

2. 应纳税额的计算

烟叶税的应纳税额按照纳税人收购烟叶实际支付的价款总额乘以税率计算。计算公式为：

应纳税额 = 实际支付价款总额 × 税率

纳税人收购烟叶实际支付的价款总额包括纳税人支付给烟叶生产销售单位和个人的烟叶收购价款和价外补贴。其中，价外补贴统一按烟叶收购价款的10%计算。

实际支付价款 = 收购价款 ×（1+10%）

烟叶税是以纳税人收购烟叶的收购金额为计税依据征收的一种税。

【情景6-6】天逸烟草公司系增值税一般纳税人，2021年6月收购烟叶120 000千克，烟叶收购价格8元/千克，总计960 000元，货款已全部支付。请计算天逸烟草6月收购烟叶应缴纳的烟叶税。

应缴纳烟叶税 = 960 000 ×（1+10%）× 20% = 211 200（元）

6.5.3　烟叶税的纳税申报

1. 纳税义务发生时间

烟叶税的纳税义务发生时间为纳税人收购烟叶的当日。收购烟叶的当日是指纳税人向烟叶销售者付讫收购烟叶款项或者开具收购烟叶凭据的当日。

2. 纳税地点

纳税人收购烟叶，应当向烟叶收购地的主管税务机关申报缴纳烟叶税。

3. 纳税期限

烟叶税按月计征，纳税人应当于纳税义务发生月终了之日起15日内申报并缴纳税款。

项 目 小 结

本项目主要介绍城市维护建设税、车辆购置税、耕地占用税、船舶吨税和烟叶税税制要素及会计核算。通过学习，熟悉以上各种税的纳税义务人和征税范围，了解其税率及优惠政策，能够正确计算应纳税额，掌握各种税的会计核算。

思考与练习

一、单项选择题

1. 下列项目中，属于城市维护建设税计税依据的是（　）。
   A. 某大型商场少计算增值税被追缴的部分
   B. 个体工商户拖欠增值税加收的滞纳金
   C. 个人独资企业偷税被处的增值税罚款
   D. 某矿山销售铁矿石缴纳的资源税

2. 下列对城市维护建设税的表述不正确的是（　）。
   A. 城市维护建设税属于一种附加税
   B. 税款专门用于城市的公用事业和公共设施的维护建设
   C. 本身没有特定的课税对象
   D. 根据城镇规模设计定额税率

3. 下列各项中，属于免征耕地占用税范围的是（　）。
   A. 飞机场跑道占用耕地
   B. 医院占用耕地
   C. 铁路线路占用耕地
   D. 军事生产企业占用耕地

4. 根据烟叶税法律制度的规定，下列属于烟叶税纳税人的是（　）。
   A. 生产烟叶的个人　B. 收购烟叶的单位
   C. 销售香烟的单位　D. 消费香烟的个人

5. 下列各项中，属于船舶吨税计税依据的是（　）。
   A. 船舶净吨位　B. 船舶数量
   C. 整备质量　　D. 船舶长度

二、多项选择题

1. 下列关于城市维护建设税的说法中，正确的有（　）。
   A. 由受托方代征、代扣增值税、消费税的单位和个人，其代征、代扣的城市维护建设税适用受托方所在地的税率
   B. 流动经营等无固定纳税地点的单位和个人，在经营地缴纳增值税、消费税的，其城市维护建设税的缴纳按经营地使用税率执行
   C. 对出口产品退还增值税、消费税的，应同时退还已缴纳的城市维护建设税
   D. 对由于减免增值税、消费税而发生退税的，不予退还已征收的城市维护建设税

2. 耕地占用税是在中华人民共和国境内占用耕地建设建筑物、构筑物或者从事非农业建设的单位和个人，就其实际占用的耕地面积征收的一种税。对其特点的表述中，正确的有（　）。
   A. 属于对特定土地资源占用课税，具有资源税性质
   B. 具有特定行为税的性质
   C. 实行一次性课征
   D. 采用了地区差别比例税率

3. 根据耕地占用税法律制度的规定，有关我国耕地占用税的下列表述中，正确的有（　）。
   A. 耕地占用税实行有幅度的地区差别定额税率
   B. 耕地占用税以纳税人实际占用的耕地面积为计税依据
   C. 为非农业建设占用集体所有的耕地征收耕地占用税，占用国家所有的耕地不征收耕地占用税
   D. 纳税人应当自纳税义务发生之日起30日内申报缴纳耕地占用税

4. 下列情形中，免征耕地占用税的有（　）。

A. 军事设施占用耕地

B. 学校占用耕地

C. 幼儿园占用耕地

D. 农村居民占用耕地新建住宅

5. 下列船舶中，免征船舶吨税的有（　）。

A. 捕捞渔船

B. 非机动驳船

C. 武装警察部队专用的船舶

D. 应纳税额为人民币100元的船舶

三、判断题

1. 根据船舶吨税法律制度的规定，应税船舶发现多缴税款的，可以以书面形式要求海关退还多缴的税款并加算银行同期活期存款利息；海关应当自受理退税申请之日起15日内查实并通知应税船舶办理退税手续。（　）

2. 船舶吨税只针对自中国境外港口进入中国境内港口的外国船舶征收。（　）

3. 烟叶税按月计征，纳税人应当于纳税义务发生月终了之日起60日内申报并缴纳税款。（　）

4. 城市维护建设税的计税依据，是纳税人当期应缴的增值税、消费税税额。（　）

5. 纳税人以受赠、获奖或者以其他方式取得自用的应税车辆的计税价格，按照购置应税车辆时相关凭证载明的价格确定，不包括增值税税款。（　）

四、简答题

1. 简述特定目的税包括哪些。
2. 简述开征城市维护建设税的作用。
3. 简述如何计征烟叶税。

项目 7 其他税的核算

知识目标

◎ 理解资源税、城镇土地使用税、环境保护税的概念和纳税义务人；

◎ 掌握资源税、城镇土地使用税、环境保护税的征税范围和税率。

技能目标

◎ 掌握资源税、城镇土地使用税、环境保护税应纳税额的计算；

◎ 掌握资源税、城镇土地使用税、环境保护税的会计核算。

案例导入

某县国家税务局稽查局于 2021 年 8 月对位于城郊的国有企业名帆远洋公司 2021 年 1～6 月的纳税情况进行了检查。在检查城镇土地使用税纳税情况时，检查人员发现名帆远洋公司提供的政府部门核发的土地使用证书显示该公司实际占用土地面积 80 000 平方米。其中：

（1）公司内学校和医院共占地 2 000 平方米。

（2）公司区域外公共绿化用地 5 000 平方米，公园区域内生活小区的绿化用地 1 000 平方米。

（3）2021 年 1 月 1 日，公司将一块 1 000 平方米的土地出租给另一公司，用以生产经营。

（4）2021 年 3 月 1 日，公司将一块 1 500 平方米的土地无偿借给某国家机关作公务使用。

（5）除上述土地外，其余土地均为公司生产经营用地（该公司所在地适用税额为 5 元 / 平方米）。

案例思考

该公司不同用途的土地都需要缴纳城镇土地使用税吗？该企业 2021 年上半年实际需要缴纳多少城镇土地使用税？

本章导语

资源税和环境保护税是"小税种"代表之一，它们普遍存在，其应缴金额之和在某些企业也相当可观，甚至超过"大税种"，而且其会计处理方式也有一定的特点，在税务会计实务中是不可或缺的内容。

任务 7.1 资源税的核算

7.1.1 资源税概述

1. 资源税的概念和纳税义务人

（1）资源税的概念。

资源税是对在中华人民共和国领域和中华人民共和国管辖的其他海域开发应税资源的单位和个人课征的一种税，属于对自然资源占用课税的范畴。

（2）资源税的纳税义务人。

在中华人民共和国领域和中华人民共和国管辖的其他海域开发应税资源的单位和个人，为资源税的纳税人，应当依照法律规定缴纳资源税。

资源税规定仅对在中国境内开发应税资源的单位和个人征收，因此，进口的矿产品和盐不征收资源税。由于对进口应税产品不征收资源税，相应地，对出口应税产品也不免征或退还已纳资源税。

纳税人自用应税产品，如果属于应当缴纳资源税的情形，应按规定缴纳资源税。纳税人自用应税产品应当缴纳资源税的情形包括：纳税人以应税产品用于非货币性资产交换、捐赠、偿债、赞助、集资、投资、广告、样品、职工福利、利润分配或者连续生产非应税产品等。纳税人开采或者生产应税产品自用于连续生产应税产品的，不缴纳资源税。如铁原矿用于继续生产铁精粉的，在移送铁原矿时不缴纳资源税；但对于生产非应税产品的，如将铁精粉继续用于冶炼的，应当在移送环节缴纳资源税。

开采海洋或陆上油气资源的中外合作油气田，在 2011 年 11 月 1 日前已签订的合同继续缴纳矿区使用费，不缴纳资源税；合同期满后，依法缴纳资源税。

2. 资源税的征税范围和税率

（1）资源税的征税范围。

应税资源的具体范围，由《中华人民共和国资源税法》（以下简称《资源税法》）所附《资源税税目税率表》（以下称《税目税率表》）确定。

（2）资源税的税目。

资源税税目包括 5 大类，在 5 个税目下面又设有若干个子目。《资源税法》所列的税目有 164 个，涵盖了所有已经发现的矿种和盐。

① 能源矿产。

Ⅰ. 原油，是指开采的天然原油，不包括人造石油。

Ⅱ. 天然气、页岩气、天然气水合物。

Ⅲ. 煤，包括原煤和以未税原煤加工的洗选煤。

Ⅳ. 煤成（层）气。

Ⅴ. 铀、钍。

Ⅵ. 油页岩、油砂、天然沥青、石煤。

Ⅶ. 地热。

② 金属矿产。

Ⅰ. 黑色金属，包括铁、锰、铬、钒、钛。

Ⅱ. 有色金属，包括铜、铅、锌、锡、镍、锑、镁、钴、铋、汞；铝土矿；钨；钼；金、银；铂、钯、钌、锇、铱、铑；轻稀土；中重稀土；铍、锂、锆、锶、铷、铯、铌、钽、锗、镓、铟、铊、铪、铼、镉、硒、碲。

③ 非金属矿产。

Ⅰ. 矿物类，包括高岭土；石灰岩；磷；石墨；萤石、硫铁矿、自然硫；天然石英砂、脉石英、粉石英、水晶、工业用金刚石、冰洲石、蓝晶石、硅线石（矽线石）、长石、滑石、刚玉、菱镁矿、颜料矿物、天然碱、芒硝、钠硝石、明矾石、砷、硼、碘、溴、膨润土、硅藻土、陶瓷土、耐火黏土、铁矾土、凹凸棒石黏土、海泡石黏土、伊利石黏土、累托石黏土；叶蜡石、硅灰石、透辉石、珍珠岩、云母、沸石、重晶石、毒重石、方解石、蛭石、透闪石、工业用电气石、白垩、石棉、蓝石棉、红柱石、石榴子石、石膏；其他黏土（铸型用黏土、砖瓦用黏土、陶粒用黏土、水泥配料用黏土、水泥配料用红土、水泥配料用黄土、水泥配料用泥岩、保温材料用黏土）。

II. 岩石类，包括大理岩、花岗岩、白云岩、石英岩、砂岩、辉绿岩、安山岩、闪长岩、板岩、玄武岩、片麻岩、角闪岩、页岩、浮石、凝灰岩、黑曜岩、霞石正长岩、蛇纹岩、麦饭石、泥灰岩、含钾岩石、含钾砂页岩、天然油石、橄榄岩、松脂岩、粗面岩、辉长岩、辉石岩、正长岩、火山灰、火山渣、泥炭；砂石。

III. 宝玉石类，包括宝石、玉石、宝石级金刚石、玛瑙、黄玉、碧玺。

④水气矿产。

I. 二氧化碳气、硫化氢气、氦气、氡气。

II. 矿泉水。

⑤盐。

I. 钠盐、钾盐、镁盐、锂盐。

II. 天然卤水。

III. 海盐。

上述各税目征税时有的对原矿征税，有的对选矿征税，具体适用的征税对象按照《资源税税目税率表》的规定执行，主要包括以下三类：

A. 按原矿征税。

B. 按选矿征税。

C. 按原矿或者选矿征税。

（3）资源税的税率。

《资源税法》按原矿、选矿分别设定税率。对原油、天然气、中重稀土、钨、钼等战略资源实行固定税率，由税法直接确定。其他应税资源实行幅度税率，其具体适用税率由省、自治区、直辖市人民政府统筹考虑该应税资源的品位、开采条件以及对生态环境的影响等情况，在规定的税率幅度内提出，报同级人民代表大会常务委员会决定，并报全国人民代表大会常务委员会和国务院备案。《资源税税目税率表》如表7-1所示。

表7-1　资源税税目税率表

（2020年9月1日起执行）

序号	税目			征税对象	税率
1	能源矿产	原油		原矿	6%
2		天然气、页岩气、天然气水合物		原矿	6%
3		煤		原矿或者选矿	2%～10%
4		煤成（层）气		原矿	1%～2%
5		铀、钍		原矿	4%
6		油页岩、油砂、天然沥青、石煤		原矿或者选矿	1%～4%
7		地热		原矿	1%～20% 或者每立方米1～30元
8	金属矿产	黑色金属	铁、锰、铬、钒、钛	原矿或者选矿	1%～9%
9		有色金属	铜、铅、锌、锡、镍、锑、镁、钴、铋、汞	原矿或者选矿	2%～10%
10			铝土矿	原矿或者选矿	2%～9%
11			钨	选矿	6.5%
12			钼	选矿	8%
13			金、银	原矿或者选矿	2%～6%
14			铂、钯、钌、锇、铱、铑	原矿或者选矿	5%～10%
15			轻稀土	选矿	7%～12%
16			中重稀土	选矿	20%
17			铍、锂、锆、锶、铷、铯、铌、钽、锗、镓、铟、铊、铪、铼、硒、碲	原矿或者选矿	2%～10%

续表

序号	税目		征税对象	税率
18	非金属矿产	高岭土	原矿或者选矿	1%～6%
19		石灰岩	原矿或者选矿	1%～6%或者每吨（或者每立方米）1～10元
20		磷	原矿或者选矿	3%～8%
21		石墨	原矿或者选矿	3%～12%
22		萤石、硫铁矿、自然硫	原矿或者选矿	1%～8%
23		矿物类	天然石英砂、脉石英、粉石英、水晶、工业用金刚石、冰洲石、蓝晶石、硅线石（矽线石）、长石、滑石、刚玉、菱镁矿、颜料矿物、天然碱、芒硝、钠硝石、明矾石、砷、硼、碘、溴、膨润土、硅藻土、陶瓷土、耐火黏土、铁矾土、凹凸棒石黏土、海泡石黏土、伊利石黏土、累托石黏土	原矿或者选矿	1%～12%
24		叶蜡石、硅灰石、透辉石、珍珠岩、云母、沸石、重晶石、毒重石、方解石、透闪石、工业用电气石、石棉、蓝石棉、红柱石、石榴子石、石膏	原矿或者选矿	2%～12%
25		其他黏土（铸型用黏土、砖瓦用黏土、陶粒用黏土、水泥配料用红土、水泥配料用黄土、水泥配料用泥岩、保湿材料用黏土）	原矿或者选矿	1%～5%或者每吨（或者每立方米）0.1～5元
26		岩石类	大理岩、花岗岩、白云岩、石英岩、砂岩、辉绿岩、安山岩、闪长岩、板岩、玄武岩、片麻岩、角闪岩、页岩、浮石、凝灰岩、黑曜岩、霞石正长岩、蛇纹岩、麦饭石、泥灰岩、含钾岩石、含钾砂页岩、天然油石、橄榄岩、松脂岩、粗面岩、辉长岩、辉石岩、正长岩、火山灰、火山渣、泥炭	原矿或者选矿	1%～10%
27		砂石	原矿或者选矿	1%～5%或者每吨（或者每立方米）0.1～5元
28		宝玉石类	宝石、玉石、宝石级金刚石、玛瑙、黄玉、碧玺	原矿或者选矿	4%～20%
29	水气矿产	二氧化碳气、硫化氢气、氦气、氡气	原矿	2%～5%
30		矿泉水	原矿	1%～20%或者每立方米1～30元
31	盐	钠盐、钾盐、镁盐、锂盐	选矿	3%～15%
32		天然卤水	原矿	3%～15%或者每吨（或者每立方米）1～10元
33		海盐		2%～5%

7.1.2 资源税的计算

1. 资源税的计税依据

资源税的计税依据为应税产品的销售额或销售量,各税目的征税对象包括原矿、精矿等。资源税适用从价计征为主、从量计征为辅的征税方式。根据《资源税税目税率表》的规定,地热、砂石、矿泉水和天然卤水可采用从价计征或从量计征的方式,其他应税产品统一适用从价定率征收的方式。

(1)从价定率征税的计税依据。

①销售额的基本规定。

资源税应税产品(以下简称应税产品)的销售额,按照纳税人销售应税产品向购买方收取的全部价款确定,不含增值税税额。

计入销售额中的相关运杂费用,凡取得增值税发票或者其他合法有效凭证的,准予从销售额中扣除。相关运杂费用是指应税产品从坑口或者洗选(加工)地到车站、码头或者购买方指定地点的运输费用、建设基金以及随运销产生的装卸、仓储、港杂费用。

②特殊情形下销售额的确定。

纳税人申报的应税产品销售额明显偏低且无正当理由的,或者有自用应税产品行为而无销售额的,主管税务机关可以按下列方法和顺序确定其应税产品销售额:

Ⅰ.按纳税人最近时期同类产品的平均销售价格确定。

Ⅱ.按其他纳税人最近时期同类产品的平均销售价格确定。

Ⅲ.按后续加工非应税产品销售价格,减去后续加工环节的成本利润后确定。

Ⅳ.按应税产品组成计税价格确定。

$$组成计税价格 = \frac{成本 \times (1+成本利润率)}{1-资源税税率}$$

上述公式中的成本利润率由省、自治区、直辖市税务机关确定。

③按其他合理方法确定。

外购应税产品购进金额、购进数量的扣减:

Ⅰ.纳税人外购应税产品与自采应税产品混合销售或者混合加工为应税产品销售的,在计算应税产品销售额或者销售数量时,准予扣减外购应税产品的购进金额或者购进数量;当期不足扣减的,可结转下期扣减。纳税人应当准确核算外购应税产品的购进金额或者购进数量,未准确核算的,一并计算缴纳资源税。

Ⅱ.纳税人核算并扣减当期外购应税产品购进金额、购进数量的,应当依据外购应税产品的增值税发票、海关进口增值税专用缴款书或者其他合法有效凭据。

Ⅲ.纳税人以外购原矿与自采原矿混合为原矿销售,或者以外购选矿产品与自产选矿产品混合为选矿产品销售的,在计算应税产品销售额或者销售数量时,直接扣减外购原矿或者外购选矿产品的购进金额或者购进数量。

Ⅳ.纳税人以外购原矿与自采原矿混合洗选加工为选矿产品销售的,在计算应税产品销售额或者销售数量时,按照下列方法扣减:

准予扣减的外购应税产品购进金额(数量)= 外购原矿购进金额(数量)×(本地区原矿适用税率÷本地区选矿产品适用税率)

不能按照上述方法计算扣减的,按照主管税务机关确定的其他合理方法进行扣减。

(2)从量定额征收的计税依据。

实行从量定额征收的,以应税产品的销售数量为计税依据。应税产品的销售数量,包括纳税人开采或者生产应税产品的实际销售数量和自用于应当缴纳资源税情形的应税产品数量。

2. 应纳税额的计算

根据应税产品不同,资源税应纳税额有两种计算方法:从价定率和从量定额。

(1)从价定率。

从价计税的公式为:

应纳税额 = 销售额 × 税率

【情景7-1】某油田2021年6月销售原油20 000吨,开具增值税专用发票后取得销售额8 000 000

元、增值税税额 1 040 000 元，按《资源税法》所附《资源税税目税率表》的规定，其适用税率为 6%。请计算该油田当月应缴纳的资源税。

销售原油应纳税额 = 8 000 000 × 6% = 480 000（元）

（2）从量定额。

从量定额：应纳税额 = 计税数量 × 税率

【情景 7-2】某砂石开采企业 2021 年 3 月销售砂石 6 000 立方米，资源税税率为 2 元/立方米。请计算该企业当月应纳资源税税额。

销售砂石应纳税额 = 6 000 × 2 = 12 000（元）

3. 减税、免税项目

（1）免征资源税。

有下列情形之一的，免征资源税：

① 开采原油以及在油田范围内运输原油过程中用于加热的原油、天然气；

② 煤炭开采企业因安全生产需要抽采的煤成（层）气。

（2）减征资源税。

有下列情形之一的，减征资源税：

① 从低丰度油气田开采的原油、天然气，减征 20% 资源税；

② 高含硫天然气、三次采油和从深水油气田开采的原油、天然气，减征 30% 资源税；

③ 稠油、高凝油减征 40% 资源税；

④ 从衰竭期矿山开采的矿产品，减征 30% 资源税。

（3）可由省、自治区、直辖市可以决定免征或者减征资源税的情形：

① 纳税人开采或者生产应税产品过程中，因意外事故或者自然灾害等原因遭受重大损失；

② 纳税人开采共伴生矿、低品位矿、尾矿。

前款规定的免征或者减征资源税的具体办法，由省、自治区、直辖市人民政府提出，报同级人民代表大会常务委员会决定，并报全国人民代表大会常务委员会和国务院备案。

> **注意**
>
> 纳税人的免税、减税项目，应当单独核算销售额或者销售数量；未单独核算或者不能准确提供销售额或者销售数量的，不予免税或者减税。

7.1.3　资源税的核算

企业核算资源税应设置"应交税费——应交资源税"科目。资源矿产品用途不同，其会计核算也存在差异，具体内容如下：

1. 一般应税资源产品的会计处理

对外销售应税产品应缴资源税，借记"税金及附加"科目，贷记"应交税费——应交资源税"科目。

2. 自产自用矿产品资源税的会计处理

自产自用应税产品应缴资源税，借记"生产成本""制造费用"等科目，贷记"应交税费——应交资源税"科目。

3. 收购未税矿产品会计处理

收购未税矿产品代扣代缴资源税，借记"应付账款"等科目，贷记"应交税费——代扣代缴资源税"科目。

4. 外购液体盐加工固体盐的会计处理

企业外购液体盐加工成固体盐，在购入液体盐时，按允许抵扣的资源税，借记"应交税费——应交资源税"科目，按外购价款扣除允许抵扣资源税后的数额，借记"物资采购"等科目，按应支付的全部价款，贷记"银行存款"等科目；企业加工成固体盐销售时，按销售固体盐应缴资源税，借记"税金及附加"科目，贷记"应交税费——应交资源税"科目,将销售固体盐应纳资源税扣抵液体盐已纳资源税后的差额上交时,借记"应交税费——应交资源税"科目,贷记"银行存款"科目;纳税人按规定缴纳资源税时,借记"应交税费——应交资源税"科目,贷记"银行存款"科目。

【情景7-3】北京市惠达股份有限公司为增值税一般纳税人,2021年10月生产原煤1 000 000吨,全部对外销售;另外,该煤矿当月还生产销售天然气2 000万立方米。已知该煤矿原煤适用的单位税额为2元/吨,煤矿邻近的石油管理局天然气适用单位税额为10元/千立方米。计算该矿山上述业务应缴纳的资源税税额,并作会计处理。

根据税法规定,对煤矿生产的天然气暂不征税。

应纳税额=1 000 000×2=2 000 000(元)

计提资源税时:

借:税金及附加　　　　　　　　2 000 000

　　贷:应交税费——应交资源税　2 000 000

7.1.4 资源税纳税申报

1. 纳税义务发生时间

纳税人销售应税产品,纳税义务发生时间为收讫销售款或者取得索取销售款凭据的当日;自用应税产品的,纳税义务发生时间为移送应税产品的当日。

2. 纳税期限

资源税按月或者按季申报缴纳;不能按固定期限计算缴纳的,可以按次申报缴纳。纳税人按月或者按季申报缴纳的,应当自月度或者季度终了之日起15日内,向税务机关办理纳税申报并缴纳税款;按次申报缴纳的,应当自纳税义务发生之日起15日内,向税务机关办理纳税申报并缴纳税款。

3. 纳税地点

纳税人应当向应税产品开采地或者生产地的税务机关申报缴纳资源税。

4. 征收机关

资源税由税务机关按照《资源税法》和《税收征收管理法》的规定征收管理。海上开采的原油和天然气资源税由海洋石油税务管理机构征收管理。税务机关与自然资源等相关部门应当建立工作配合机制,加强资源税征收管理。

5. 纳税申报

自2021年6月1日起,纳税人申报缴纳资源税时,使用《财产和行为税纳税申报表》(如表3-20所示,详见本书第133页)。纳税人新增税源或税源变化时,需先填报《财产和行为税税源明细表》(如表3-21所示,详见本书第134~135页)。

任务 7.2 城镇土地使用税的核算

7.2.1 城镇土地使用税概述

1. 城镇土地使用税的概念

城镇土地使用税是以城镇土地为征税对象，对拥有土地使用权的单位和个人征收的一种税。

开征城镇土地使用税，有利于通过经济手段，加强对土地的管理，变土地的无偿使用为有偿使用，促进合理、节约使用土地，提高土地使用效益。有利于适当调节不同地区，不同地段之间的土地级差收入，促进企业加强经济核算，理顺国家与土地使用者之间的分配关系。

2. 城镇土地使用税的纳税义务人

在城市、县城、建制镇、工矿区范围内使用土地的单位和个人为城镇土地使用税（以下简称土地使用税）的纳税人。

上述所称单位，包括国有企业、集体企业、私营企业、股份制企业、外商投资企业、外国企业以及其他企事业单位、社会团体、国家机关、军队以及其他单位；所称个人，包括个体工商户以及其他个人。

城镇土地使用税的纳税人通常包括以下几类：

（1）拥有土地使用权的单位和个人。

（2）拥有土地使用权的单位和个人不在土地所在地的，其土地的实际使用人和代管人为纳税人。

（3）土地使用权未确定或权属纠纷未解决的，其实际使用人为纳税人。

（4）土地使用权共有的，共有各方都是纳税人，由共有各方分别纳税。

多人或数个单位共同拥有一块土地使用权，该块土地使用税的纳税人应是对该土地拥有使用权的每一个人或每一个单位。各自以其实际使用的土地面积占总面积的比例，分别计算缴纳土地使用税。

3. 城镇土地使用税的征税范围

城镇土地使用税的征税范围，包括在城市、县城、建制镇和工矿区内的国家所有和集体所有的土地。

上述城市、县城、建制镇和工矿区分别按以下标准确认：

（1）城市是指经国务院批准设立的市。

（2）县城是指县人民政府所在地。

（3）建制镇是指经省、自治区、直辖市人民政府批准设立的建制镇。

（4）工矿区是指工商业比较发达，人口比较集中，符合国务院规定的建制镇标准，但尚未设立建制镇的大中型工矿企业所在地；工矿区须经省、自治区、直辖市人民政府批准。

上述城镇土地使用税的征税范围中，城市的土地包括市区和郊区的土地，县城的土地是指县人民政府所在地的城镇的土地，建制镇的土地是指镇人民政府所在地的土地。

建立在城市、县城、建制镇和工矿区以外的工矿企业不需要缴纳城镇土地使用税。

4. 城镇土地使用税的税率

城镇土地使用税适用地区幅度差别定额税率。城镇土地使用税采用定额税率，即采用有幅度的差别税额。按大、中、小城市和县城、建制镇、工矿区分别规定每平方米城镇土地使用税年应纳税额。具体标准如下：

（1）大城市 1.5～30 元。

（2）中等城市 1.2～24 元。

（3）小城市 0.9～18 元。

（4）县城、建制镇、工矿区 0.6～12 元。

大、中、小城市以公安部门登记在册的非农

业正式户口人数为依据，按照国务院颁布的《城市规划条例》中规定的标准划分。人口在 50 万人以上者为大城市；人口在 20 万～50 万人者为中等城市；人口在 20 万人以下者为小城市。城镇土地使用税税率如表 7-2 所示。

表 7-2　城镇土地使用税税率

级别	人口（人）	每平方米税额（元）
大城市	50 万以上	1.5～30
中等城市	20 万～50 万	1.2～24
小城市	20 万以下	0.9～18
县城、建制镇、工矿区		0.6～12

各省、自治区、直辖市人民政府可根据市政建设情况和经济繁荣程度在规定税额幅度内，确定所辖地区的适用税额幅度。经济落后地区，城镇土地使用税的适用税额标准可以适当降低，但降低额不得超过上述规定最低税额的 30%。经济发达地区的适用税额标准可以适当提高，但须报财政部批准。

城镇土地使用税规定幅度税额主要考虑到我国各地区存在悬殊的土地级差收益，同一地区内不同地段的市政建设情况和经济繁荣程度也存在较大差别。因此把城镇土地使用税税额定为幅度税额，拉开档次，而且每个幅度税额的差距规定为 20 倍。这样，各地政府在划分本辖区不同地段的等级，确定适用税额时，有选择余地，便于具体操作。幅度税额还可以调节不同地区、不同地段之间的土地级差收益，尽可能地平衡税负。

5. 城镇土地使用税的税收优惠

（1）法定免缴土地使用税的优惠。

①国家机关、人民团体、军队自用的土地。

这部分土地是指这些单位本身的办公用地和公务用地。如国家机关、人民团体的办公楼用地，军队的训练场用地等。

②由国家财政部门拨付事业经费的单位自用的土地。

这部分土地是指这些单位本身的业务用地。如学校的教学楼、操场、食堂等占用的土地。

③宗教寺庙、公园、名胜古迹自用的土地。

宗教寺庙自用的土地，是指举行宗教仪式等的用地和寺庙内的宗教人员生活用地。

公园、名胜古迹自用的土地，是指供公共参观游览的用地及其管理单位的办公用地。

以上单位的生产、经营用地和其他用地，不属于免税范围，应按规定缴纳土地使用税，如公园、名胜古迹中附设的营业单位如影剧院、饮食部、茶社、照相馆使用的土地。

④市政街道、广场、绿化地带等公共用地。

⑤直接用于农、林、牧、渔业的生产用地。

这部分土地是指直接从事于种植养殖、饲养的专业用地，不包括农副产品加工场地和生活办公用地。

⑥经批准开山填海整治的土地和改造的废弃土地，从使用的月份起免缴土地使用税 5 年至 10 年。

具体免税期限由各省、自治区、直辖市地方税务局在《城镇土地使用税暂行条例》规定的期限内自行确定。

⑦对非营利性医疗机构、疾病控制机构和妇幼保健机构等卫生机构自用的土地，免征城镇土地使用税。对营利性医疗机构自用的土地自 2000 年起免征城镇土地使用税 3 年。

⑧企业办的学校、医院、托儿所、幼儿园，其用地能与企业其他用地明确区分的，免征城镇土地使用税。

⑨免税单位无偿使用纳税单位的土地（如公安、海关等单位使用铁路、民航等单位的土地），免征城镇土地使用税。纳税单位无偿使用免税单位的土地，纳税单位应按章缴纳城镇土地使用税。纳税单位与免税单位共同使用共有使用权土地上的多层建筑，对纳税单位可按其占用的建筑面积占建筑总面积的比例计征城镇土地使用税。

⑩对行使国家行政管理职能的中国人民银行总行（含国家外汇管理局）所属分支机构自用的土地，免征城镇土地使用税。

⑪为了体现国家的产业政策，支持重点产业的发展，对石油、电力、煤炭等能源用地，民用港口、铁路等交通用地和水利设施用地，三线调整企业、盐业、采石场、邮电等一些特殊用地划

分了征免税界限和给予政策性减免税照顾。具体规定如下：

Ⅰ. 对石油天然气生产建设中用于地质勘探、钻井、井下作业、油气田地面工程等施工临时用地，暂免征收城镇土地使用税。

Ⅱ. 对企业的铁路专用线、公路等用地，在厂区以外、与社会公用地段未加隔离的，暂免征收城镇土地使用税。

Ⅲ. 对企业厂区以外的公共绿化用地和向社会开放的公园用地，暂免征收城镇土地使用税。

Ⅳ. 对盐场的盐滩、盐矿的矿井用地，暂免征收城镇土地使用税。

⑫ 自 2019 年 1 月 1 日至 2021 年 12 月 31 日，对专门经营农产品的农产品批发市场、农贸市场使用（包括自有和承租，下同）的房产、土地，暂免征收房产税和城镇土地使用税。对同时经营其他产品的农产品批发市场和农贸市场使用的房产、土地，按其他产品与农产品交易场地面积的比例确定免征房产税和城镇土地使用税。

农产品批发市场和农贸市场，是指经工商登记注册，供买卖双方进行农产品及其初加工品现货批发或零售交易的场所。农产品包括粮油、肉禽蛋、蔬菜、干鲜果品、水产品、调味品、棉麻、活畜、可食用的林产品以及由各省、自治区、直辖市财税部门确定的其他可食用的农产品。

享受上述税收优惠的房产、土地，是指农产品批发市场、农贸市场直接为农产品交易提供服务的房产、土地。农产品批发市场、农贸市场的行政办公区、生活区，以及商业餐饮娱乐等非直接为农产品交易提供服务的房产、土地，不属于规定的优惠范围，应按规定征收房产税和城镇土地使用税。

⑬ 自 2019 年 1 月 1 日起至 2021 年 12 月 31 日止，对物流企业自有的（包括自用和出租）大宗商品仓储设施用地和物流企业承租用于大宗商品仓储设施的土地，减按所属土地等级适用税额标准的 50% 计征城镇土地使用税。物流企业的办公、生活区用地及其他非直接从事大宗商品仓储的用地，不属于优惠范围，应按规定征收城镇土地使用税。符合减税条件的物流企业需持相关材料向主管税务机关办理备案手续。

⑭ 自 2019 年 1 月 1 日至 2021 年 12 月 31 日，对按照去产能和调结构政策要求停产停业、关闭的企业，自停产停业次月起，免征城镇土地使用税。企业享受免税政策的期限累计不得超过两年。按照去产能和调结构政策要求停产停业、关闭的中央企业名单由国务院国有资产监督管理部门认定发布，其他企业名单由各省、自治区、直辖市人民政府确定的去产能、调结构主管部门认定发布。认定部门应当及时将认定发布的企业名单（含停产停业、关闭时间）抄送同级财政和税务部门。各级认定部门应当每年核查名单内企业情况，将恢复生产经营、终止关闭注销程序的企业名单及时通知财政和税务部门。企业享受本条规定的免税政策，应按规定进行减免税申报，并将房产土地权属资料等留存备查。

⑮ 自 2019 年 1 月 1 日至 2021 年 12 月 31 日，对国家级、省级科技企业孵化器、大学科技园和国家备案众创空间自用以及无偿或通过出租等方式提供给在孵对象使用的土地，免征城镇土地使用税。

本条所称孵化服务，是指为在孵对象提供的经纪代理、经营租赁、研发和技术、信息技术、鉴证咨询服务。国家级、省级科技企业孵化器、大学科技园和国家备案众创空间应当单独核算孵化服务收入。

本条所称在孵对象是指符合前款认定和管理办法规定的孵化企业、创业团队和个人。国家级、省级科技企业孵化器、大学科技园和国家备案众创空间应按规定申报享受免税政策，并将房产土地权属资料等留存备查，税务部门应依法加强后续管理。

2018 年 12 月 31 日以前认定的国家级科技企业孵化器、大学科技园，自 2019 年 1 月 1 日起享受规定的税收优惠政策。2019 年 1 月 1 日以后认定的国家级、省级科技企业孵化器、大学科技园和国家备案众创空间，自认定之日次月起享受规定的税收优惠政策。2019 年 1 月 1 日以后被取消资格的，自取消资格之日次月起停止享受规定的税收优惠政策。

(2) 各省、自治区、直辖市国家税务局确定减免土地使用税的优惠。
① 个人所有的居住房屋及院落用地。
② 房产管理部门在房租调整改革前经租的居民住房用地。
③ 免税单位职工家属的宿舍用地。
④ 集体和个人办的各类学校、医院、托儿所、幼儿园用地。

7.2.2 城镇土地使用税的计算及账务处理

1. 计税依据

城镇土地使用税以纳税人实际占用的土地面积为计税依据,并按照下列办法确定:

(1) 由各省、自治区、直辖市人民政府确定的单位组织测定土地面积的,以测定的土地面积为准。

(2) 尚未测定,但纳税人持有政府部门核发的土地使用证书的,以证书确认的土地面积为准。

(3) 尚未核发土地使用证书的,应由纳税人申报土地面积,据以纳税,待核发土地使用证书以后再作调整。

(4) 对在城镇土地使用税征税范围内单独建造的地下建筑用地,按规定征收城镇土地使用税。其中,已取得地下土地使用权证的,按土地使用权证确认的土地面积计算应征税款;未取得地下土地使用权证或地下土地使用权证上未标明土地面积的,按地下建筑垂直投影面积计算应征税款。

对上述地下建筑用地暂按应征税款的50%征收城镇土地使用税。

2. 应纳税额的计算

城镇土地使用税以纳税人实际占用土地面积为计税依据,实行从量计征。其计算公式为:

(年) 应纳税额 = 实际占用土地面积 × 定额税率

企业核算城镇土地使用税应设置"应交税费——应交城镇土地使用税"科目。纳税人纳税义务发生计提税款时,借记"管理费用"科目,贷记"应交税费——应交城镇土地使用税"科目;实际缴纳税款时,借记"应交税费——应交城镇土地使用税"科目,贷记"银行存款"科目。

【情景7-4】设在某城市的一家企业使用土地面积为6 500平方米,经税务机关核定,该土地为应税土地,每平方米年纳税额为4元。请计算其全年应纳的城镇土地使用税税额。

全年应纳税额 = 6 500 × 4 = 26 000(元)

计提税款时:

借:管理费用　　　　　　　　　26 000
　　贷:应交税费——应交城镇土地
　　　　使用税　　　　　　　　26 000

缴纳税款时:

借:应交税费——应交城镇土地
　　使用税　　　　　　　　　26 000
　　贷:银行存款　　　　　　　26 000

7.2.3 城镇土地使用税的纳税申报

1. 纳税期限

城镇土地使用税实行按年计算、分期缴纳的征收方法,具体纳税期限由各省、自治区、直辖市人民政府确定。

2. 纳税义务发生时间

(1) 纳税人购置新建商品房,自房屋交付使用之次月起,缴纳城镇土地使用税。

(2) 纳税人购置存量房,自办理房屋权属转移、变更登记手续,房地产权属登记机关签发房屋权属证书之次月起,缴纳城镇土地使用税。

(3)纳税人出租、出借房产,自交付出租、出借房产之次月起,缴纳城镇土地使用税。

(4)以出让或转让方式有偿取得土地使用权的,应由受让方从合同约定交付土地时间的次月起缴纳城镇土地使用税;合同未约定交付土地时间的,由受让方从合同签订之次月起缴纳城镇土地使用税。

(5)纳税人新征用的耕地,自批准征用之日起满1年时开始缴纳城镇土地使用税。

(6)纳税人新征用的非耕地,自批准征用次月起缴纳城镇土地使用税。

(7)自2009年1月1日起,纳税人因土地的权利发生变化而依法终止城镇土地使用税纳税义务的,其应纳税款的计算应截到土地权利发生变化的当月末。

3. 纳税地点和征收机构

城镇土地使用税在土地所在地缴纳。

纳税人使用的土地不属于同一省、自治区、直辖市管辖的,由纳税人分别向土地所在地的税务机关缴纳城镇土地使用税;在同一省、自治区、直辖市管辖范围内,纳税人跨地区使用的土地,其纳税地点由各省、自治区、直辖市税务局确定。

城镇土地使用税由土地所在地的税务机关征收,其收入纳入地方财政预算管理。城镇土地使用税征收工作涉及面广、政策性较强,税务机关负责征收的同时,还必须注意加强同国土管理、测绘等有关部门的联系,及时取得土地的权属资料、了解沟通情况,共同协作把征收管理工作做好。

4. 纳税申报

自2021年6月1日起,纳税人申报缴纳城镇土地使用税时,使用《财产和行为税纳税申报表》(如表3-20所示,详见本书第133页)。纳税人新增税源或税源变化时,需先填报《财产和行为税税源明细表》(如表3-21所示,详见本书第134～135页)。

任务 7.3 环境保护税的核算

7.3.1 环境保护税概述

1. 环境保护税的概念

环境保护税是由英国经济学家庇古最先提出的,他的观点已经为西方发达国家普遍接受。欧美各国的环保政策是逐渐减少直接干预手段的运用,越来越多地采用生态税、绿色环保税等多种特指税种来维护生态环境,针对污水、废气、噪声和废弃物等突出的"显性污染"进行强制征税。

2. 环境保护税的纳税义务人

环境保护税纳税义务人是指在中华人民共和国领域和中华人民共和国管辖的其他海域,直接向环境排放应税污染物的企业、事业单位和其他生产经营者,均为环境保护税的纳税人。

上述对纳税人的规定,在纳税义务上对两种情况做了排除:一是不直接向环境排放应税污染物的，不缴纳环境保护税；二是居民个人不属于纳税人，不用缴纳环境保护税。

有下列情形之一的，不属于直接向环境排放污染物，不缴纳相应污染物的环境保护税：

（1）企业、事业单位和其他生产经营者向依法设立的污水集中处理、生活垃圾集中处理场所排放应税污染物的。

（2）企业、事业单位和其他生产经营者在符合国家和地方环境保护标准的设施、场所贮存或者处置固体废物的。

（3）达到省级人民政府确定的规模标准并且有污染物排放口的畜禽养殖场，应当依法缴纳环境保护税，并依法对畜禽养殖废弃物进行综合利用和无害化处理。

3. 环境保护税的征税范围

环境保护税的征税对象是法定的大气污染物、水污染物、固体废物和噪声。

（1）大气污染物。

大气污染物包括二氧化硫、氮氧化物、一氧化碳、氯气、氯化氢、氟化物、氰化氢、硫酸雾、铬酸雾、汞及其化合物、一般性粉尘、石棉尘、玻璃棉尘、碳黑尘、铅及其化合物、镉及其化合物、铍及其化合物、镍及其化合物、锡及其化合物、烟尘、苯、甲苯、二甲苯、苯并芘、甲醛、乙醛、丙烯醛、甲醇、酚类、沥青烟、苯胺类、氯苯类、硝基苯、丙烯腈、氯乙烯、光气、硫化氢、氨、三甲胺、甲硫醇、甲硫醚、二甲二硫醚、苯乙烯、二硫化碳，共计44项。环境保护税的征税范围不包括温室气体二氧化碳。

（2）水污染物。

水污染分类两类：第一类水污染物包括总汞、总镉、总铬、六价铬、总砷、总铅、总镍、苯并芘、总铍、总银；第二类水污染物包括悬浮物（SS）、生化需氧量（BODs）、化学需氧量（CODcr）、总有机碳（TOC）、石油类、动植物油、挥发酚、总氰化物、硫化物、氨氮、氟化物、甲醛、苯胺类、硝基苯类、阴离子表面活性剂（LAS）、总铜、总锌、总锰、彩色显影剂（CD-2）、总磷、单质磷（以P计）、有机磷农药（以P计）、乐果、甲基对硫磷、马拉硫磷、对硫磷、五氯酚及五氯酚钠（以五氯酚计）、三氯甲烷、可吸附有机卤化物（AOX）（以CI计）、四氯化碳、三氯乙烯、四氯乙烯、苯、甲苯、乙苯、邻-二甲苯、对-二甲苯、间-二甲苯、氯苯、邻二氯苯、对二氯苯、对硝基氯苯、2,4-二硝基氯苯、苯酚、间-甲酚、2,4-二氯酚、2,4,6-三氯酚、邻苯二甲酸二丁酯、邻苯二甲酸二辛酯、丙烯腈、总硒。应税水污染物共计61项。

（3）固体废物。

固体废物包括煤矸石、尾矿、危险废物、冶炼渣、粉煤灰、炉渣、其他固体废物（含半固态、液态废物）。

（4）噪声。

应税噪声污染目前只包括工业噪声。

4. 环境保护税的税率

环境保护税采用定额税率，其中，对应税大气污染物和水污染物规定了幅度定额税率，具体适用税额的确定和调整，由各省、自治区、直辖市人民政府统筹考虑本地区环境承载能力、污染物排放现状和经济社会生态发展目标要求，在规定的税额幅度内提出，报同级人大常委会决定，并报全国人大常委会和国务院备案。

《环境保护税税目税额表》如表7-3所示。

表7-3 环境保护税税目税额表

税目		计税单位	税率	备注
大气污染物		每污染当量	1.2～12元	
水污染物		每污染当量	1.4～14元	
固体废物	煤矸石	每吨	5元	
	尾矿	每吨	15元	
	危险废物	每吨	1 000元	
	冶炼渣、粉煤灰、炉渣、其他固体废物（含半固态、液态废物）	每吨	25元	
噪声	工业噪声	超标1～3分贝	每月350元	（1）一个单位边界上有多处噪声超标，根据最高一处超标声级计算应纳税额；当沿边界长度超过100米有两处以上噪声超标时，按照两个单位计算应纳税额 （2）一个单位有不同地点作业场所的，应当分别计算应纳税额，合并计征 （3）昼、夜均超标的环境噪声，昼、夜分别计算应纳税额，累计计征 （4）声源一个月内超标不足15天的，减半计算应纳税额 （5）夜间频繁突发和夜间偶然突发厂界超标噪声，按等效声级和峰值噪声两种指标中超标分贝值高的一项计算应纳税额
		超标4～6分贝	每月700元	
		超标7～9分贝	每月1 400元	
		超标10～12分贝	每月2 800元	
		超标13～15分贝	每月5 600元	
		超标16分贝以上	每月11 200元	

7.3.2 环境保护税的计算

1. 计税依据

（1）计税依据确定的基本方法。

应税污染物的计税依据，按照下列方法确定：应税大气污染物按照污染物排放量折合的污染当量数确定；应税水污染物按照污染物排放量折合的污染当量数确定；应税固体废物按照固体废物的排放量确定；应税噪声按照超过国家规定标准的分贝数确定。

①应税大气污染物、水污染物按照污染物排放量折合的污染当量数确定计税依据。

污染当量数以该污染物的排放量除以该污染物的污染当量值计算。计算公式为：

应税大气污染物、水污染物的污染当量数＝该污染物的排放量÷该污染物的污染当量值

污染当量，是指根据污染物或者污染排放活动对环境的有害程度以及处理的技术经济性，衡量不同污染物对环境污染的综合性指标或者计量单位。同一介质相同污染当量的不同污染物，其污染程度基本相当。每种应税大气污染物、水污染物的具体污染当量值，依照《环境保护税法》所附《应税污染物和当量值表》执行，如表7-4至表7-8所示。

表 7-4　大气污染物污染当量值

污染物	污染当量值（千克）	污染物	污染当量值（千克）
1. 二氧化碳	0.95	23. 二甲苯	0.27
2. 氮氧化物	0.95	24. 苯并（a）芘	0.000002
3. 一氧化碳	16.7	25. 甲醛	0.09
4. 氯气	0.34	26. 乙醇	0.45
5. 氯化氢	10.75	27. 丙烯醛	0.06
6. 氟化物	0.87	28. 甲醇	0.67
7. 氰化氢	0.005	29. 酚类	0.35
8. 硫酸雾	0.6	30. 沥青烟	0.19
9. 铬酸雾	0.0007	31. 苯胺类	0.21
10. 汞及其化合物	0.0001	32. 氯苯类	0.72
11. 一般性粉尘	4	33. 硝基苯	0.17
12. 石棉尘	0.53	34. 丙烯腈	0.22
13. 玻璃棉尘	2.13	35. 氯乙烯	0.55
14. 碳黑尘	0.59	36. 光气	0.04
15. 铅及其化合物	0.02	37. 硫化氢	0.29
16. 镉及其化合物	0.03	38. 氨	9.09
17. 铍及其化合物	0.004	39. 三甲胺	0.32
18. 镍及其化合物	0.13	40. 甲硫醇	0.04
19. 锡及其化合物	0.27	41. 甲硫醚	0.28
20. 烟尘	2.18	42. 二甲二硫	0.28
21. 苯	0.05	43. 苯乙烯	25
22. 甲苯	0.18	44. 二硫化碳	20

表 7-5　第一类水污染物污染当量值

污染物	污染当量值（千克）
1. 总汞	0.0005
2. 总镉	0.005
3. 总铬	0.04
4. 六价铬	0.02
5. 总砷	0.02
6. 总铅	0.025
7. 总镍	0.025
8. 苯并（a）芘	0.0000003
9. 总铍	0.01
10. 总银	0.02

表7-6 第二类水污染物污染当量值

污染物	污染当量值（千克）	备注
11. 悬浮物（SS）	4	同一排放口中的化学需氧量、生化需氧量和总有机碳，只征收一项
12. 生化需氧量（BODs）	0.5	
13. 化学需氧量（CODcr）	1	
14. 总有机碳（TOC）	0.49	
15. 石油类	0.1	
16. 动植物油	0.16	
17. 挥发酚	0.08	
18. 总氰化物	0.05	
19. 硫化物	0.125	
20. 氨氮	0.8	
21. 氟化物	0.5	
22. 甲醛	0.125	
23. 苯胺类	0.2	
24. 硝基苯类	0.2	
25. 阴离子表面活性剂（LAS）	0.2	
26. 总铜	0.1	
27. 总锌	0.2	
28. 总锰	0.2	
29. 彩色显影剂（CD-2）	0.2	
30. 总磷	0.25	
31. 单质磷（以P计）	0.05	
32. 有机磷农药（以P计）	0.05	
33. 乐果	0.05	
34. 甲基对硫磷	0.05	
35. 马拉硫磷	0.05	
36. 对硫磷	0.05	
37. 五氯酚及五氯酚钠（以五氯酚计）	0.25	
38. 三氯甲烷	0.04	
39. 可吸附有机卤化物（AOX）(以CI计)	0.25	
40. 四氯化碳	0.04	
41. 三氯乙烯	0.04	
42. 四氯乙烯	0.04	
43. 苯	0.02	
44. 甲苯	0.02	
45. 乙苯	0.02	
46. 邻-二甲苯	0.02	
47. 对-二甲苯	0.02	
48. 间-二甲苯	0.02	
49. 氯苯	0.02	
50. 邻二氯苯	0.02	
51. 对二氯苯	0.02	
52. 对硝基氯苯	0.02	
53. 2,4-二硝基氯苯	0.02	
54. 苯酚	0.02	
55. 间-甲酚	0.02	
56. 2,4-二氯苯酚	0.02	
57. 2,4,6-三氯酚	0.02	
58. 邻苯二甲酸二丁酯	0.02	
59. 邻苯二甲酸二辛酯	0.02	
60. 丙烯腈	0.125	
61. 总硒	0.02	

表7-7　pH值、色度、大肠菌群数、余氯量水污染物污染当量值

污染物		污染当量值	备注
1. pH值	(1) 0-1，13-14 (2) 1-2，12-13 (3) 2-3，11-12 (4) 3-4，10-11 (5) 4-5，9-10 (6) 5-6	0.06 吨污水 0.125 吨污水 0.25 吨污水 1 吨污水 5 吨污水	pH值5-6指大于等于5，小于6；pH值9-10指大于9，小于等于10，其余类推
2. 色度		5 吨水·倍	
3. 大肠菌群数（超标）		3.3 吨污水	大肠群数和余氯量只征收一项
4. 余氯量（用氧消毒的医院废水）		3.3 吨污水	

表7-8　禽畜养殖业、小型企业和第三产业水污染物污染当量值

（本表仅适用于计算无法进行实际监测或物料衡算的禽畜养殖业、小型企业和第三产业等小型排污者的水污染物污染当量数）

	类型	污染当量值	备注
禽畜养殖场	1. 牛	0.1 头	仅对存栏规模大于50头牛、500头猪、5 000羽鸡鸭等的禽畜养殖场征收
	2. 猪	1 头	
	3. 鸡、鸭等家禽	30 羽	
4. 小型企业		1.8 吨污水	
5. 饮食娱乐服务业		0.5 吨污水	
6. 医院	消毒	0.14 床 2.8 吨污水	医院病床数大于20张的按照本表计算污染当量数
	不消毒	0.07 床 1.4 吨污水	

每一排放口或者没有排放口的应税大气污染物，按照污染当量数从大到小排序，对前三项污染物征收环境保护税。每一排放口的应税水污染物，按照《环境保护税法》所附《应税污染物和当量值表》，区分第一类水污染物和其他类水污染物，按照污染当量数从大到小排序，对第一类水污染物按照前五项征收环境保护税，对其他类水污染物按照前三项征收环境保护税。

各省、自治区、直辖市人民政府根据本地区污染物减排的特殊需要，可以增加同一排放口征收环境保护税的应税污染物项目数，报同级人大常委会决定，并报全国人大常委会和国务院备案。

纳税人有下列情形之一的，以其当期应税大气污染物、水污染物的产生量作为污染物的排放量：

Ⅰ. 未依法安装使用污染物自动监测设备或者未将污染物自动监测设备与环境保护主管部门的监控设备联网。

Ⅱ. 损毁或者擅自移动、改变污染物自动监测设备。

Ⅲ. 篡改、伪造污染物监测数据。

Ⅳ. 通过暗管、渗井、渗坑、灌注或者稀释排放以及不正常运行防治污染设施等方式违法排放应税污染物。

Ⅴ. 进行虚假纳税申报。

②应税固体废物按照固体废物的排放量确定计税依据。

固体废物的排放量为当期应税固体废物的产生量减去当期应税固体废物的贮存量、处置量、综合利用量的余额。固体废物的贮存量、处置量，

是指在符合国家和地方环境保护标准的设施、场所贮存或者处置的固体废物数量；固体废物的综合利用量，是指按照国务院发展改革委、工业和信息化主管部门关于资源综合利用要求以及国家和地方环境保护标准进行综合利用的固体废物数量。计算公式为：

固体废物的排放量＝当期固体废物的产生量－当期固体废物的综合利用量－当期固体废物的贮存量－当期固体废物的处置量

纳税人有下列情形之一的，以其当期应税固体废物的产生量作为固体废物的排放量：

Ⅰ. 非法倾倒应税固体废物。

Ⅱ. 进行虚假纳税申报。

③应税噪声按照超过国家规定标准的分贝数确定计税依据。

工业噪声按照超过国家规定标准的分贝数确定每月税额，超过国家规定标准的分贝数是指实际产生的工业噪声与国家规定的工业噪声排放标准限值之间的差值。

（2）应税大气污染物、水污染物、固体废物的排放量和噪声分贝数的确定方法。

应税大气污染物、水污染物、固体废物的排放量和噪声的分贝数，按照下列方法和顺序计算：

①纳税人安装使用符合国家规定和监测规范的污染物自动监测设备的，按照污染物自动监测数据计算。

②纳税人未安装使用污染物自动监测设备的，按照监测机构出具的符合国家有关规定和监测规范的监测数据计算。

③因排放污染物种类多等原因不具备监测条件的，按照国务院环境保护主管部门规定的排污系数、物料衡算方法计算。

④不能按照上述第①项至第③项规定的方法计算的，按照各省、自治区、直辖市人民政府环境保护主管部门规定的抽样测算的方法核定计算。

2. 应纳税额的计算

（1）大气污染物应纳税额的计算。

应税大气污染物应纳税额为污染当量数乘以具体适用税额。计算公式为：

$$\text{大气污染物的应纳税额} = \text{污染当量数} \times \text{适用税额}$$

（2）水污染物应纳税额的计算。

应税水污染物的应纳税额为污染当量数乘以具体适用税额。

①适用监测数据法的水污染物应纳税额的计算。

适用监测数据法的水污染物（包括第一类水污染物和第二类水污染物）的应纳税额为污染当量数乘以具体适用税额。计算公式为：

水污染物的应纳税额＝污染当量数×适用税额

②适用抽样测算法的水污染物应纳税额的计算。

适用抽样测算法的情形，纳税人按照《环境保护税法》所附《禽畜养殖业、小型企业和第三产业水污染物污染当量值》所规定的当量值计算污染当量数。

Ⅰ. 规模化禽畜养殖业排放的水污染物应纳税额。

禽畜养殖业的水污染物应纳税额为污染当量数乘以具体适用税额。其污染当量数以禽畜养殖数量除以污染当量值计算。

Ⅱ. 小型企业和第三产业排放的水污染物应纳税额。

小型企业和第三产业的水污染物应纳税额为污染当量数乘以具体适用税额。其污染当量数以污水排放量（吨）除以污染当量值（吨）计算。计算公式为：

$$\text{应纳税额} = \frac{\text{污水排放量（吨）}}{\text{污染当量值（吨）}} \times \text{适用税额}$$

③医院排放的水污染物应纳税额。

医院排放的水污染物应纳税额为污染当量数乘以具体适用税额。其污染当量数以病床数或者污水排放量除以相应的污染当量值计算。计算公式为：

$$\text{应纳税额} = \frac{\text{医院床位数}}{\text{污染当量值}} \times \text{适用税额}$$

$$\text{应纳税额} = \frac{\text{污水排放量}}{\text{污染当量值}} \times \text{适用税额}$$

【情景7-5】某县医院有床位46张，每月按时消毒，无法计量月污水排放量，污染当量值为0.2

床。假设当地水污染物适用税额为每污染当量 2.8 元，该院当月应纳环境保护税税额计算如下：

水污染物当量数 =46÷0.2=230

应纳税额 =230×2.8=644（元）

（3）固体废物应纳税额的计算。

固体废物的应纳税额为固体废物排放量乘以具体适用税额，其排放量为当期应税固体废物的产生量减去当期应税固体废物的贮存量、处置量、综合利用量的余额。计算公式为：

固体废物的应纳税额=（当期固体废物的产生量－当期固体废物的综合利用量－当期固体废物的贮存量－当期固体废物的处置量）× 适用税额

（4）噪声应纳税额的计算。

应税噪声的应纳税额为超过国家规定标准的分贝数对应的具体适用税额。

7.3.3 环境保护税的会计核算

1. 环境保护税的一般计算

计算环境保护税时，借记"税金及附加"，贷记"应交税费——应交环境保护税"，实际缴纳税款时，借记"应交税费——应交环境保护税"，贷记"银行存款"，即：

计算应缴纳时：

借：税金及附加

　　贷：应交税费——应交环境保护税

上缴时：

借：应交税费——应交环境保护税

　　贷：银行存款

2. 环境保护税不定期计算申报的会计处理

环境保护税按次申报缴纳时直接借记"税金及附加"，贷记"银行存款"，即：

借：税金及附加

　　贷：银行存款

7.3.4 环境保护税的纳税申报

1. 纳税时间

环境保护税纳税义务发生时间为纳税人排放应税污染物的当日。环境保护税按月计算，按季申报缴纳。不能按固定期限计算缴纳的，可以按次申报缴纳。

纳税人按季申报缴纳的，应当自季度终了之日起 15 日内，向税务机关办理纳税申报并缴纳税款。纳税人按次申报缴纳的，应当自纳税义务发生之日起 15 日内，向税务机关办理纳税申报并缴纳税款。纳税人申报缴纳时，应当向税务机关报送所排放应税污染物的种类、数量，大气污染物、水污染物的浓度值，以及税务机关根据实际需要要求纳税人报送的其他纳税资料。

2. 纳税地点

纳税人应当向应税污染物排放地的税务机关申报缴纳环境保护税。应税污染物排放地，是指应税大气污染物、水污染物排放口所在地；应税固体废物产生地；应税噪声产生地。

纳税人跨区域排放应税污染物，税务机关对税收征收管辖有争议的，由争议各方按照有利于征收管理的原则协商解决。

纳税人从事海洋工程向中华人民共和国管辖海域排放应税大气污染物、水污染物或者固体废物，申报缴纳环境保护税的具体办法，由国务院税务主管部门会同国务院海洋主管部门规定。

项目小结

本项目主要介绍资源税、城镇土地使用税和环境保护税。了解资源税、城镇土地使用税和环境保护税的纳税义务人、征税范围、税率,掌握资源税、城镇土地使用税和环境保护税应纳税额的计算,熟悉和掌握资源税、城镇土地使用税和环境保护税的会计核算。

思考与练习

一、单项选择题

1. 根据资源税法律制度的规定,下列各项中,不属于资源税征税范围的是( )。
   A. 井矿盐 B. 石灰石原矿
   C. 金锭 D. 柴油

2. 根据资源税法律制度的规定,下列各项中,属于资源税纳税人的是( )。
   A. 进口金属矿石的冶炼企业
   B. 销售精盐的商场
   C. 开采销售原煤的公司
   D. 销售石油制品的加油站

3. 纳税人开采原煤销售的,其资源税的计税依据为( )。
   A. 开采数量 B. 实际产量
   C. 销售额 D. 销售数量

4. 下列各项中,应缴纳城镇土地使用税的是( )。
   A. 直接用于水产养殖业的生产用地
   B. 名胜古迹园区内附设的小卖部用地
   C. 公园中管理单位的办公用地
   D. 免税单位无偿使用纳税单位的土地

5. 根据城镇土地使用税法律制度的规定,下列各项中,不属于免税项目的是( )。
   A. 水库管理部门的办公用地
   B. 大坝用地
   C. 堤防用地
   D. 水库库区用地

二、多项选择题

1. 下列各项中,属于我国现行环境保护的应税污染物的有( )。
   A. 大气污染物 B. 光污染物
   C. 水污染物 D. 生活噪声

2. 下列直接向环境排放污染物的主体中,属于环境保护税纳税人的有( )。
   A. 事业单位 B. 个人
   C. 家庭 D. 私营企业

3. 根据城镇土地使用法律制度的规定,下列城市用地中,应缴纳城镇土地使用税的有( )。
   A. 民航机场场内道路用地
   B. 商业企业经营用地

C. 火电厂厂区围墙内的用地
D. 市政街道公共用地

4. 下列各项中，属于资源税计税依据的有（ ）。
A. 纳税人开采销售原油时的原油数量
B. 纳税人销售铝矿石时向对方收取的价外费用
C. 纳税人销售开采砂石的销售数量
D. 纳税人销售天然气时向购买方收取的销售额及其储备费

5. 有关资源税的纳税义务发生时间，下列表述正确的有（ ）。
A. 纳税人销售应税资源品目采取分期收款结算方式的，其纳税义务发生时间，为销售合同规定的收款日期的当天
B. 纳税人销售应税资源品目采取预收货款结算方式的，其纳税义务发生时间为收到预收款当天
C. 纳税人销售应税资源品目采取直接收款结算方式的，其纳税义务发生时间，为收讫销售款或者取得索取销售款凭据的当天
D. 纳税人自产自用应税资源品目的纳税义务发生时间，为移送使用应税产品的当天

三、判断题

1. 海盐属于资源税征税范围。（ ）
2. 纳税人将开采的原自用于连续生产洗选煤的，在原煤移送使用环节缴纳资源税。（ ）
3. 纳税人采取分期收款方式销售资源税的应税产品的，资源税的纳税义务发生时间为发出应税产品的当天。（ ）
4. 企业事业单位和其他生产经营者向依法设立的污水集中处理、生活垃圾集中处理场所排放应税污染物，应当缴纳环境保护税。（ ）
5. 环境保护税的纳税人为在中华人民共和国领域和中华人民共和国管辖的其他海域，直接向环境排放应税污染物的单位和个人。（ ）

四、简答题

1. 简述资源税的纳税义务人有哪些。
2. 列举五条城镇土地使用税的税收优惠政策。
3. 环境保护税纳税人有哪些。

REFERENCES 参考文献

[1] 盖地. 税务会计与税务筹划 [M]. 北京：中国人民大学出版社，2007.

[2] 翟东进. 高等院校会计学专业税法课程教学改革的思考 [J]. 东北电力大学学报，2012.

[3] 杨瑾慧. 企业财务会计与税务会计的差异与协调探究 [J]. 中国商论，2017.

[4] 赵静. 我国税收筹划的现状及可行性分析 [J]. 内蒙古统计，2007.

[5] 樊剑英. 房地产开发企业税收与会计实务大全 [M]. 北京：中国市场出版社，2018.

[6] 刘磊，赵德芳. 企业境外所得税收抵免制度研究 [J]. 涉外税务，2011.